福建省科技创新战略研究联合项目资助：创新驱动福建省县
路径研究（项目编号：2021R0156）研究成果

创新驱动

福建省

县域经济及特色产业
高质量发展研究

主编◎欧阳芳

副主编◎郭黎霞 江婷婷

中国财经出版传媒集团

经济科学出版社
Economic Science Press

图书在版编目（CIP）数据

创新驱动福建省县域经济及特色产业高质量发展研究/
欧阳芳主编；郭黎霞，江婷婷副主编. -- 北京：经济
科学出版社，2022.11
ISBN 978 - 7 - 5218 - 4262 - 3

Ⅰ.①创… Ⅱ.①欧…②郭…③江… Ⅲ.①县级经
济 - 区域经济发展 - 研究 - 福建 Ⅳ.①F127.574

中国版本图书馆 CIP 数据核字（2022）第 214933 号

责任编辑：孙丽丽　纪小小
责任校对：蒋子明
责任印制：范　艳

创新驱动福建省县域经济及特色产业高质量发展研究

主　编　欧阳芳

副主编　郭黎霞　江婷婷

经济科学出版社出版、发行　新华书店经销

社址：北京市海淀区阜成路甲 28 号　邮编：100142

总编部电话：010 - 88191217　发行部电话：010 - 88191522

网址：www.esp.com.cn

电子邮箱：esp@ esp.com.cn

天猫网店：经济科学出版社旗舰店

网址：http://jjkxcbs.tmall.com

北京季蜂印刷有限公司印装

710 × 1000　16 开　17.75 印张　320000 字

2023 年 1 月第 1 版　2023 年 1 月第 1 次印刷

ISBN 978 - 7 - 5218 - 4262 - 3　定价：98.00 元

（图书出现印装问题，本社负责调换。电话：010 - 88191510）

（版权所有　侵权必究　打击盗版　举报热线：010 - 88191661

QQ：2242791300　营销中心电话：010 - 88191537

电子邮箱：dbts@ esp.com.cn）

　　党的十九大报告中提出，我国经济发展正在从高速增长阶段向高质量发展阶段转变。高质量发展是一种全新的发展理念，而县域经济高质量发展的内涵，就是立足于更好地满足县域人民对美好生活向往的需要，实现县域空间范围内的经济发展从不平衡不充分的发展阶段，向着"创新、协调、绿色、开放、共享"的高质量发展阶段转变。

　　县域经济的发展需以县域优势条件为依托，通过县域要素条件的有效配置，立足县域特色产业，发展具有市场竞争力的产业和产品，最终形成特色经济。特色产业作为现代产业的重要组织形式，成为县域特色经济发展的主要引擎。县域经济强则省域经济强，县域经济的生命力在于县域特色产业，应精准施策、合理规划，围绕各县域特色资源禀赋，突出产业发展定位和空间布局，明确发展方向、任务和路径，依托科技创新，培养自主品牌，营造良好环境，做优、做强、做大县域特色产业，助推特色产业创新发展、现代化发展、绿色发展、高质量发展，走出人无我有、人有我优、人优我新的高端化差异化的道路，带动区域经济全面高质量发展。

　　创新是县域特色产业高质量发展的驱动力，创新驱动载体与福建省县域经济和县域特色产业发展休戚相关，本书旨在通过研究福建省县域经济的发展现状，分析县域经济发展的不平衡性和区域差异性，理顺创新驱动与县域特色产业竞争优势之间的内在机理关系，为福建省制定县域特色产业发展的创新政策提供思路。

　　全书由上篇和下篇组成。上篇为县域经济篇，探究创新发展与福建省县域经济高质量发展的关系，包括福建省县域经济发展现状、存在的问题、县域典型模式及县域经济高质量发展对策。下篇为特色产业篇，探究福建省县域产业发展、特色产业与创新发展的机理关系，以及特色产业高质量发展对策。

本书由欧阳芳任主编，负责策划、统稿。郭黎霞、江婷婷任副主编。其中，欧阳芳编写第七章、第八章、第九章、第十一章；郭黎霞编写第一章、第二章；江婷婷编写第三章、第五章；张超杰编写第六章；欧阳雨锃编写第四章；汪靖轩编写第十章。此外，高媛、范峻榕、欧典兰、李依岚、李星偲、李坤灿、叶碧云、吴淑祯等同志也参与了资料收集、项目的研究，为本书顺利完成付出极大辛劳，在此，向他们表示衷心的感谢。

最后感谢经济科学出版社领导和编辑对本书出版给予的大力支持和帮助，在此一并表示衷心的感谢！

由于时间仓促，编者水平有限，本书难免存在疏漏和不足，敬请读者批评指正。

欧阳芳

2022 年 10 月

目 录
CONTENTS

上篇　县域经济篇

第一章　创新驱动县域经济高质量发展的理论支撑／3
　　第一节　县域高质量发展的内涵及特征／3
　　第二节　创新驱动县域经济高质量发展的理论逻辑／9
　　第三节　创新驱动县域经济高质量发展的理论基础／14

第二章　福建省县域经济高质量发展的现状分析／24
　　第一节　对福建省县域经济的整体分析／24
　　第二节　福建省县域经济发展存在的问题／34
　　第三节　福建省县域经济发展存在问题的原因分析／38

第三章　创新驱动福建省县域经济高质量发展的影响分析／44
　　第一节　福建省县域创新驱动的投入与成效分析／44
　　第二节　创新驱动福建省县域经济绿色发展／49
　　第三节　协作创新驱动福建省县域经济协调发展／55
　　第四节　创新驱动福建省县域经济开放发展／60
　　第五节　创新驱动福建省县域经济共享发展／66

第四章　创新驱动福建省县域经济高质量发展的实证分析／73
　　第一节　研究设计／73
　　第二节　福建省县域创新现状分析／73

第三节　创新驱动下福建省县域经济高质量发展水平测度／77

第四节　变量、模型和数据来源／85

第五节　实证结果分析／89

第六节　结论与启示／95

第五章　创新驱动福建省县域经济高质量发展模式支撑／97

第一节　创新驱动福建省县域经济发展典型模式／97

第二节　福建省县域经济高质量发展典型模式共性特征及启示／104

第六章　创新驱动福建省县域经济高质量发展的对策建议／110

第一节　加强对县域的顶层设计，实现区域协调发展／110

第二节　科学把握县域功能定位，推动县域经济错位发展／122

第三节　立足县域要素禀赋，盘活县域优质存量资产／130

第四节　聚焦县域紧缺岗位，创新人才培养模式／132

第五节　重视环境承载能力，健全多元可持续发展机制／135

下篇　特色产业篇

第七章　福建省县域产业发展现状／139

第一节　福建省各地市产业布局分析／139

第二节　福建省县域产业的演变过程／178

第三节　福建省县域产业竞争力分析／185

第八章　福建省县域特色产业发展分析／194

第一节　特色产业内涵及其发展对县域经济增长的影响／194

第二节　福建省县域特色产业发展现状分析／196

第三节　福建省县域特色产业发展存在的问题及原因分析／206

第九章　创新驱动福建省县域特色产业高质量发展内在机理关系／223

第一节　特色产业高质量发展与要素创新内涵／223

第二节　创新驱动特色产业高质量发展的机理分析／226

第十章 创新驱动福建省县域特色产业高质量发展的重点工程/234

  第一节 特色产业集群全产业链培育工程/234

  第二节 先进制造业的提质增效工程/238

  第三节 打造特色农业产业集群现代化工程/241

第十一章 创新驱动福建省县域特色产业高质量发展的对策举措/244

  第一节 制度创新精准施策，建立特色产业战略区位梯度/244

  第二节 协同创新，提升县域特色产业创新能力/249

  第三节 培育创新机制，提升县域特色产业内生增长动力/254

  第四节 服务平台创新，实现特色产业创新功能融合/258

参考文献/263

上篇　县域经济篇

第一章

创新驱动县域经济高质量发展的理论支撑

第一节 县域高质量发展的内涵及特征

一、县域经济的界定

（一）县域的界定①

县域经济，属于区域经济的范畴。从地理空间上来说，县域就是以县级行政区划范围为标准而确定的区域范围，包括县级中心城市、乡镇以及农村三个层级。其中，县域中心城市是县域的行政中心，在县域经济发展中发挥引领和主导作用；乡镇这一层级是最基层的行政机构，对接城市和农村，是县域经济发展的纽带；广大的农村地区则是县域经济发展的腹地。

（二）县域经济的基本属性

1. 县域经济是综合性的国民经济的基本单位

县域是城市和乡村的过渡地带，连接着城市和乡村两个市场。县域经济是国民经济的基本单元，相较乡镇来说，它是一个经济和社会功能比齐全的综合经济体。一是产业体系比较全面，在县域范围内包含着农、工、商等多种产业形态；

---

① 说明：鉴于样本数据的获取情况以及为使研究结果更具备实践指导意义，本课题组仔细斟酌之后，暂不将市辖区纳入本课题的县域研究范围。

二是经济体系比较全面，既有公有制和集体经济，又有民营经济为主的非公有制经济；三是社会功能比较齐全，既有生产经营的部门，又有社会经济管理监督的机构。在县域范围内，形成了一整套比较完整的、综合各产业、各部门的，经济和社会功能齐全的国民经济系统。

2. 县域经济是国民经济相对薄弱的环节

县域主要是以地理尺度为标准进行划分的，各县域的资源禀赋要素和生产条件是有很大的差异性的。有些县域发展得很好，社会经济综合水平和居民生活消费水平以及人居环境都较好。但大部分的县域由于历史和现实的多种原因，经济的总体发展相对比较薄弱，存在诸如资源结构与生产投入结构不对称、产业结构和产品结构与市场需求不对称等问题。

3. 县域经济是以市场为导向的开放型经济

虽然县域是在行政区域的基础上形成的，但是县域经济并不是封闭的，而是以市场为导向的，具有开放性。县域经济的发展可以突破行政区划的边界，在更大的区域范围内进行资源配置。在国家宏观经济政策的指导下，县域经济可以打破自然条件和地理交通等因素的限制，形成跨县域的经济协作网络，以及区域性的贸易集散地或者某一专业化的生产中心。

（三）县域经济的研究范畴

关于县域经济的研究，一般是侧重于偏宏观方面的。研究内容主要涉及县域经济总体的增长速度，县域内国民收入的规模水平，产业发展水平和产业结构情况，县域的财政收支情况，科技、文化、教育事业与社会经济发展是否相适应，以及县域经济各部门和县乡村三级的配合问题等。

二、县域经济高质量发展的内涵

党的十九大报告中提出，我国经济的发展正在从高速增长阶段向着高质量发展阶段转变。高质量发展是一种全新的发展理念，不仅立足于可以更好地满足人民日益增长的对美好生活的需要，而且要更好地解决经济社会发展中的不平衡、不充分问题，以"创新、协调、绿色、开放、共享"作为其最鲜明的特征。

县域经济高质量发展的内涵，就是立足于更好地满足县域人民对美好生活向往的需要，实现县域空间范围内的经济发展从不平衡、不充分的发展阶段，向着"创新、协调、绿色、开放、共享"的高质量发展阶段转变。在县域经济向高质量发展的过程中，逐步实现公共服务福利全民平等共享、要素资源流动自由顺畅、生产高效节能环保、生态环境美好宜居、城乡差距不断缩小等，最终实现县域范围内生态、社会、经济全面发展的高效共赢局面。

三、县域经济高质量发展的特征

（一）创新对于县域高质量发展中经济增长的贡献显著增加

自从改革开放以来，我国县域经济整体进入了持续快速增长的阶段。但这一发展阶段的经济快速增长，是通过生产要素大量投入的生产方式获得的，然而由于技术水平有限，生产效率低下，投入的生产要素的收益率并不高。大量的固定资产和资本的投入、廉价的土地和劳动力要素的投入，这样的生产方式不仅造成了生产资源的巨大浪费，而且在生产过程中因缺乏应有的监督机制，对生态环境也造成了一些破坏和产生了一定的不利影响。随着社会经济的发展以及资源的有限性，土地成本不断上升，廉价的劳动力资源优势也不复存在，这种高投入低产出的粗放式发展越来越不能适应新的发展形势。因此，以技术进步为核心的创新发展，将成为县域经济高质量发展的最显著特征。通过创新引领县域经济高质量发展，让创新成为县域经济增长的最重要增长点，改变原来要素大量投入的粗放式生产模式下带来的资源、环境、社会、生态等问题，利用以互联网、大数据、人工智能等为代表的新兴技术去改造传统产业，同时进行以人为本的制度创新改革，实现人与自然的和谐共生发展，最终实现县域经济的可持续发展。

（二）第三产业在县域高质量发展的经济结构中的比重逐步上升

从产业经济学的基本原理以及发达国家的经济发展历史来看，随着社会经济的不断发展，各国或各地区的经济发展都遵循着同样的规律。在经济发展的第一阶段，第一产业在国民经济中所占比例最高；在经济发展的第二阶段，第一产业在国民经济中的比例不断下降，第二产业的比例不断上升；到了经济发展的第三阶段，第三产业开始超过第二产业，成为国民经济中占比最大的产业。当县域经济进入高质量发展阶段时，必然也会表现出一个鲜明特征，那就是第三产业的占比最高，不仅吸纳更多的就业，而且对国民经济的贡献比例最大。高质量发展阶段的县域经济第三产业，不仅包括传统的物流运输业以及餐饮旅游服务行业，还包括以大数据、云计算等为代表的新兴技术产业，以及跟百姓生活息息相关的教育、医疗等民生产业。带有知识和技术的标签、就业人员的整体素质明显提升，是县域经济高质量发展阶段时期第三产业的显著特征。

（三）消费驱动成为县域经济高质量发展的经济基础

我国县域在很长一段时间以来，都在大力进行招商引资，发展加工贸易业，经济的高速增长基本都是依靠吸引投资和出口拉动这两个方面来完成的。但随着国际国内经济形势的变化，这种传统的投资和出口拉动经济增长的发展模式也面临着新的挑战。依靠投资拉动的粗放式经济增长模式，带来了一系列生态环境破坏和资源浪费问题。在国际市场上，世界经济发展放缓，美国不断挑起各类国际贸易摩擦和争端，严重影响了国际需求，加上新冠肺炎疫情持续反复的叠加作用影响，国外居民的消费开始变得谨慎，疫情引起的供应链中断等连锁反应，使得县域这个层面在国际市场上的竞争力越发有限。但与此同时，随着我国经济社会的不断发展，以及居民生活水平的显著提高，我国县域居民对产品消费的数量和质量的需求也在不断增长。在县域经济高质量发展阶段，消费对于经济增长的拉动作用会显著增强，而且由于我国县域庞大的人口基数以及中等收入群体的不断增多，这种消费需求将会更为强大而持久。因此，在县域经济高质量发展阶段，消费驱动将成为县域经济发展的经济基础，各项与促进消费有关的基础设施建设和制度机制改革会不断出现，在整个县域范围内将会营造出良好的消费环境和氛围。

（四）县域经济高质量发展是平衡充分结构优化的发展

基于以创新为核心动力、第三产业比重逐渐增大、以消费驱动为经济增长基础的县域经济高质量发展，必然表现出质量效益提高、可持续性强的特点，是平衡充分结构优化的发展。县域经济高质量发展的平衡充分性，一是体现在供给和需求结构的动态平衡，二是体现在社会经济与资源、环境、生态之间的平衡。供给方面能够依据市场的需求情况及时做出调整，需求方面的变化也能及时地传导到供给端，供给和需求相互适应、相互调整，实现一种动态的平衡。粗放式的高投入、高消耗的生产方式，被以创新驱动为基础的可持续发展方式所取代，社会经济的发展注重与资源环境生态的发展相平衡，实现人与自然和谐发展的良好局面。县域经济高质量发展的结构优化特征，一是体现在县域经济产业结构的优化，二是体现在产业的上游、中游、下游之间的协同优化。县域产业结构的发展顺着第一产业、第二产业、第三产业（简称"三产"）优势地位顺向递进的方向演变，同时各产业之间具备相互服务、相互促进的互补协调关系。各产业部门在投入产出联系的基础上相互提供帮助，产业之间相互促进，一个产业的发展并不是以另一个产业的削弱为代价的，产业的上、中、下游之间，要素流通顺畅，供应链完整，价值链不断攀升。

（五）县域经济高质量发展是以人为本的和谐包容性发展

县域经济高质量发展，不再是单纯地追求国内生产总值（GDP）的增加，而是要让经济增长和社会发展符合广大县域人民的最根本利益，是以人为本的和谐发展、包容性发展。县域在长期的发展实践过程中，在结合各自资源禀赋的基础之上形成了一套相对完整的产业体系，这种产业体系呈现出一种多元化、多层次的明显特征，涵盖了农业、工业和三产在内的各行各业多个层面。从类型来看也是多种多样，既有国有经济和集体经济形式，也有民营的非公有制经济形式；既有内向型经济形式，又有外向型经济形式；既有实体经济体形式，也有虚拟经济形式；既有本土企业，也有外来企业。在县域经济产业政策调控以及法制环境等制度监督之下，各种类型的经济主体展开竞争，充分利用本县域的资源要素并进行有效转化，通过生产、流通、消费等领域实现不断增值，并紧密围绕着以人为本的核心原则，满足县域人民日益增长的物质文明需求和对更美好生活的追求。在县域范围内，实现经济增长与自然环境和人文环境的和谐发展，实现人与自然的和谐发展，县域居民的收入水平不断提高，生活质量不断得以改善，同时人生梦想和个人价值也能得以实现。

四、实现县域经济高质量发展的重要意义

（一）县域经济高质量发展可以全面推动乡村振兴建设

县域经济高质量发展，对实现乡村振兴有重要的推动作用。乡村是县域经济发展的短板，但是也是县域经济发展的潜力所在。县域经济要实现高质量发展，必然要加大对农业、农村、农民（简称"三农"）的投入，将乡村建设放到和城市建设一样重要的位置上来，不断推进农业农村的现代化进程，这与乡村振兴战略中"产业兴旺、生态宜居、乡风文明、治理有效、生活富裕"的总要求是相契合的。通过加大对农业生产基础设施的建设，加强对从事农业生产人员在农业技术方面的培训以及创业就业方面的辅导，推动农业产业向特色化、专业化和集群化的方向发展，推进乡村人居环境的整治，最终将乡村建设成为生态宜居的美丽乡村。当农村的整体经济发展水平和社会生态环境不断提升之后，农民的收入水平和消费水平也会不断上升，生活条件也将明显改善，县域经济发展中长期存在的不平衡不充分问题就会逐渐得到解决，这些都将对乡村振

兴起到极大的推动作用。

（二）县域经济高质量发展可以深入推进新型城镇化建设

县域经济发展的实践证明，推动县域经济的高质量发展，必须将小城镇作为有效载体和支撑，将小城镇建设作为带动县域经济更好发展的着力点。尤其是有些县域经济仍然是以传统的农业作为主导产业，产业的工业化、技术化改造还未完成，产业结构的调整升级缓慢。在县域经济实现高质量发展的过程中，必然要立足于县域的实际情况，借助当地的优势资源发展特色优势产业，在农业产业化的过程中，使农业生产向标准化、规模化、绿色化、品牌化的方向发展。在农业现代化的进程中，农村剩余劳动生产力将向城镇地区转移就业，从第一产业逐渐向第二产业、第三产业转移，小城镇人口就业规模扩大，成为县域经济发展产业集聚的基础。而且随着县域经济的持续进一步发展，农村剩余劳动力向城镇地区转移的速度会逐渐加快。县域经济在实现以人民为中心的高质量发展的过程中，县域的社会保障和公共服务建设在不断加强，城镇的产业体系和功能体系也在不断完善，这些都能推动小城镇的发展质量提升，推进小城镇建设向新型城镇化道路迈进。县域经济高质量发展，成为加快新型城镇化建设的必经之路。

（三）县域经济高质量发展可以促进城乡全面融合发展

县域是连接城乡市场、承接城市产业的重要载体，加快城乡全面融合发展是实现县域经济高质量发展的必然选择。当前城乡发展不均衡问题，是制约县域经济高质量发展的一个原因，主要表现在两方面：一是城乡居民的收入差距明显，尤其是在公共服务资源方面，以及就业、医疗、教育等方面，县域居民明显落后于城市居民。二是农村的基础设施建设相对落后，农业的现代化水平整体不高，传统农业的占比仍然较大。实现县域经济高质量发展，能够促进城乡之间的产业融合、社会融合、文化融合等方面的全面融合发展。县域经济高质量发展，就是要实现城乡资源从"单向流动"转变为"双向流动"，通过城乡之间的产业融合发展，形成县域新的经济增长点，缩小城乡居民的收入差距；通过城乡之间的社会融合发展，推进城乡基本公共服务的均质化，促进城乡生活理念和生活方式的协调；通过城乡之间的文化融合发展，实现农村文化和城市文化进城下乡的顺畅交流，让"文化强农"成为县域经济高质量发展的有力保障。

第二节　创新驱动县域经济高质量发展的理论逻辑

一、创新驱动是县域经济高质量发展的子系统

（一）县域经济高质量发展的基础系统构成（见图 1−1）

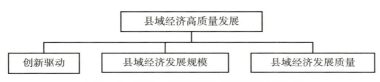

图 1−1　县域经济高质量的基础系统构成

相对于经济增长速度来说，县域经济高质量发展更关注发展质量，但并不是说县域经济的高质量发展完全摒弃了发展规模这个层面。县域经济发展规模和县域经济发展质量，是县域经济高质量发展的两个侧面，两者之间的良性协调是促进县域经济高质量可持续发展的关键点。

一方面，县域经济的发展规模关系到县域居民的收入、就业和县域的财政收入，对县域经济健康发展提供了物质基础，有助于县域市场需求的稳定，能够提高县域居民的获得感，所以县域经济的高质量发展必须要有一定的数量和规模为基础。另一方面，以浪费资源和破坏生态环境为代价的粗放式发展方式，虽然能够迅速扩大县域经济发展规模，但是却对县域经济发展的可持续性产生了负面影响，也违背了以人为本的初衷。通过创新驱动的县域经济高质量发展，则有利于县域产业结构的调整和优化，有助于实现县域经济产业结构的高级化和合理化，从而减少对资源的浪费和对环境的破坏，进一步提升县域居民的幸福感和提高县域的综合竞争力。

因此，创新驱动和县域经济发展规模以及县域经济发展质量，三者共同构成了县域经济高质量发展的基础系统。县域经济高质量发展，就是在县域经济发展规模的基础之上，更加强调在创新驱动之下的县域经济的发展效率、发展活力、发展质量和社会民生等的全面发展。

（二）创新驱动与县域经济发展规模和县域经济发展质量的内在关联

1. 创新能够扩大县域经济的发展规模

创新是经济增长的内生变量，是通过内涵式扩大再生产方式来扩大县域经济发展规模的，对县域经济增长的最直接作用是相同费用下生产的产品更好或是生产同样的产品花费的费用更低。创新驱动对县域经济发展规模的影响，主要体现在创新能够对县域生产要素进行"新组合"。通过提高技术装备水平、改革工艺、提高劳动者素质、提高管理者的决策水平等，实现全要素投入产出效率的提高。智能化、机械化、自动化生产方式逐步改变或替代纯人力生产方式，使得劳动生产率大幅提高，县域生产力得到迅速发展，而且机械化、自动化的不断进步会使资本收益率不断提高，进而县域经济发展规模在速度和总量上都会有较快发展。

2. 创新能够提高县域经济的发展质量

创新驱动在扩大县域经济发展规模的同时，也能助推县域经济的发展质量。创新对县域经济效益的提高，是通过对县域经济进行全要素生产率的改进来实现的。在此过程中，县域经济生产的社会化分工发生了变化，主导产业逐步更替，传统产业被改造，新兴产业在不断兴起，促进了县域产业结构的合理化和高级化的演进。同时，创新驱动促进了县域社会生产力的发展，社会物质财富迅速积累，县域财政收入增加，县域居民收入水平大幅提高，这就为解决县域居民的民生问题提供了有力的保障。此外，新技术、新设备、新工艺、新能源的开发、引进和利用，能够加大县域经济生产过程中的节能减排力度，解决环境污染中的废水、废气、废物处理等问题，从生产到生活全面改善县域生态环境，实现经济高速增长和生态环境平衡协调的县域经济高质量发展。

3. 县域经济发展规模和发展质量可以拉动创新

创新驱动可以促进县域经济的发展规模和发展质量，反过来经济发展规模的扩大和发展质量的提高也可以拉动县域的创新发展。一方面，县域经济发展规模扩大带来的经济增长，为县域的创新发展提供了物质基础。创新活动的开展需要一定的资金和人才投入，而创新的产出效果则取决于经济增长的动力和效率。另一方面，在提高县域经济发展质量的过程中，会不断提出新的要求和规范，给县域创新的发展指引了方向并贯穿于创新活动的各个方面。县域产业结构升级和优化，对县域企业加大研发投入、改善工艺、改进产品、改善管理服务等方面提出新的要求来适应市场的变化。同时，县域产业结构升级和优化，还会通过县域相关政策引导企业科技创新的投入方向，提高县域企业的市场竞争力。

二、创新驱动是对县域传统发展动力的升级和优化

（一）"投资、消费和出口"是拉动县域经济发展的传统动力

各类文献的研究结果表明，投资、消费和出口对我国经济的稳步高速增长发挥了重要的拉动作用。[①] 出口对经济发展的拉动作用除了个别年份以外，基本上与经济增长的趋势是一致的；而投资和消费在不同的发展阶段，对经济拉动作用的程度有所不同。

投资、消费和出口以产品和项目为基础来带动经济的发展，这也是长期以来县域经济发展的主要途径。从学者们的研究结果来看，投资和消费对拉动县域经济的贡献率要明显高于出口拉动的贡献率。[②] 处于工业化发展初期阶段的县域地区，表现出高储蓄、低消费的特征，投资对县域经济发展的拉动作用最为显著，同时带来县域居民收入的提高和产业结构的升级。处于工业化发展中后期阶段的县域地区，投资和消费对县域经济发展的拉动作用相对稳定均衡，两者基本上属于势均力敌的状态，是典型的投资消费双驱拉动形式。但随着县域经济的不断发展，投资拉动在经济发展方面的贡献率会有所下降，内需拉动将会成为县域经济未来发展的主动力。

（二）创新驱动对县域经济发展动力的改进

在创新驱动战略提出之后，有些学者认为投资、消费和出口已经不能作为经济增长和经济发展的动力，而应该考虑将城镇化、产业化、资本化以及"一带一路"等作为新的发展动力。[③] 但实际上，这些新的发展动力的观点，究其本质并没有脱离投资、消费和出口。创新驱动并不是对传统发展动力的摒弃，而是通过

①　李卫华. 我国消费、投资和出口的变动对经济增长的贡献 ［J］. 经济地理，2019（9）：31-38；王维，杜子芳. 消费、投资和出口对我国经济增长影响的状态空间分析——兼与马学俊等商榷 ［J］. 安徽师范大学学报（人文社会科学版），2018（1）：101-107；曹文芳. 投资、消费与进出口贸易对我国经济增长的影响探讨 ［J］. 商业经济研究，2017（9）：140-142.

②　段进军，许铭雪. 加入WTO以来江苏省经济增长驱动因素及增长协调性的时空结构分析 ［J］. 信阳师范学院学报（自然科学版），2018（2）：216-221；甘申. 县域发展消费主导型经济的探索 ［J］. 中国集体经济，2017（1）：31-32.

③　周腰华等. 中国县域经济增长的影响因素及其空间溢出效应分析 ［J］. 云南财经大学学报，2017（1）：35-47；刘国斌，胡玮桐. "一带一路"倡议与民族地区县域经济联动发展战略研究 ［J］. 西南大学民族大学学报（人文社会科学版），2018（4）：101-107.

创新对传统发展方式进行变革，在传统的发展方式中融入创新的元素，进行质的改变。

1. 利用创新驱动改变对县域投资的质量与方式

在工业化的中后期，投资拉动方式对县域经济发展的贡献之所以会放缓，主要是由于前期的投资方式只追求量的增长，结果导致了产能过剩、资源浪费、结构失衡等各种问题，这样的投资拉动方式是不可持续的。想要改变这种局面，就需要利用创新驱动来改变县域投资的质量和方式，对县域投资的项目进行合理的选择和布局。通过创新促进县域投资项目优质化，引进新技术，开发新产品，促进新的商业模式和新业态的产生，带动县域产业结构合理化，保障投资有效发挥对县域经济发展的拉动作用。

2. 利用创新驱动提高产品与服务质量促进县域消费

随着县域经济的发展，县域居民的收入水平普遍提高，对产品和服务的品质要求也相应提高，物资短缺经济时代的产品与服务的供给品质与商业模式，已经不适应当下县域地区居民的消费需求。而创新可以为新情境下县域居民的消费提供解决方案，比如，通过技术创新提升产品的质量，通过商业模式创新提供个性化定制服务和增强用户参与度等。总体来说，创新驱动能够为县域居民提供更优质的产品和服务，增强消费对县域经济发展的拉动作用。

3. 利用创新驱动提升县域产品的出口竞争力

我国很多县域地区基本上是通过参与低端加工制造业，提供物美价廉的低附加值产品，由此在出口市场上获得一定市场份额的。但随着东南亚地区生产要素的比较优势逐步显现，我国县域地区产品的出口竞争力受到一定的影响。创新驱动可以通过两个方面来提升县域产品的出口竞争力，一是技术改进和管理制度创新能够有效控制生产成本，可以缓解县域地区近年来出现的劳动力成本和土地成本等生产要素成本上升的问题；二是技术创新能够提高县域产品的质量，提高产品的科技含量，提升县域产品在产业价值链上的位置，塑造县域产品的品牌知名度，提升县域产品的出口竞争力。

三、产业集聚是县域经济建立区域创新体系的有效途径

（一）产业集群是区域竞争力的重要标志

产业集群是指在某个区域范围内，生产某类产品的多家企业，以及与这些企业配套关联的上下游企业和相应的服务产业，高密度地集聚到一起。产业集群的

区域内聚集了大量的企业和经济资源，资源和生产要素的获取便捷，避免了部分机会主义行为，为企业生产提供了极大的便利，降低了集聚区内企业的交易成本。同时，产业集群通过规模集聚而形成的外部经济，能够显著降低创新成本，提高产业和区域竞争力。

产业集群当前已经成为区域竞争力的重要标志，这是因为产业集群通常产生于特定的区域，具有明显的地域性特征。积极培育和发展产业集群，已经成为地方政府制定政策的重要着力点。通过要素之间和生产环节之间的整合，把产业发展与地方经济优势通过专业化分工，有效地与交易便利性结合起来，进而形成一种有效的生产方式，强化地区经济增长的核心能力。

（二）产业集聚是区域创新体系建设的基础

区域创新体系，作为企业空间集聚的载体发挥着重要作用。培育具有当地特色的区域创新体系，已经成为提高区域创新能力和实现区域经济高质量发展的重要方面。产业集群是区域创新体系建设的基础，而产业集群的多样性和特色，正是区域创新体系的活力体现，体现了区域特色产业与区域经济的有机结合。

由于产业集聚区域内聚集了大量的企业，形成了一种竞争合作、分工协作的互动关联，这种互动关联会产生潜在的竞争压力，有利于促进集群内的企业进行产品创新，并形成持续的创新动力，进而加快产业升级。随着地区产业集群的发展，集群规模不断扩大，集群所在区域的信息网络等相应基础设施也会不断完善起来，与行业相关的知识和信息向集群区域快速汇集，在产业集群地区可以获取到跟本行业有关的最新的具有竞争力的信息。

（三）县域内的产业集群是县域创新体系的重要载体

区域创新体系如果没有本地化的产业体系为依托，就失去了根本的发展动力。从区域创新体系的理论出发，产业和区域创新环境的融合度越高，就会越有利于产业和区域的发展。县域内的产业集群，已经成为区域创新体系建设的基础和活力体现，是区域创新体系的重要载体。

县域创新体系，是县域基础组织和网络空间组织有机结合的区域创新体系，表现为城市和乡村相互依存、互为条件、共同发展，实现以市带县、以城带村，城乡融合协调发展。为了促进县域的产业集群发展，有必要促使区域创新体系和县域经济互动发展，这是县域产业集群产生和发展的制度条件，从而通过提高县域的区域创新能力促进县域经济的发展。

第三节　创新驱动县域经济高质量发展的理论基础

一、经济增长与经济发展理论

关于区域经济增长的解释，在理论上主要有两个流派，一个是从需求的角度出发，以凯恩斯主义和后凯恩斯主义为代表；另一个是从供给的角度出发，以新古典主义和内生增长理论为代表。

（一）基于需求侧的经济增长理论

1. 凯恩斯主义的经济增长理论

凯恩斯主义的经济增长理论，主要强调需求对经济增长的重要性，模型建立的假设前提是技术固定不变，在其理论框架中排除了技术进步对经济增长的贡献。代表性的模型有哈罗德—多马模型、乘数模型、投入产出模型等。

哈罗德—多马模型主要是解释储蓄率的高低与经济增长的关系，强调了资本积累对经济增长的重要作用。该模型认为经济增长与储蓄率的高低成正比，储蓄率增加，用来投资的资本就会增加，可以通过提高储蓄率的方法来促进经济增长。

关于乘数的概念，最初提出的理论是用来分析新投资带来的就业总量增加的情况。凯恩斯对其进行了扩充，用乘数来表示投资增加引起的收入增加的倍数。基于乘数模型的乘数效应，就是用来解释经济活动中某个变量的增减所引起的国民收入总量变化的反应程度。乘数的大小与边际消费倾向有关，边际消费倾向越大，乘数越大。

投入产出模型，是通过编制棋盘式的投入产出表以及建立相应的线性代数方程体系，形成一个经济数学模型。这个经济数学模型，清晰地展现了产品在国民经济各部门之间"流入"和"流出"的社会大生产过程，可以用来分析各产业之间的各种比例关系。"投入"是指产品生产所需要消耗的原料、燃料、劳动力和固定资产折旧等，"产出"是指产品生产出来之后的使用方向和相应的数量。按照计量单位不同，可分为实物型和价值型两种投入产出模型。从时间角度，可以进行某一时期的静态投入产出分析，也可以考虑进行若干时期的动态投入产出分析。从空间角度，可以进行单个区域的投入产出分析，也可以跨区域对不同区域进行区域间的投入产出分析。

2. 后凯恩斯主义的经济增长理论

后凯恩斯主义的经济增长理论，又称为出口需求模型，是从区际贸易的角度，从区域出口增长的差异来解释区域增长的差异，强调出口需求以及区域专业化对经济增长的作用。

出口需求模型认为，区域经济之所以形成持续增长，主要在于出口需求形成的循环累积效应。一个区域人均产出的增长，取决于该区域利用规模经济和区域专业化的程度，以及由于规模经济和区域专业化带来的生产率的提高和竞争力的增强。技术进步和资本—劳动比率增加，也会促进生产率提高，而技术进步和资本—劳动比率的提高在一定程度上是依赖于经济增长的，而经济增长又取决于区域出口部门的增长。出口部门的增长取决于其产品的竞争力，主要是产品的相对价格。这样就形成了基于出口需求的循环累积，生产率提高带来产品的竞争力增强，产品竞争力增强促使部门出口增长，出口增加又进一步使部门产出增长，产出增长本身又能使生产率进一步提高。

出口需求模型中所阐述的循环累计效应，对经济增长会产生回波效应和扩散效应。回波效应是指，因为收益差异的影响，劳动力、资金、技术等生产要素会从欠发达地区向发达地区流动，从而使得区域间经济发展水平差异进一步扩大。扩散效应是指，发达地区经济发展到一定阶段后，会出现交通拥挤、环境破坏、资源不足等现象，造成生产的成本上升，这时候再扩大生产规模会得不偿失，那么资本、技术、劳动力就会向欠发达地区转移扩散，从而带动欠发达地区的经济发展。

（二）基于供给侧的经济增长理论

1. 新古典主义的经济增长理论

新古典主义经济增长理论认为，经济增长是由人口规模扩大、技术水平进步和储蓄率增加等外生因素引起的，强调要素供给的作用。新古典主义的经济增长理论与凯恩斯主义经济增长理论的区别在于，其考虑到了技术进步的影响，且将技术进步设定为经济增长的外生因素，技术进步可以使劳动—产出率上升，但不能改变资本—产出率，同时资本和劳动力之间是可替代的。

新古典增长模型对经济增长的研究结论表明，因为资本和劳动供给的存在，产出会无限增长，但人均产出不会无限增长。人均产出只有在资本—劳动比率增大时才会增长，而资本—劳动比率达到长期均衡的时候，人均产出就不会发生变化。换言之，经济增长在资本—劳动比率达到长期均衡时将会停止。当技术进步时，劳动—产出率上升，资本—劳动比率的均衡会被打破，技术进步成为经济增长的发动机。

新古典增长模型对于区域间要素流动以及区域经济差异，也能做出很好的解释。一方面，资本、劳动力会向回报率比较高的地区转移，厂商会选择最有利的区位建厂，劳动力会被吸引到工资高的区域。不同区域之间，资本、劳动力供给以及技术进步的情况不同，这三种要素的区内供给和区际流动会使区域增长出现差异。另一方面，由于资本—劳动比率高的地区工资高而投资收益低，资本和劳动力会出现反向流动，资本从资本—劳动比率高的地区向资本—劳动比率低的地区流动，劳动力从资本—劳动比率低的地区向资本—劳动比率高的地区流动。因此，区域之间最终会趋向均衡发展，区域增长差异则呈现收敛趋向。

2. 内生增长模型框架下的经济增长理论

新古典经济增长理论将技术进步作为经济增长的外生因素，而内生增长理论则将技术进步作为经济增长的内生因素，认为技术进步是经济增长的原因，又同时是经济增长的结果。

内生增长理论的研究，主要有两个方面，一是用收益递增和技术的外部性来解释经济的内生增长，如知识溢出模型、人力资本模型、巴罗模型等；二是用资本积累来解释经济的内生增长，如琼斯—真野模型等。前期研究的模型构建主要是在完全竞争的假设前提下展开，后来的研究开始涉足垄断竞争假设条件下的经济内生增长。

内生增长理论认为资本包括人力资本和知识资本，而且资本具备规模收益递增的特征，资本积累能够推动经济增长。资本在不断积累的过程中，溢出效应增强，可以更容易产生新的知识和开发出新的技术，这些新知识和新技术又成为新的资本进一步推动经济增长。

用内生增长理论来分析区域经济增长，主要有全局溢出模型和局部溢出模型。全局溢出模型最先由法国学者马丁（Martin）和意大利学者奥塔维亚诺（Ottaviano）提出，认为知识资本的溢出不存在距离衰减；局部溢出模型由鲍德温（Baldwin）等提出，认为知识和技术的溢出效应随着距离衰减，本地的知识和技术可以完全被本地吸收利用，而外地的知识和技术对本地的溢出效应随着距离的增加而有所衰减。全局溢出模型和局部溢出模型一致认为资本积累可以形成生产集中，而资本的收入基本都是资本所有地进行投资和消费，因此，经济增长会强化区位的优势。由于资本增长率与经济增长率正相关，区域间收入的分布情况取决于资本的分布情况，发达地区的人均资本存量较高，人均收入水平也较高，这样就必然形成区域差异。

（三）从经济增长到经济发展

20 世纪 70 年代以前，西方国家将经济增长和经济发展混为一谈，认为国民财富的增加就是经济活动的最终目的。但后来发现，仅仅是国民生产总值的增加，有时候并没有带来相应的生产方式的变革和生产结构的改进，教育卫生状况没有得到改善，城市文化也没有得到提升。因此，联合国在 20 世纪 80 年代提出了"可持续发展"的概念，"可持续发展"就是"既能满足当代人的需求，又不对满足后代人需求的能力构成危害的道路"①。可以说，增长不等同于发展，更不等同于可持续发展。

从经济学的角度来说，增长和发展这两个词有着紧密的联系，又有着本质的区别。一般认为，经济增长主要是指一个国家或者一个地区在某个特定时期的国民财富或者社会财富的增加，表明生产的商品和劳务总量的增加情况，可以用国内生产总值（GDP）、国民生产总值（GNP）、人均 GDP 这些指标来说明。而经济发展的内涵比较广泛，不仅包括经济增长的内容，还包括经济结构和社会结构的变化等方面。经济发展是一个既包含数量又包含质量的概念，既考虑经济增长的因素，又考虑社会发展因素、环境保护因素等综合方面。

综上所述，经济增长和经济发展之间的关系可以理解为经济增长是经济发展的基础，经济增长是手段，经济和社会全面发展才是最终目的。可以说没有经济增长就不能实现经济发展，但有经济增长也不见得会实现经济发展。有的国家和地区虽然实现了快速的经济增长，但是却出现社会两极分化贫富差距扩大；有的地区为了追求经济的快速增长，无视环境保护和广大人民的福利，不考虑社会付出的代价；甚至有的地区的经济增长中相当一部分是国民经济的虚耗，对国计民生毫无益处。因此，实现人与自然和谐共生的高质量发展是必由之路。

二、创新驱动理论

纵观学者们的研究可以发现，由于学者的研究领域不同，在不同的理论基础和研究情境之下，对于创新和创新驱动的认识千差万别。在阐述创新的含义时，基本都是借鉴约瑟夫—熊彼特的观点，但在分析创新驱动时，又会将创新等同于技术进步。本课题组认为，关于创新驱动的理解，应该回归到迈克尔—波特的观

---

① 《中国 21 世纪议程 - 中国 21 世纪人口、环境与发展白皮书》［EB/OL］. https：//max. book118. com/html/2021/1114/6044241204004050. shtm，2021 - 11 - 15.

点，创新驱动是将创新作为推动社会经济发展的一种新的发展模式。技术进步无疑是创新驱动很重要的方面，但除此之外，制度创新、文化创新、企业家创新精神等也是形成创新驱动的重要方面。

（一）约瑟夫—熊彼特的创新理论

约瑟夫—熊彼特在他的经济学代表作《经济发展理论》中，提出了动态视角的创新发展理论，突破了传统的围绕人口、资本、利润和地租等在数量上的变化来研究经济发展的局限。他从生产技术变化和生产方式改革的角度来解释经济发展过程，引入创新的观点。熊彼特认为，创新就是引入一种"新的生产函数"，在生产体系中引进新的生产要素的加入，形成生产要素的新组合，提高社会潜在的生产能力。所谓的经济发展，就是指整个社会不断实现这种新组合，使创新成为经济发展的新引擎。具体而言，创新可以表现为以下几个方面：一是通过引进新产品，创造出新的商品和服务；二是采用新的生产方法，在既定的劳动力和资金投入的情况下，获得更多的产品和服务的产出数量；三是具有一种扩散的效应功能，能够开辟新的市场；四是控制和发现原材料的新供应来源；五是实现企业新的组织方式。总的来说，创新就是取得对旧的经济格局的一种本质性的突破，提高生产和服务的能力，从而产生出利润、资本和利息，促进经济的快速发展。

熊彼特的创新理论，对于经济增长理论和经济发展理论的研究都有着重大影响。后来的学者沿着他奠定的理论基础继续研究，对创新理论进行新的探索，最后形成创新经济学的两大分支。一部分学者以技术革新和技术推广为研究对象，建立起技术创新经济学；另一部分学者以制度形成和制度革新为研究对象，建立起了制度创新经济学。[①]

（二）迈克尔—波特的创新驱动理论

迈克尔—波特在他的著作《国家竞争优势》一书中指出，经济发展根据驱动力不同可以分为四个阶段：一是生产要素驱动发展阶段，主要是通过充裕的劳动力和自然资源等生产要素的投入驱动经济发展；二是投资驱动发展阶段，这个阶段的经济发展主要是由大规模的投资拉动产生的；三是创新驱动发展阶段，主要是通过提高创新能力和水平来带动经济发展；四是财富资本驱动发展阶段，这时候经济发展主要是由大规模的财富资本投入而产生的，但是这个阶段的财富投入与投资驱动阶段是有区别的，资本更多的是流向金融类的财富型产业。每个经济

---

① 周天勇．新发展经济学（第三版）［M］．北京：中国人民大学出版社，2020.

体在经济发展的过程中，可能是顺序经历各个发展阶段，也就是说经济体的经济发展，依次是由要素、投资、创新和财富这四个因素中的一个驱动的。但经济体的经济发展，也有可能出现价差并行地经历各个发展阶段的情况，意味着经济体的经济发展可能是由以上四个因素中的两个或者两个以上驱动的，这时就没有非常明确的阶段划分的说法了，比如经济体会出现同时处于要素驱动和投资驱动综合作用下的情况。同时波特认为，在要素驱动、投资驱动、创新驱动的阶段经济是不断走向繁荣的，而在财富驱动阶段经济会发生转折，可能会走向衰退。

那么，如何才算是实现了创新驱动发展呢？波特运用生产要素、需求条件、相关产业与支持性产业、企业要素、机会和政府六要素构建了钻石模型，认为当一个经济体形成完整的钻石体系，而且模型中四个关键要素相互作用明显时，这个经济体就算是实现了创新驱动发展。在钻石模型中，生产要素、需求条件、相关产业与支持性产业、企业要素这四个是关键要素，四大关键要素交互作用下形成复杂的强大动力系统；机会和政府，这两者是附加要素。同时，波特还详细描述了经济体进入创新驱动阶段的典型特征：一是企业发展已经摆脱了对国外技术的依赖，实现自主创造提升竞争优势；二是创新推动经济发展向垂直和水平两个方面推进，形成产业链和产业集群；三是政府不再直接干预产业发展，而是采取鼓励新商业或者创造更多高级的生产要素等方式；四是消费者对产品和服务提出了更高的要求；五是企业对专业化的生产性服务提出了更高的要求，促进服务业走向国际化。

（三）技术创新理论

经济增长和经济发展理论的阐述表明，资本、劳动力和技术等生产要素的投入都能推动经济发展，但在经济发展的不同阶段中，各类生产要素对经济增长和发展的贡献是不一样的。在发展水平较低的阶段，资本对经济发展的推动作用较大，随着经济的不断进步，技术对经济发展的推动作用越来越大。

在技术创新理论方面，曼斯菲尔德、海莱纳、卡曼、施瓦茨和列文等著名经济学家都提出了独特的见解。曼斯菲尔德在研究新技术在同一部分不同产业之间推广的影响因素后，提出了新技术推广说，解释了技术创新与模仿之间的关系以及这两者的变动速度。他认为影响企业技术变革速度的主要因素有模仿比率、模仿的相对盈利率以及模仿的投资额。海莱纳研究了技术创新的类型与发展中国家经济发展的关系，认为技术创新可以分为节约劳动的技术创新、节约资本的技术创新以及介于节约劳动和节约资本之间或两者兼顾的中性技术创新。他认为发展中国家缺乏资本、外汇短缺、就业困难，不宜采取节约劳动的技术创新，而应采取节约资本的技术创新，大力发展以出口加工型企业为主导的占用劳动力较多的工业部门。卡曼和施瓦茨着重研究了在垄断竞争条件下的技术创新过程，提出了"技术创新与市场结构论"。他们认为，决定技术创新的三个变量主要是竞争程度、企业规模和垄断力量，介于完全竞争和完全垄断之间的市场结构，是可以有效促使技术创新活动发展的。列文从技术创新与新加入者处境的关系的角度，研究了技术创新理论，提出了"技术创新与新加入者说"。他将企业生产数量的增长程度与企业规模的扩大程度进行对比，分析企业所得到的额外盈利额的变化情况，进而确定企业用于研究的费用和技术变革的速度变化的情况，从而判断该行业企业数是增加、不变还是减少。同时，他还运用需求的收入弹性和需求的价格弹性这两个指标分析新加入者的境况。总的来说，当额外盈利机会较多时，新加入者有利可图因而进入该行业比较容易；当额外盈利机会减少甚至丧失时，新加入者无利可图因而进入该行业就比较困难。

（四）制度创新理论

实践证明，制度是影响经济发展的一个重要因素，有效的制度能够促进经济增长和发展，无效和负效的制度则会抑制甚至阻碍经济增长和发展。舒尔茨对制度进行了界定，认为制度可以分为以下几类：第一类制度是用于影响生产要素的所有者的配置风险的，比如合约；第二类制度是用于降低交易风险的，比如期货市场；第三类制度是用于提供职能组织与个人收入流之间的联系的，比如财产制度；第四类制度是用于确立公共产品和服务的生产与分配的框架的，比如学校。

制度创新理论是制度经济学与创新理论的融合，关于制度分析的一般方法也是运用经济学中应用最广泛的供需分析方法。在分析制度需求时，重点在于对制度的成本和收益的比较。制度的形成和执行是有代价的，被称为制度成本，用交易费用来衡量。制度除了有代价外，也是有收益的，可以是经济收入，也可以是更高的道德观或伦理观得到实现而获得的心理满足程度。当制度的收益大于制度的成本时，制度的形成就具有经济合理性。制度的供给与普通商品和服务的供给不一样，制度的供给通常是一个集体行动的结果，对制度供给的分析采取的是集体行动的分析方法，结合了公共选择理论和博弈论等。

诺思和戴维斯的《制度变迁与美国的经济增长》一书，系统地阐述了制度创新理论，被认为是制度创新理论的重要代表作。在制度变革中存在个人、志愿者组织和政府三个层次的主体，制度变革因此也存在三种方式：个人推动的制度变革、组织推动的制度变革、政府推动的制度变革。那么，现实中的制度变革会由哪个层次推动呢？这取决于每种层次的制度安排中各自的收益和成本的比较，以及在制度安排中各自所拥有的影响力。诺思通过对美国经济发展历史的分析得出，有六种因素对制度变革的成本和收益有明显的影响。第一，市场规模。市场规模的扩大，会导致成本递减情况的发生，可以改变特定制度安排的利用和费用。第二，技术。技术会对改变安排的利益有广泛的影响。技术带来规模经济，具有规模效益递增的特性，能够降低制度安排的成本和组织成本。第三，知识积累。知识的积累能够减少对与某些制度安排以及革新相关的成本。第四，社会公众预期的变化。社会公众对收入预期的变化，会导致他们对新制度安排的收益和成本评价的改变。第五，组织费用的承担。如果组织费用已有其他的主体来承担，则制度安排的成本能明显减少，因此可以尽量调低制度安排的边际成本。第六，国家权力。政府对经济控制力的增强，可以减少政府性安排带来的革新成本，政策公信力的强弱会直接影响制度变革的实施效率。

三、县域经济发展的相关理论

关于县域经济发展的理论大部分是在区域经济学和产业经济学以及发展经济学的理论基础上展开的，尤其是其中针对发展中国家和地区研究的一些相关理论，对县域经济的发展具有一定的指导意义。

（一）城乡二元经济理论

1. 二元经济理论的基本内容

刘易斯对发展中国家存在的二元经济结构，尤其是二元经济结构消长和变动的过程进行了系统的分析，并因此重大贡献获得了诺贝尔经济学奖。后来拉尼斯、费景汉等学者，又针对刘易斯二元经济结构理论中的不足和缺陷提出了新的论证，二元经济结构理论得以不断丰富和完善。

刘易斯的二元经济理论提出，在发展中国家普遍存在二元社会结构，一是农业部门，二是工业部门，经济发展的过程主要就是农业和工业的关系调整变化的过程。传统的单一农业经济相对落后，工业化进程会将社会结构推进到二元结构的发展中经济状态，这种二元结构的社会经济状态又会随着工业化进程的不断加快以及工业部门的不断壮大而逐步过渡到发达的工业化经济状态。

刘易斯认为绝大多数的发展中国家已经跨越了传统单一农业经济的阶段，表现为传统农业部门和现代工业部门并存的二元经济结构特征。农业部门的劳动供给是无限的，存在着大量可供利用的劳动力，以传统的农业生产方式为主。土地作为农业生产的主要资源是不能再生的，不可能随着人口增长而增加，农业部门的技术进步主要表现为传统经验的积累，这种缓慢的变化远远缓解不了人口增长带来的压力，农业部门的整体收益呈现递减的趋势。工业部门有厂房设备和流水生产线，运输系统等基础设施建设完善，不同的生产企业之间进行分工协作，是以现代工业为主体的产业部门。工业部门不仅拥有先进的生产技术，而且技术革新较快，工业部门就业人口拥有的生产资源越来越多，因此工业部门的人均产出高于传统农业部门，整体收益较高。资本积累带动工业部门的规模扩张，其扩张速度超过工业部门人口增长的速度，而且工业部门的人均收入是持续增长的，从而引起农业部门剩余劳动力向工业部门进行转移。当工业部门扩张到将整个社会的剩余劳动力都吸纳完全时，整个经济就突破了二元结构，表现为以工业部门为主导的发达的一元结构状态。

2. 二元经济理论对县域经济高质量发展的启示

县域经济范围内城市经济和乡村经济两种经济形态同时并存，县域经济想要实现高质量发展必须突破二元经济结构的割裂发展模式。通过工业化和城市化促进农村劳动力向第二产业和第三产业转移，鼓励农村剩余劳动力向城镇转移，促进城乡生产要素的流动，提升资源的优化配置。在推进工业化的过程中，也同时要注重农村和农业的发展，将农村和农业的发展放到与城市和工业发展同等重要的位置上来，推进农业和工业的平衡发展，促进县域经济协调发展，推动城乡发展融合，从而实现县域经济的高质量发展。

（二）县域经济的产业布局理论

1. 增长极理论

增长极理论是以新古典经济增长理论为基础的，相对重视要素供给的作用，强调经济发展的动力是技术进步和创新。增长极理论认为经济增长首先出现在具有创新能力的主导产业部门，并不是在所有的地方和产业部门同时出现的，而这些主导产业部门一般都集中在中心城市。主导产业集中分布的区域，具有区位比较优势，各种条件相对比较优越，而且对邻近区域的发展具有较强的辐射作用，所以称之为增长极。

在县域经济发展的过程中，可以运用增长极理论来推动经济发展。县域经济中的增长极可以是各方面条件优越的地区自然而然形成的，也可以是通过政府政策引导吸引投资的方式有选择地在特定地区培育而成的。增长极一旦形成，会吸纳周边地区的资本、劳动力等相关生产要素向增长极地区集聚，使其周围成为极化区域，这一过程很大程度上会加剧极化区域以外的周边县域地区的资源匮乏和贫困。但当极化效应达到一定的程度，随着极化区域的生产要素的边际效率的下降，其他周边县域区域的生产要素的边际效率的提高，极化区域就会对周边县域区域产生辐射和扩散作用，推动各项要素向周边地区回流和扩散，进而可以带动周边地区的发展。

2. 点轴理论

点轴理论是增长极理论的延续和扩展，增长极的数量会随着经济的发展而增多，而增长极与增长极之间也会因为经济联系的不断加强出现交通通信线路，增长极以及连接增长极的交通沿线区域就称为发展轴。发展轴比之增长极而言，更具有牵引功能，有更强的极化效应和扩散效应，对带动周边经济发展的辐射能力更强。这些轴线最先是为增长极服务而产生的，但一旦形成，就会对人口、资本、产业等产生较大的吸引力，吸引要素向轴线两侧集聚，从而产生新的增长极。点轴开发理论就是通过合理选择增长极和相应的各种交通轴线，引导要素和产业向增长极和轴线两侧有效集中分布，实现由点到线进而由线到面地带动区域经济全面发展。

在县域经济发展中，可以利用一些铁路和公路的交通干线、大江大河大湖的航道沿线以及港口的沿岸地区作为发展轴线，向两侧以及上下游地区拓展开来。通过这些发展轴线，更好地促进县域的要素流动，更好地发挥出极化区域的辐射作用，带动县域经济发展。

3. 网络布局理论

网络布局理论可以说是在增长极理论和点轴理论基础上的升级，网络布局就是以增长极和发展轴为基础的网络状的空间布局形式。这种布局是以多个增长极为支撑的，把主要的干线作为发展轴线，形成具有空间关联的网络状系统，是经济发展比较发达区域的布局模式。

网络布局理论能够对县域中如何进行道路、通信等交通基础设施的建设，提供可靠的理论依据；对于如何引导县域与中心城市以及县域与县域之间的要素流动，比如对劳动力的转移和就业，可以提供有效的决策参考。经济发达的县域地区交通通信发达，经济活动密度高，可以将中心城市作为地区增长极，再根据县域范围内城镇体系和交通通信网络确定主干线设定为发展轴线，以此展开县域产业布局和发展县域内的高层次产业。

福建省县域经济高质量发展的现状分析

第一节　对福建省县域经济的整体分析

一、福建省县域的概况

（一）福建省县域地区所含范围

　　福建省位于中国东南沿海地区，向北与浙江相连，向西与江西相邻，西南与广东交界，东边隔着台湾海峡与台湾隔海相望。福建省县域地区的面积占到福建总面积的 70% 以上，县域人口数量占到全省总人口数的比例超过 60%，县域经济的高质量发展是福建省高质量发展的重要基础。① 福建省各地市所含县域范围如表 2 - 1 所示，剔除市辖区（不在本课题研究范围之内），福建全省地市所含县域总共有 55 个县市，三明市下辖的县市有 10 个，其次依次是漳州市下辖 9 个县市，南平市和宁德市各下辖 8 个县市，福州市和泉州市各下辖 7 个县市，龙岩下辖 5 个县市，莆田下辖 1 个县市（见表 2 - 1）。

---

　　① 根据福建省统计局网站原始数据统计整理而出。

表 2-1　　　　　　　　　　　福建省各地市所含县域范围

地级市	所含县域
福州市	福清市、闽侯县、连江县、罗源县、闽清县、永泰县、平潭县
厦门市	—
泉州市	石狮市、晋江市、南安市、惠安县、安溪县、永春县、德化县
漳州市	龙海市、云霄县、漳浦县、诏安县、长泰县、东山县、南靖县、平和县、华安县
龙岩市	漳平市、长汀县、上杭县、武平县、连城县
三明市	永安市、明溪县、清流县、宁化县、大田县、尤溪县、沙县、将乐县、泰宁县、建宁县
莆田市	仙游县
宁德市	福安市、福鼎市、霞浦县、古田县、屏南县、寿宁县、周宁县、柘荣县
南平市	邵武市、武夷山市、建瓯市、顺昌县、浦城县、光泽县、松溪县、政和县

注：龙海市和长泰县于 2021 年设为市辖区，沙县于 2021 年撤县设区。本章节的统计数据截至 2020 年，因此暂不将其作为市辖区。为使全书统一，本书使用龙海市、长泰县和沙县。

资料来源：笔者根据福建省统计局网站原始统计数据统计整理。

（二）福建省县域地区的自然资源情况

福建省县域地区矿产资源丰富、山脉众多、河流交错、森林茂密、海域辽阔，多样化的自然资源为福建省县域经济的发展提供了充分的生产要素。

1. 土地和矿物资源情况

福建省素有"八山一水一分田"的说法，县域地区的耕地面积有限。虽然福建省县域的人均耕地面积较少，但县域地区盛产经济作物和热带水果，是中国主要的茶产区之一。矿物质资源也比较丰富，截至 2020 年底，全省已发现矿产 138 种，探明储量矿产 122 种[①]，矿床的潜在价值高，而且这些矿床基本分布在县域地区。

2. 动植物资源情况

福建省县域地区的山地多林，森林覆盖率在全国排在前列。植物种类繁多，除了广泛用于建筑工业原材料的用材林以外，还有大量的珍稀树种。为保护珍稀树种，建瓯市建立了万木林保护区，南靖县和溪镇建立了季雨林保护

---

① 2020 年福建省自然资源年报［EB/OL］. 福建省自然资源厅网站，2021-12，http：//zrzyt. fujian. gov. cn/zwgk/tjxx/zhtj/202111/P020211117374424265559. pdf.

区，三明市建立了莘口格氏栲保护区，另外还有武夷山自然保护区。野生动物种类繁多，其中国家一级保护陆生野生动物有 46 种、国家二级保护陆生野生动物有 143 种[①]。在屏南的白岩溪一带，大量的鸳鸯一到秋冬就来这里栖息，被称为"鸳鸯之乡"。

3. 海洋和水资源情况

福建省的海岸线长度居全国第三，海域面积大于陆域面积，岛屿的数量占到全国总数的 1/6。海区的生物种类多样、渔业和地质资源丰富，优良港湾比较多，开发的潜力大，同时沿海地区多姿多彩的海景风光还是重要的旅游资源。福建县域的内河水系发达，水系与峡谷之间宽谷和狭谷相间分布，有利于修建水坝和水库，再加上山地的坡度较大，形成了充足的水力发电资源，全省的水能可发电量居华东地区首位。水资源丰富的同时水质也较好，适合饮用和灌溉，福建县域地区的居民用水和工农业生产用水总体都很充足。

（三）福建省县域地区的人文资源情况

福建省县域地区比较有特点的人文资源有三类，一是以名胜古迹为主的人文景观，二是发达的宗教文化，三是具有地方特色的民间工艺和民俗文化。福建县域地区有众多的古建筑和历史纪念建筑物，比较出名的有南安的郑成功墓、惠安的崇武古城、上杭的古田会议会址、东山的铜山古城、永定土楼和南靖土楼等，还有朱熹、林则徐等众多名人的故居遗址。福建的宗教文化非常发达，早在西晋太康年间就建有佛教寺院，县域地区的著名寺庙有福清黄檗山万福寺、晋江龙山寺、漳州南山寺等，这些名刹古寺在东南亚和日本等地影响很大。除此之外，还有伊斯兰圣迹和摩尼教遗址，妈祖、陈靖姑和保生大帝等民间信仰在海外也有广泛的影响。在民间工艺和民俗文化方面，福州的脱胎漆器，与北京景泰蓝和江西的景德镇瓷器并列为中国传统工艺三宝，在全国有着很高的声誉。寿山石雕晶莹璀璨，德化瓷器洁白细润，软木画玲珑典雅，这些都是具有福建文化特色的手工艺品，在市场上很受欢迎。饮食文化上，以佛跳墙为代表的闽菜是中国八大菜系之一。另外，民间戏曲形式多样风格各异，其中南音被称为闽南乡音，莆仙戏等被称为地方戏的"活化石"。

---

① 福建省国家重点保护陆生野生动物名录 [EB/OL]. 福建省林业局网站，2021 – 07 – 19，http：// lyj. fujian. gov. cn/bmsjk/201912/t20191216_5153315. htm.

二、福建省县域经济的总体概况

（一）国民收入稳步提高

对比 2010 年、2015 年和 2020 年的数据来看，福建省各地市所含县域地区的国内生产总值（GDP）总量以及人均 GDP 都是在逐渐提高的，2010~2015 年的年均增长率达到 15% 左右，2015~2020 年的年均增长率达到 10% 左右。从总量来看，福建各地市所含县域地区 2020 年的生产总值大约是 2010 年的 3 倍左右，其中增长最快的是莆田市的仙游县，达到 3.73 倍。从人均来看，除了莆田市的仙游县 2020 年人均 GDP 是 2010 年的 4.46 倍以外，福建省其他各地市所含县域 2020 年的人均 GDP 也大约是 2010 年的 3 倍左右（见表 2-2）。

表 2-2　　　　　福建省各地市所含县域的 GDP 和人均 GDP 情况

地区	所含县域数量	GDP（单位：亿元）			人均 GDP（单位：元）		
		2010 年	2015 年	2020 年	2010 年	2015 年	2020 年
福州市	7	1 578.18	2 788.70	3 879.66	34 511	58 291	91 970
泉州市	7	2 739.09	4 805.69	7 753.51	47 051	78 145	120 126
漳州市	9	1 081.67	2 138.11	3 444.08	25 849	48 285	75 300
龙岩市	5	581.17	902.53	1 566.26	23 488	43 464	74 669
三明市	10	747.64	1 364.06	2 098.93	30 586	53 292	81 231
莆田市	1	139.80	309.74	521.49	12 934	36 483	57 782
宁德市	8	611.79	1 220.20	1 836.19	20 745	40 567	60 544
南平市	8	552.22	910.56	1 329.64	20 905	38 903	57 473

注：厦门市只有市辖区，不在统计范围内；2010 年和 2015 年福州下辖县域有 8 个，包括长乐市，2020 年长乐为市辖区；2010 年龙岩下辖县域有 6 个，包括永定县，2015 年和 2020 年永定为市辖区；2010 年南平市下辖县域有 9 个，包括建阳市，2015 年和 2020 年建阳为市辖区。后续表格同。

资料来源：根据福建省统计局网站原始数据统计整理而得。

从整体来看，福建省县域地区的总体生产总值，2010 年为 8 031.56 亿元，占全省 GDP 的比重为 59%；2015 年为 14 439.59 亿元，占全省 GDP 的比重为 55.6%；2020 年为 22 429.76 亿元，占全省 GDP 的比重为 51.09%。[①] 2010~

---

　① 根据福建省统计局网站原始数据统计整理而得。

2020 年，福建省县域地区的整体生产总值上升幅度较大，占比的稍微下降主要是由部分县（市）改设为市辖区不在本课题的统计范围内所导致的。国民收入的稳步增长，反映了福建省各县域地区的经济发展态势是总体趋好的。GDP 总量的增加意味着县域地区总体的就业机会的增加，伴随着经济增长在县域地区又会形成新的社会需求，从而促进社会经济良性发展。人均 GDP 的增加意味着县域地区消费能力的增强，县域地区的人民生活水平得以改善。

（二）产业结构逐渐优化

从福建省各地市所辖县域地区 2015 年和 2020 年三次产业的产值来看，第一产业、第二产业和第三产业的产值总体上都是上升的，而且从上升的幅度来看，第二产业和第三产业的上升幅度是明显要高于第一产业的（见表 2-3）。

表 2-3 　　　　　福建省各地市所含县域地区三次产业的产值情况 　　　　单位：亿元

地区	所含县域数量	2015 年			2020 年		
		第一产业	第二产业	第三产业	第一产业	第二产业	第三产业
福州市	7	422.84	1 473.53	892.32	483.30	1 835.51	1 560.84
泉州市	8	162.51	2 941.11	1 702.05	208.44	4 584.52	2 960.52
漳州市	9	358.13	1 050.39	729.59	480.94	1 632.83	1 330.31
龙岩市	6	145.63	434.21	322.68	220.81	671.69	673.76
三明市	10	235.69	695.42	432.94	295.91	1 091.30	711.73
莆田市	1	30.56	159.01	120.18	22.29	257.08	242.11
宁德市	8	220.00	637.56	362.63	283.60	825.05	727.56
南平市	9	221.33	364.88	324.35	249.73	488.13	591.77

资料来源：根据福建省统计局网站原始数据统计整理而得。

对比 2010 年和 2020 年的产业结构情况来看，福建省各地市所含县域地区的三产结构比例有所差异，比如泉州市和莆田市下辖县域的第一产业占比在 2015 年和 2020 年都在 10% 以下，其他各地市都在 10% 以上。但整体来说，各地市所含县域地区第一产业和第二产业的占比总体上是下降的，第三产业的占比总体上是上升的，第二产业和第三产业比例之间的差距在缩小。这就说明福建省县域地区的三次产业结构正在向着更优的方向演进（见图 2-1、图 2-2）。

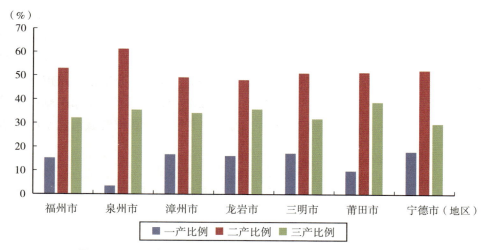

图 2-1 2015 年福建省各地市所含县域地区三次产业结构情况

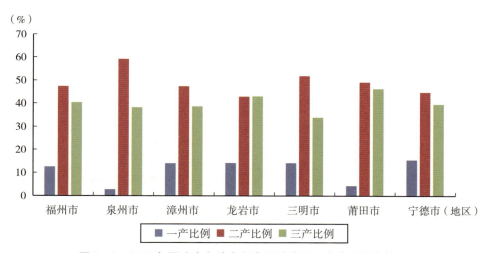

图 2-2 2020 年福建省各地市所含县域地区三次产业结构情况

资料来源：根据福建省统计局网站原始数据统计整理而得。

（三）城镇化水平逐步提升

近年来，福建省各县域的城镇化水平在不断提升，对比 2015 年与 2020 年各县域的城镇化率数据可以看出，大部分县域地区的城镇化率都增长了 5 个百分点以上。其中，增长幅度最高的 10 个县（市）分别是罗源县（28.2 个百分点）、霞浦县（16 个百分点）、惠安县（15.5 个百分点）、邵武市（12.1 个百分点）、仙游县（11 个百分点）、泰宁县（10.6 个百分点）、平潭县（9.4 个百分点）、东山县（8.7个百分点）、沙县（8.4个百分点）、政和县（8.3个百分点）。根据2014年3月国家发布的《国际新型城镇化规划（2014－2020年）》，2020年的发展目标是常住人口的城镇化率要达到60%左右。对照表2－4可以发现，早在2015年福建省的部分县域的城镇化率就已经超过了60%，分别是泉州市下辖的石狮市、晋江市、德化县和三明市下辖的永安市和沙县，以及宁德市下辖的福安市和南平市下辖的邵武市。到2020年，福建省绝大部分县域的城镇化率已经达到60%左右。

表2－4　　　　福建省各县域2015年和2020年的城镇化水平情况　　　　单位：%

地区	下辖县域	城镇化水平		地区	下辖县域	城镇化水平	
		2015年	2020年			2015年	2020年
福州市	福清市	48.5	53.6	漳州市	龙海市	54.0	61.3
	闽侯县	53.4	60.1		云霄县	46.9	54.6
	连江县	44.0	50.7		漳浦县	48.6	54.8
	罗源县	43.4	71.6		诏安县	41.5	45.8
	闽清县	38.3	43.8		长泰县	52.2	59.4
	永泰县	39.2	43.3		东山县	55.5	64.2
	平潭县	44.3	53.7		南靖县	48.5	52.9
泉州市	石狮市	78.0	86.0		平和县	42.7	47.5
	晋江市	64.3	68.7		华安县	49.7	53.3
	南安市	55.8	61.7	三明市	永安市	66.4	72.0
	惠安县	55.2	70.7		明溪县	49.7	52.4
	安溪县	42.6	49.6		清流县	45.0	50.8
	永春县	57.8	61.3		宁化县	40.7	48.2
	德化县	73.6	78.1		大田县	47.4	54.0
龙岩市	漳平市	53.7	58.2		尤溪县	41.8	48.8
	长汀县	46.2	53.5		沙县	61.8	70.2
	上杭县	43.9	51.5		将乐县	52.0	58.7
	武平县	45.7	53.2		泰宁县	47.5	58.1
	连城县	42.6	49.7		建宁县	41.7	49.6

续表

地区	下辖县域	城镇化水平		地区	下辖县域	城镇化水平	
		2015 年	2020 年			2015 年	2020 年
宁德市	福安市	62.0	65.1	南平市	邵武市	67.5	79.6
	福鼎市	57.2	63.5		武夷山市	55.5	61.4
	霞浦县	44.9	60.9		建瓯市	48.1	52.0
	古田县	42.1	49.6		顺昌县	48.5	51.4
	屏南县	41.7	49.3		蒲城县	45.5	48.1
	寿宁县	45.4	49.8		光泽县	45.0	50.4
	周宁县	47.8	52.8		松溪县	44.2	49.2
	柘荣县	59.8	63.0		政和县	43.6	51.9
				莆田市	仙游县	41.4	52.4

资料来源：根据福建省统计局网站原始数据统计整理而出。

福建省县域地区城镇化水平的持续提高，使得更多农民通过转移就业来提高收入，同时带来城镇消费群体的扩大，进一步促进消费结构的升级和消费潜力的释放，相应地也会推动城市基础设施、住宅建设以及公共服务设施的建设。在城镇化进程中，福建省各县域的生产要素得到优化配置，带来创新要素的集聚，促进传统产业的升级和新兴产业的发展。知识密集型产业比重开始逐步上升，福建县域城镇居民的消费结构和消费行为也发生了变化。从消费结构上来看，县域地区居民过去主要是解决衣食问题，现在逐步演变到如何改善住行的问题；从消费的行为上来看，县域地区居民过去对商品的品牌和质量并没有过多的要求，而现在更注重这两方面的需求，低档的和劣质的商品在县域地区开始慢慢失去市场。这些变化会影响福建省县域的产业结构调整，也将促进福建省县域经济的高质量发展。

（四）综合实力表现强劲

根据《中国县域经济发展报告（2020）》的研究结果显示，福建百强县（市）较多，有 7 个县（市）进入了 2020 年全国综合竞争力百强县（市）排行榜。其中，晋江市在全国排名第 5 位，而且连续几年都位列全国前十；福清市在全国排名第 22 位；南安市在全国排名第 27 位；石狮市在全国排名第 42 位；惠安市在全国排名第 44 位；闽侯县在全国排名第 49 位；安溪县在全国排名第 86 位。同时，其他的一些县域地区也进入了全国县域经济综合竞争力 400 强排行榜。在 2020 年全国投资潜力百强县（市）的排名中，福建省有 6 个县（市）入围，分别是：闽侯县（第 9 位）、福清市（第 17 位）、平潭县（第 67 位）、南安市（第 70 位）、晋江市（第 75 位）、罗源县（第 98 位）。同时，福建其他县域地区也进入了全国县域投资潜力 400 强排行榜（见表 2 - 5）。

表 2 - 5 　　　　　2020 年福建省县域竞争力和投资潜力在全国排名情况

福建各县域在全国县域综合竞争力排名情况	晋江市（第 5 位），福清市（第 22 位）、南安市（第 27 位）、石狮市（第 42 位）、惠安市（第 44 位）、闽侯县（第 49 位）、安溪县（第 86 位）； 福安市（第 109 位）、龙海市（第 116 位）、上杭县（第 127 位）、永安市（第 131 位）、仙游县（第 140 位）、连江县（第 141 位）、漳浦县（第 164 位）、永春县（第 169 位）、平潭县（第 210 位）、罗源县（第 242 位）、邵武市（第 247 位）、福鼎市（第 261 位）、长泰县（第 307 位）
福建各县域在全国县域投资潜力排名情况	闽侯县（第 9 位）、福清市（第 17 位）、平潭县（第 67 位）、南安市（第 70 位）、晋江市（第 75 位）、罗源县（第 98 位）； 漳浦县（第 104 位）、连江县（第 123 位）、惠安县（第 138 位）、仙游县（第 141 位）、安溪县（第 149 位）、石狮市（第 158 位）、长泰县（第 161 位）、龙海市（第 168 位）、上杭县（第 193 位）、福安市（第 199 位）、永春县（第 238 位）、永安市（第 255 位）、邵武市（第 303 位）、福鼎市（第 375 位）

资料来源：根据相关资料整理而得，详见吕风勇，邹琳华. 中国县域经济发展报告（2020）［M］. 中国社会科学出版社，2021.

三、福建省县域地区的发展特点

（一）县域地区产业集群不断发展壮大

福建省县域地区产业集群，是地区产业在适应日趋激烈的市场竞争中而产生的。产业集群是产业空间组织的一种形式，这种产业组织形式能形成群体竞争优势，产业集聚发展所获的规模效应是其他产业形式不能相比的。福建省县域地区民营经济活跃，各县域地区的产业集群在不断发展壮大，最具代表性的就是泉州市下辖县域地区的产业集群。泉州市县域地区的产业集群是建立在专业化分工的基础上不断发展起来的，具体有：分布在晋江市、石狮市和南安市的纺织服装产业集群；分布在晋江市的鞋业产业集群；分布在晋江市、南安市和惠安县等地的建陶石材产业集群；分布在晋江市、石狮市、惠安县、安溪县和德化县等地的工艺品产业集群；分布在惠安县的石化产业集群；分布在南安市的水暖厨卫产业集群。近些年来，福建县域地区的产业集群也在不断适应市场的变化，通过技术创新和制度创新进行传统产业的升级和产业结构调整，向着更高的高度迈进。

（二）循环经济和清洁生产越来越被重视

早在 2004 年的时候，福建省就在全省范围内开始建立清洁生产以及建立 ISO14000 环境管理体系。福建省委和省政府也围绕清洁生产、环境治理等方面出台了相关的政策文件，如《福建生态省建设总体规划纲要》等。南安市和德化县作为省级循环经济县域试点城市，从石化、建材、纺织等重点行业和企业入手，通过示范推广、政策引导、技术开发、资金支持等手段促进县域地区的循环经济和清洁生产的发展。目前，福建省县域地区已经建立起一批循环经济和清洁生产的生产基地。南安市建立了光电信息产业基地，建瓯市建立了京福洲际太阳能工业园，此外其他县域地区还建立了节能电机产业基地、再生资源回收利用基地、LED 和节能灯具产业基地等。在农业生产方面，利用生物技术和生态循环技术改进与优化农产品和农业生产过程，建成一批以生产和销售以及度假观赏和科普为一体的现代化观光农业产业园区。这些节能环保产业和基地的迅猛发展，为福建省县域地区的生态文明建设提供了重要的物质基础和有力的技术保障，同时也能促进县域地区循环经济体系的建立，提高县域地区农业、工业和服务业生产要素的使用效率。

（三）品牌和文化建设与新业态融合发展

福建省县域地区在新型城镇化建设和产业发展的过程中，充分挖掘地域文化的共同性，借助品牌和文化建设构建促进城乡协调发展的文化产业链。南靖县借助南靖土楼这个核心品牌，整合县域内文化遗产和传统民居以及山水田园等资源，用品牌建设推动全县域范围的文化旅游产业融合高质量发展，成为中国县域旅游竞争力百强县之一。建宁县是全国有名的建莲之乡、黄花梨之乡、无患子之乡，同时也是全国最大的杂交水稻种子生产基地。当地政府整合各种优质农业资源，通过线上直播和莲文化品牌发布大会等形式，推动以建莲为首的"建宁五子"（莲子、种子、梨子、桃子、无患子）品牌建设。此外，福建省作为茶叶产业大省，各县域在着力提升茶业品质的同时，也都非常注重茶文化品牌建设。当前，武夷岩茶、政和白茶、安溪的铁观音、闽北的水仙、福州的茉莉花茶等品牌，已经树立了福建茶文化特色产业的口碑。品牌和文化建设与新业态融合发展的趋势，有利于福建县域地区构建出一系列价值清晰、形象统一的区域公用品牌，能够进一步提高县域特色农产品的整体附加值，促进县域地区农业高质高效发展，促进农民富裕富足，对福建县域地区乡村振兴、绿色发展和农业供给侧结构性改革等重大战略的落实和实施有着重要的意义。

第二节　福建省县域经济发展存在的问题

一、县域经济发展差距较大，县域经济发展不平衡

通过本章第一节的数据资料分析，可以看到福建省各县域之间经济发展质量存在着明显的地区差异。从区域的整体情况来看，沿海地区的县域经济发展质量明显高于内部山地地区，泉州下辖的几个县域的发展水平普遍偏高。从单个的县域来看，有特色产业支撑或者有特色文化品牌的县域的发展情况相对较好。同样是处于内陆山地地区，有的县域发展情况则相对较好，而且同一个县域的不同地区也存在着发展差距。同时，由于经济发展的循环累加效应，福建省县域经济的发展在整体上呈现出强者越强的现象。福建省县域经济发展的不平衡，还表现在产业结构调整进展的不平衡。产业结构的调整通常情况下都是滞后于市场变化的，福建大部分县域在产品生产方面并没有参与国际竞争的规划，经营的产品种类多元化，但是规模不大，质量上也有待改进。大部分县域的工业发展有了一定的基础，但整体而言是小而全，但技术落后且重复建设现象普遍，需要重新改造和结构优化升级。

从长远来看，区域发展的不平衡是制约福建省县域经济高质量发展的重要因素。当地区经济发展到一定的水平时，区域发展的不平衡可能会引起区域之间、利益集团之间，以及社会成员之间的矛盾和冲突，这种矛盾和冲突发展到一定程度就会影响社会经济的稳定。某种程度上来说，福建省各县域之间的发展不平衡，已经加剧了基础工业与加工工业以及农业与工业之间的矛盾，落后县域的发展对福建省县域整体的高质量发展形成了制约。如何完善县域经济结构，协调福建各县域的经济发展，促进县域经济的整体发展水平进入相对平衡的最佳状态，成为福建省县域下一步发展的重要任务。

二、同质化竞争加剧，制约县域经济高质量发展

产业的同质化现象体现在县域经济的发展中，就是指各县域在各自的行政区划范围内布局的产业雷同，生产和经营的产品雷同。福建省内处于邻近区域的县域，由于地理区位和自然资源条件类似，在产业规划的安排上大同小异。如果没

有独特的产业特色，各县域在产业布局等方面就会存在同质化竞争的问题。而且，大部分县域都计划构建出本地区的综合型经济体系，不仅产业名称相同，产业内容和产业链上也存在雷同，大量的低水平重复建设现象普遍存在。典型的现象如乡村旅游热的兴起，福建省很多县域的乡村地区都抓住这股热潮，纷纷打造农家乐和民宿系列的旅游景点。但在实践过程中提供的产品和服务却较为类似，风景千篇一律或是旅游产品大同小异，甚至连当地特产都看不出太多的差异，难以体现出独特的亮点，有些景点就会出现后期持续性不足难以为继的情况。

某种程度上来说，产业同质化是县域经济市场发育成熟的一种外在体现，但是如果县域市场整体长期处于同质化状态，那么整个县域地区的产业发展就会因为缺乏创新而趋于老化。县域的产业同质化现象，成为福建省县域经济高质量发展的障碍。一是同质化现象危害了生产企业的利益。大部分企业在面临同质化竞争时，往往选择主动降价的方式来吸引消费者的注意。企业一旦陷入了"价格战"就会出现销售上涨而利润下跌甚至无法正常良性运营的境地。二是同质化现象使消费者成了间接的受害者。在激烈的市场竞争环境下，企业为了降低成本，可能会偷工减料或者以次充好。在营销方式上以低价为诱饵吸引消费者，但提供的服务质量却大打折扣。三是同质化现象阻碍了行业的进步。企业在低价竞争中利润受损，就难以拿出足够的资金进行产品的研发创新，会导致行业内无意创新而相互抄袭，严重影响了整个行业的产品质量和技术水平。四是同质化现象影响了资源的合理配置。重复建设不仅会造成产品生产过剩的问题，还造成大量的生产要素资源的浪费，影响了地区的资源配置。

三、产业创新升级难度大，产业链和供应链稳定性压力大

福建省大部分县域，在产业创新升级方面的难度较大。伴随着商品短缺经济时代的结束，我国居民对物质产品的需求已经从量的需求转变为质的提升。在这样的经济大背景之下，福建省县域内的部分工业产业的产品质量不佳、档次较低、竞争力较弱的问题就暴露出来了。在农业生产方面，大部分县域仍然是以分散的单个农户为生产主体。这种生产方式有一定的可取之处，但生产规模小从而农业生产率相对较低，而且单个的农户在市场经济条件下难以获得竞争优势，在与商户谈判时也处于劣势，即便是有特色农业的优势在这样的生产方式下也很难顺利地转变成市场优势。所以，各县域地区面临的产业结构调整，不是用简单的数量规模上的扩张就可以解决的，而是需要创新驱动下的优化升级，进行制度创新和组织结构调整。

在全球经济放缓和新冠肺炎疫情反复的背景之下，国际市场需求的萎缩，对福建省县域的产业链和供应链的稳定也带来较大的压力。2020年新冠肺炎疫情席卷全球，使得中美之间的全面竞争更为激烈，美国针对多国挑起贸易摩擦，并退出多个多边协议。同时，新冠肺炎疫情又对各国的经济发展都造成了不同程度的负面冲击。美国以及其他西方发达国家，出于保护本土产业发展和提高本国居民就业率的目的，纷纷发起了逆全球化战略，中低端制造产业开始回流。福建省县域的很多企业，长期以来都是坚持加工贸易的运营方式。在国际需求萎缩和疫情叠加的情况之下，海外原材料、半成品断供的情况时而发生，并通过产业链和供应链向上游进行传导，这就使得福建省县域的产业链和供应链的稳定性受到较大的影响，进而影响福建省县域经济的整体发展。

四、县域地区人才不足，资源配置效率有待改善

福建省县域地区的人才外流现象明显，具备高学历、高专业技能的人才回到县城甚至是乡镇工作的越来越少。当前的社会已经进入知识经济时代，技术进步对社会发展起着越来越大的作用。知识经济时代的一个基本特征就是，劳动力主体是接受过高层次教育和经过培训的专业人才或者综合性人才。知识经济是建立在知识的生产和消费基础之上的，而福建省县域地区的高端人才不足就会带来一系列问题。人才缺乏，则相应的技术进步和革新难以为继，生产成本无法降低，生产效率难以大幅提高，进而无法大批量生产高质产品去获取较好的经济利益。

对县域地区的发展而言，不管是高层次的技术人员，还是普通的劳动力工人，都是其社会经济发展中不可或缺的重要因素，不管是哪方面的人力供给短缺都会影响当地的发展。福建省部分县域地区除了高端人才不足问题外，还存在着普通劳动力外流的问题。根据数据显示，福建省大部分县域地区的常住人口出现不断减少的现象。对比2015年和2020年的户籍人口数以及常住人口数可以看出，除了泉州市外，福建省其他各地市所含县域地区都存在不同程度的人口外流现象。其中，人口外流最多的是龙岩市下辖的县域地区，福州市、莆田市、宁德市和南平市所辖县域地区外流人口数有所下降，漳州市和三明市下辖县域地区的外流人口数则有所上升。剔除泉州市，2015年其他各县域地区所含县域的户籍总人口数为2 033.28万人，常住人口数为1 746.24万人，县域地区人口流出287.04万人；到2020年，其他各县域地区所含户籍总人口数为1 999.9万人，常住人口数为1 728.1万人，县域流出人口271.8万人（见表2-6）。

表 2 - 6　　　　　福建省各地市所含县域的户籍人口及常住人口数情况　　　单位：万人

地区	所含县域数量	户籍人口数		常住人口数	
		2015 年	2020 年	2015 年	2020 年
福州市	7	478.41	421.84	441.30	421.30
泉州市	8	614.94	645.45	697.90	707.80
漳州市	9	442.81	457.38	422.50	411.50
龙岩市	6	207.65	209.76	153.50	155.70
三明市	10	255.96	258.39	215.10	208.20
莆田市	1	113.60	117.90	85.20	90.50
宁德市	8	300.79	303.28	242.64	252.40
南平市	9	234.06	231.35	186.00	188.50

资料来源：根据福建省统计局网站原始数据统计整理而得。

除了人口这一资源要素之外，福建省部分县域地区还存在着土地资源和资金资源配置效率不高的问题。在土地要素的投入使用方面，大部分县市存在建设用地不足的现象。或者是建设用地指标短缺，或者是指标下达落实较晚，各县域的建设用地供需矛盾突出。在资本要素的投入方面，福建省县域地区大多数为民营中小企业，而金融贷款的门槛相对较高，融资困难一直是民营中小企业发展面临的一个难题。

五、资源环境压力较大，县域经济发展可持续受到影响

资源环境是县域地区可持续发展的必要物质基础，生态破坏和环境污染造成的资源短缺是地区可持续发展的最大障碍。同时也存在一个普遍规律：发展水平越高的县域地区，越能形成良性循环的可持续发展模式；而发展水平较低的县域地区，各方面基础原本就比较薄弱，抵御干扰的能力差，当地的可持续发展就难以保障。在福建省县域经济发展过程中，这一规律也得以体现。

福建省县域地区的循环经济发展虽然取得了一定的成效，但是在未来一段时期内，福建省县域地区仍然面临着社会经济发展和资源环境约束的矛盾。福建省的县域，尤其是相对落后的县域，在发展方式方面缺乏长远考虑，过于看重眼前利益。有不少地方政府在规划县域经济发展时，主要方式就是引进大项目、建工厂和建开发区；在发展城镇化的时候，就是建楼房、建广场和增加城镇户籍人口数量。地方政府在招商引资方面有一定的迫切性，在实践中就难免会出现随意占

用耕地实施开发的现象。在自然资源部 2022 年 6 月通报的 2021 年各地随意占用农村耕地建房的典型案例中,福建省南平市就有 3 例,三明市和宁德市分别为 1 例。① 除此之外,福建省有些县域为了税收,在矿山开采时滥采滥挖,造成现有的山头看上去千疮百孔。再加上近些年来,因为沿海发达的中心城市出于产业结构优化和调整的考虑,将一些低端制造业开始向内陆县域地区转移,又进一步加剧了福建省县域地区的资源环境压力。

第三节　福建省县域经济发展存在问题的原因分析

一、县域经济发展不平衡的原因分析

县域经济发展质量的高低,与县域所处的地理位置、自然资源条件、人口数量和质量、历史基础、市场条件、文化特色、政策和法律法规等各种因素是紧密关联的,福建省县域经济发展不平衡主要有以下几个方面的原因。

(一) 要素禀赋的差异

在福建地区,山地和丘陵占了全省面积的 80% 以上②,地势整体上呈现出西北高东南低的特征,在中部地区和西部地区有斜贯全省的闽西和闽中大山带,形成沿海地区和内陆山地两种基本特征的地貌形态。福建省东南沿海地区的地势相对平坦,大部分县 (市) 都位于海陆交接地带,不仅拥有丰富的海洋资源,而且在基础设施建设方面具有优势,好的基础设施建设又有利于发展生产和经济。同时,福建沿海地区的县域相对于山地的县域来讲具备区位比较优势,可以利用临海的优势发展港口经济和临港工业。

(二) 产业基础的差异

福建东南沿海地区的县域,大多拥有比较好的发展基础。改革开放以来,福建省的东南沿海地区充分发挥对外开放的区位优势,原有的经济发展潜能得到充

---

① 自然资源部通报农村乱占耕地建房有关问题和典型案例 [EB/OL]. 中华人民共和国自然资源部网站,2022 - 06 - 06,https://www.mnr.gov.cn/dt/ywbb/202206/t20220606_2738417.html.

② 福建省第三次国土调查主要数据公报 [EB/OL]. 福建省自然资源厅网站,2021 - 12 - 31,http://zrzyt.fujian.gov.cn/zwgk/zfxxgkzl/zfxxgkml/tdgl_19753/202112/t20211231_5805488.htm.

分释放。福建东南沿海地区在吸引投资、技术引进、发展外贸方面的优势，促进了该地区的县域经济发展。反观福建西北内陆山区的县域，经济发展的外部环境没有东南沿海地区的优势，在相当长的一段时间内交通基础设施建设跟不上，对外交通相对闭塞。同时，福建西部内陆山区大部分县域的工业基础薄弱，在科技文化和人才教育等方面又相对比较落后。这势必就会造成福建沿海地区的县域相对发达，而内陆山地的县域发展相对落后，区域发展差异明显。

（三）产业结构配置的差异

福建东南沿海地区的大部分县域，城镇化水平高，人口资源丰富，基础设施条件好，拥有发展轻重工业的优越条件。这些县域内乡镇企业高度密集，轻工业发达，尤其是纺织服装鞋帽、电子和食品产业几乎遍及沿海地区的乡镇。第三产业占国民生产总值的比例也相对较高，产业结构层次较高。福建内陆山脉中的大部分县域地区，交通相对闭塞，工业生产所需的原材料较为匮乏，农业生产的技术也相对落后，抵抗自然灾害和市场风险的能力较差。这些县域的产业结构中，农业占比还是较大的，第二产业和第三产业的占比情况与全省平均水平差距较大。

（四）区域政策支持的差异

国家政策的支持对一个地区的发展毋庸置疑是起着很大的作用的。在改革开放初期，福建省的县域地区大部分仍然处于一种低水平的相对均衡的状态。后来，随着社会经济的发展，福建省采取了非均衡的发展战略，沿海地区受到了较多的政策扶持。例如，厦门和泉州地区原本的基础就较好，加上政策的扶持，社会经济得到了快速的发展，特别是轻工业和民营企业的迅速崛起成为当地经济发展的特色和亮点。近些年福建省已经开始关注区域差异不均衡的问题，在政策导向上也会适当倾斜，但因其资源禀赋和发展基础等各种因素的叠加，福建沿海和山地县域之间的差距依然存在。

二、县域地区产业创新升级困难的原因分析

福建县域地区产业创新升级困难最大的原因在于科技研发方面的投入不足。技术创新的不足，使得福建大部分县域地区产业化水平比较低，尤其在县域地区的农业产业化方面表现得更为明显。许多企业从事的主要是粗加工行业，产品的附加值低，市场的竞争能力差，很难在区外占有市场份额。在农业产业化进展过

程中，大部分龙头企业在带动农业生产方面的作用比较有限。农产品商品生产基地在运营上技术投入不足，还有一些县域地区仍然以传统农业为主，再加上在产品品种和种植规模方面的欠缺，难以实现经济效益的最大化。企业跟农户之间的合作联系不紧密，而且还出现利益矛盾，不能起到带动农民提高收入水平改善生活的作用，进而影响了福建县域的高质量发展进程。同时，农业产业化发展水平低，是由于还存在一些制约因素，比如分散的一家一户的经营模式和现代化大规模机械化商品农业生产的矛盾。广大的农村地区的社会化服务体系不完善，农业中介服务和农民组织化程度低，农户生产的农产品在商品流通上存在困难，不但影响了农民收入的提高，也影响了农业产业化进程。

三、县域产业同质化发展模式雷同的原因分析

从政府角度来看，福建省县域出现产业同质化以及部分县域发展模式雷同的主要原因在于政府对产业发展的过度扶持。县域地区在发展的初期阶段更关注经济增长的总量和速度情况，为了实现地区经济增长，县域政府更多地倾向于依赖资本的大量投入来扩大生产规模，这种方式短期内见效快，经济增长效应很明显。县域政府对本地企业提供各项优惠政策，特别是土地和金融政策方面的支持。然而，地方县域政府在产业发展和产业布局规划方面缺乏协调性，对短期绩效的追求使得政府过于注重企业的数量而忽视质量。各县域之间展开了盲目的产业竞争，利用政府对劳动力、资本以及土地等生产要素的支配权，在项目引资政策上加大力度形成优惠攀比，以政府的产业布局规划影响企业的区位抉择，在这样的竞争攀比中按照大而全或者是小而全的思路进行重复建设，最终就形成了福建省部分县域地区相似的产业结构和彼此间缺乏产业关联的同质化产业。

从企业角度来看，福建省县域出现产业同质化以及部分县域发展模式雷同的主要原因在于企业过于关注眼前收益缺乏长远规划以及成本核算的考虑。一方面，福建省县域内产品同质化的企业大都没有长远的发展规划，只求眼前利益，大部分存在产品同质化现象的产业技术障碍小，进入门槛比较低。由于市场信息的不完备，投资者并不清楚当前市场上的企业数量有多少，在面对市场需求的不确定时，企业投资者就会盲目跟风。另一方面，土地作为生产投入要素之一，对企业而言并不属于沉没成本。在政府低价甚至是零地价的优惠政策加持下，土地的投资成本大为下降，而且不管是项目运营成功还是失败或者是项目仍处于运营中，土地使用权都可以通过市场以远高于获得成本的价格进行转让。企业投资者

可以从中间差中获得巨大收益，这笔巨额的收益对企业形成实时性的补贴，会使企业获得除产品生产销售以外的巨大投资收益。当这种巨额补贴水平足够高的时候，就会扭曲企业的投资行为，原本供过于求甚至在市场上处于亏损的项目会因为土地政策支持得到的实质性补贴而获得可观的投资收益。这样的情形之下，企业的同质化生产现象就不可避免了。

四、县域地区人才不足的原因分析

首先，生产要素的流动基本都是遵循着从收益回报率低的地区向收益回报率较高的地区流动这一原则，人力资源要素的流动也不例外。福建省部分县域就业环境难以吸引高端人才前来就业创业，县域的农村地区对年轻人缺乏足够的吸引力。农村的经济发展不能跟城市相比，县城也没办法跟繁华的大都市相比，在县域地区尤其是农村地区获得的经济收益是没办法跟大城市相比的。这就让很多年轻人无法扎根家乡，而是更多地想去工资待遇更好的地区，到大城市去体验全新的生活。

其次，福建省县域地区就业岗位的增长数量有限，而需要就业的人口数量在不断上涨。本章第一节的数据分析显示，福建省城镇化水平在逐步上升，户籍人口数量在不断上涨。城镇人口数量的增加，势必需要更多的就业岗位，如果没有相对应的就业岗位来安置需要就业的人员，那就很难使其安定下来。而实际上福建省大部分县域地区的新增就业岗位的数量是比较有限的，无法从根本上满足就业人口的需求，这就导致了部分人口迁移到其他能获得更多就业机会的地区。

再次，福建省各县域地区在经济发展的过程中不断进行产业结构调整和升级，就业岗位的技能要求也在不断提高，而相应的人才培养没有跟上步伐。福建省内高等教育资源主要集中在沿海的福州、厦门、泉州、漳州等地区，而其他地方尤其是福建的西部和北部地区，高等教育资源相对缺乏，人才存在分布不均衡的问题。福建省县域地区人才供给与需求的不匹配，就会使得更多的专业人才向经济发达地区形成集聚，而欠发达地区的人才则愈加匮乏。比如福建省的某些县域的农村地区，一方面，由于农业经营方式的改变减少了农村对人力资源的需求，农村年轻人不得不离开农村；另一方面，传统农业需要通过技术创新来实现产业内部的升级和调整，急需大量的农业科技人才，但这类人才又极度缺乏。

最后，福建省人才针对性培养与县域经济融合度不高。从宏观环境看，随着互联网、大数据等迅速发展，福建省县域经济产业升级需要实践能力、创新能力兼具的新型技能人才。要想发展安溪茶叶、莆田鞋业等，则是需要一些高技术人才对产品进行更新，提供设计思路，发展自己的品牌，并利用好营销人才开拓自己的市场。面对人才培养不足的问题，县域经济缺乏强有力支撑。一方面，部分高校在定位上与当地县域内经济社会发展实际匹配性不高，培养目标与县域需求存在"培养的不要，需要的不培养"的情况。但一些县域却针对这方面采取措施，例如石狮市打破壁垒，培养复合型人才，不仅减少了人才资源的浪费，加强复合型人才培养，员工的素质也有一定的提升，并且员工可以拿到更多的工资，令他们干劲十足。另一方面，在人才培养上有一定的滞后性。以福建泉州市为例，围绕"重化"需求，当地各高校都意识到对相关人才的需求，但即使开始布局调整、开设新专业、加强科研投入力度，要取得实际的培养效果还需要很长的时间。导致现有人才对县域经济产业升级作用不大、支撑不够。

五、县域资源环境发展压力大的原因分析

从政府的层面来看，福建省部分县域地区之所以出现发展面临的资源环境压力较大的现象，主要是由于县域地区发展循环经济的管理体制尚未健全。县域地区的经济增长，在很大程度上取决于当地固定投资的规模和投资项目的水平，那么，各地县域政府为了地区经济发展就不可避免地想要获得更多投资项目，除了在土地和金融等方面予以支持之外，甚至在环境标准的设定上也加以纵容。出现环境发展压力的县域地区基本具备一些共同的特征，发展方式基本上是分散、浪费与低效率的粗放型的，过度追求经济的片面增长，而忽视对民生改善以及环境保护和治理方面的投入。由于环境产权的模糊，以及环境保护制度体系方面的不完善，不少县域政府为了获得投资，人为地降低对企业在环境指标方面的准入门槛。某些地方县域甚至容忍企业直接排放污染废物破坏环境的行为，只要企业污染环境的行为没有被曝光就选择忽视。

从企业的层面来看，福建部分县域地区出现的资源环境发展压力主要在于有些企业的观念没有及时改变，同时还存在技术和资金以及管理方面的缺陷。有些企业认为政府提出的环保要求会影响企业的发展，没有意识到环境保护是每个当代人的社会责任，是关系到全体社会可持续发展的大事。而有些企业虽然观念上接受了，但是面临着技术和成本以及管理方面的问题。要实现清洁生产，工作程序比较复杂，技术要求也比较高。大部分企业内部既缺少相应的专业管理结构也缺乏相应的技术人才，设备工艺相对陈旧落后不符合清洁生产的技术要求。再加

上部分县域地区的技术服务体系不完善，难以为企业提供相应的技术信息服务。这样的情况之下，企业想要实现清洁生产，就必须投入大量的资金，引入环保生产设备或者进行环保方面的技术创新。但出于资金匮乏，清洁生产方案就很难在资金有限的情况下被纳入企业的总体投资计划。由于以上的各种原因，企业必然就缺乏自愿实行清洁生产的积极性。

创新驱动福建省县域经济高质量
发展的影响分析

　　创新驱动就是利用知识、技术、信息、业态模式等创新要素对传统的资本、劳动力、物质资源等初级要素进行新的组合，以创新的理念优化资源配置，提高劳动者素质和助力企业科学管理。县域是城镇发展与农村发展的有效结合体，是推动经济社会全面高质量发展的重要基础和基本单元。从这个层面上讲，以创新驱动县域经济高质量发展，是贯彻新发展理念、破解当前县域发展"瓶颈"的关键，是实现县域经济高质量发展的基石与动力。

第一节　福建省县域创新驱动的投入与成效分析

　　《中华人民共和国国民经济和社会发展第十四个五年规划和 2035 年远景目标纲要》指出，创新驱动经济发展的模式已替代传统的要素投资驱动模式，成为各地经济增长的主引擎。各地方政府应结合自身实际发展情况和发展目标，积极规划部署实施创新驱动发展战略，建立以绿色发展理念为指引、开放发展为必由之路、共享发展为根本目的、创新驱动为引擎的区域协同发展思路。福建省作为东南沿海经济强省，县域土地面积占全省的比重超 70%，人口占比超过 60%，经济总量占比超过 50%。[①] 近年来通过重点领域创新平台的培育、新兴产业倍增计划的实施、福厦泉国家自主创新示范区的建设等举措，辅之以创新激

---

　　① 2020 年度福建省县域经济"十强、十佳"出炉［EB/OL］. 中国新闻网，2020 - 12 - 31，https：// baijiahao. baidu. com/s?id = 1676603068908710872.

励政策的扶持,活跃县域经济。创新已然成为推动福建全省经济社会发展的强大动力。

一、福建省科技创新支出总体情况

创新驱动战略于 2015 年提出,"十三五"期间是创新驱动发展战略实施的第一个"五年"。这五年来福建省紧跟中央部署,以不断发展壮大的经济实力为支撑,加大对科技创新的财政支持力度,2015~2020 年呈现逐年增长的态势。如图 3-1 所示,2020 年全省一般公共财政预算支出中科学技术支出 149.44 亿元,是 2015 年的 1.95 倍,年均增幅达 14.3%;占一般公共预算支出的 2.86%,相较于 2015 年,提高了 0.95 个百分点。

图 3-1　主要年份全省财政科学技术支出情况

资料来源:笔者根据历年《福建统计年鉴》数据整理。

在加大财政扶持力度的同时,福建省采取有效措施积极引导全社会加大科技经费投入。2019 年,全省 R&D 经费内部支出达 753.75 亿元,是 2015 年的 1.92 倍,年均增幅达 17.68%;R&D 经费投入强度(R&D 经费投入与 GDP 之比)为 1.78%,较 2015 年提高了 0.31 个百分点(见图 3-2)。

图 3 - 2　主要年份全省 R&D 经费投入情况

资料来源：笔者根据历年《福建统计年鉴》数据整理。

二、福建省县域创新驱动的投入与效率分析

本书引用人民智库研究员刘哲、冯一帆两位学者《对福建 83 个县市区综合创新发展能力的测评及排名》（以下简称"研究报告"），依据本课题对县域的划分，选出福清市、闽侯县等 55 个县域的测评结果，反映福建省县域创新驱动的投入与效率。

研究报告中首先构建县域综合创新发展评价指标体系，通过统计年鉴等资源收集原始数据，对数据进行归一化和标准化处理，并对指标数据进行无量纲化处理，再用逐级等权重法计算评价指标的权重，最后运用综合指数评价方法加权得到综合指数。综合创新指数等于创新投入与创新产出的加总，反映县域的综合创新发展能力；综合创新效率指数是创新产出与创新投入的比率，反映的是县域的综合创新效率，是衡量创新能力的重要指标。

从表 3 - 1 中可以看出，综合创新发展能力较好的是晋江市和福清市，两者创新投入与创新产出之和达到 60 分以上，这也是福建省仅有的两个入选首批国家创新型县（市）的县（市）。综合创新发展能力较弱的是漳州市诏安县、三明市大田县及宁德市霞浦县等县（市）。从综合创新效率来看，晋江市是唯一效率上百的县（市），紧随其后的是石狮市、南安市、安溪县和福清市，效率均在 80% 以上。效率最低的是福州市平潭县和三明市大田县，两者均在 40% ~50% 的

区间。此结果与福建省政府发展研究中心开展的县域经济评价结果不谋而合。综合创新发展能力和创新效率较高的县域均被列入 2020 年度福建省县域经济实力"十强"县（市），安溪县则入选全国农村创新创业典型县。

表 3-1 福建省 55 个县域的创新投入与效率

县市区	综合创新指数	创新投入	创新产出	综合创新效率（%）
福州市				
福清市	60.12	32.53	27.59	84.81
闽侯县	56.91	32.11	24.8	77.23
连江县	48.41	28.72	19.69	68.56
罗源县	44.47	27.03	17.44	64.52
闽清县	47.9	27.9	20	71.68
永泰县	44.61	26.7	17.91	67.08
平潭县	45.16	30.79	14.37	46.67
泉州市				
石狮市	51.98	28.8	23.18	80.49
晋江市	68.39	33.15	35.24	106.30
南安市	57.57	30.94	26.63	86.07
惠安县	51.09	28.61	22.48	78.57
安溪县	51.46	27.91	23.55	84.38
永春县	44.44	27.49	16.95	61.66
德化县	49.33	28.78	20.55	71.40
漳州市				
龙海市	50.36	28.78	21.58	74.98
长泰县	52.35	29.68	22.67	76.38
云霄县	45.73	26.73	19	71.08
漳浦县	52.11	28.61	23.5	82.14
诏安县	37.07	22.18	14.89	67.13
东山县	45.43	29.05	16.38	56.39
南靖县	50.13	30.62	19.51	63.72
平和县	40.41	23.82	16.59	69.65
华安县	43.79	27.28	16.51	60.52

县市区	综合创新指数	创新投入	创新产出	综合创新效率（%）
三明市				
沙县	46.62	28.02	18.6	66.38
永安市	47.63	28.67	18.96	66.13
明溪县	43.26	26.51	16.75	63.18
清流县	40.63	25.22	15.41	61.10
宁化县	41.78	24.87	16.91	67.99
大田县	36.96	25.55	11.41	44.66
尤溪县	40.29	25.69	14.6	56.83
将乐县	44.22	26.68	17.54	65.74
泰宁县	39.43	24.05	15.38	63.95
建宁县	40.57	24.69	15.88	64.32
宁德市				
福安市	46.59	27.66	18.93	68.44
福鼎市	43.63	26.28	17.35	66.02
霞浦县	37.23	24.05	13.18	54.80
古田县	38.87	25.22	13.65	54.12
屏南县	38.53	25.3	13.23	52.29
寿宁县	42.07	25.43	16.64	65.43
周宁县	42.68	26.56	16.12	60.69
拓荣县	44.5	25.48	19.02	74.65
龙岩市				
漳平区	46.66	28.69	17.97	62.64
长汀县	47.3	27.63	19.67	71.19
上杭县	50.64	29.77	20.87	70.10
武平县	48.61	28.19	20.42	72.44
连城县	47.64	27.36	20.28	74.12
莆田市				
仙游县	47.86	28.13	19.73	70.14

县市区	综合创新指数	创新投入	创新产出	综合创新效率（%）
南平市				
邵武市	44.87	27.14	17.73	65.33
武夷山市	42.25	24.19	18.06	74.66
建瓯市	42.22	25.68	16.54	64.41
顺昌县	42.14	26.46	15.68	59.26
浦城县	43.66	26.47	17.19	64.94
光泽县	41.15	26.63	14.52	54.52
松溪县	42.99	24.51	18.48	75.40
政和县	42.28	24.77	17.51	70.69

资料来源：刘哲，冯一帆. 对福建省 83 个县市区综合创新发展能力的测评报告［J］. 国家治理，2021（17）：12.

同样地，从这个研究报告中可以看出全省县域创新投入不均衡的情况。对于福州市、泉州市、漳州市等沿海县域，依托政策集聚及主城区创新效应的扩散，辐射提升周边县域的创新发展能力和创新效率。对于有龙头企业带动、吸收福厦泉国家自主创新示范区的辐射效应的龙岩市，各县域的创新发展能力和效率与沿海县域的差距较小；但对于内陆县域，如三明市大田县，宁德市古田县、屏南县等县域，缺乏工业基础，且创新资源要素流动受行政区划制约，加之主城区的辐射带动能力较弱，这些县域的创新指数普遍较低。

第二节　创新驱动福建省县域经济绿色发展

1962 年美国生物学家雷切尔·卡逊在其《寂静的春天》一书中揭示了以牺牲环境为代价的"高投入、高消耗、高污染"的工业发展模式对自然生态系统造成了巨大的破坏，倡导工业发展要注重减少对生态环境的污染和破坏。这一思想被认为是绿色经济思想的萌芽。人类的绿色反思一直持续，2008 年 10 月联合国环境规划署首次较为系统地提出发展绿色经济的倡议，认为经济的绿色化不是增长的负担，而是增长的引擎。至此，经济发展必须兼顾生态环境保护的思想深入人心，如何耦合协调经济发展与环境保护成为当前经济发展的重点内容。传统的

"土地、资本、劳动力"初级要素驱动经济发展模式亟须转型升级,依赖"知识、技术、信息"高级要素推动经济绿色、循环、低碳发展的需求日益迫切。初级要素与高级要素的良性互动需要技术发挥桥梁作用,而创新是技术进步的保障,科技创新是全面创新的核心部分。福建省始终坚持生态环境高颜值和经济发展高质量协同并进的发展战略。构建市场导向的绿色技术创新体系,发展绿色金融是福建省绿色经济发展的双轮驱动力。

一、以绿色技术创新为核心的全面创新,助力县域经济提质增效

福建省作为全国首批生态文明试验区,生态质量指数和生态文明指数均居全国首位,且率先于 2019 年实现全省九个设区市和平潭县全部晋级"国家森林城市",同时所有县(市)省级森林城市全覆盖。① 福建省县域的生态禀赋资源丰厚,绿色生态优势明显,生态效益日益显著。发展绿色经济是福建加快建设现代化经济体系,提升人民生活品质的重要抓手。不断夯实绿色根基,推进低碳发展是福建省县域经济发展的新引擎。融入创新要素,将绿色低碳植入县域高质量发展的每个环节,将创新贯穿于企业发展全过程,全面推进技术创新、产品创新、业态创新和商业模式创新,形成绿色生产、绿色产品、绿色流通、绿色消费、绿色回收的闭环式循环,进而倒逼县域企业深化供给侧结构性改革,助力县域经济提质增效。

首先,存量企业绿色转型升级,增强经济发展韧性。新中国成立以来,经过70 多年的工业化发展,福建省工业形成了以电子信息、石油化工和机械装备制造为主导,纺织服装、食品加工、冶金、建材等为支撑的产业结构,资源或劳动密集型的存量企业较多。在供给侧结构性改革的深化阶段,推动行业龙头企业优先建立绿色产品体系和绿色产业链,发挥带头模范作用,将链上的小企业纳入绿色产业链,以期共同实现绿色发展。如以陶瓷业为主的泉州德化县,以产业园区推动产业连片发展,以技术攻关实现陶瓷生产能源的清洁化和排污设备的先进化,随着绿色低碳循环生产理念的不断深入,享有"绿色瓷都"美誉的德化陶瓷产业园区成为福建省首个国家循环化改造示范试点园区。除此以外,截至 2021年,福建省已创建四批次省级绿色制造名单,其中绿色工厂 213 个、绿色设计产品 176 项、绿色园区 34 个、绿色供应链 18 个;240 个项目入选包括"绿色工

---

① 满堂红!我省九市一区全部晋级国家森林城市 [EB/OL]. 福建省人民政府网站,2019 – 11 – 18,http://www.fj.gov.cn/xwdt/fjyw/201911/t20191118_5109853.htm.

厂"在内的国家级绿色制造体系。①

其次，绿色发展理念下的增量企业建设，从工厂选址建设、园区引资等源头上就开始实施最严格的绿色标准，大力支持企业开展绿色制造集成体系建设，实行绿色规划、绿色设计、绿色工厂、绿色园区全过程协同发展。如周宁不锈钢深加工产业园、前工贸科技园项目，园区坚持绿色发展理念，建立绿色管理体系。前端招商引资项目上侧重发展绿色循环经济、先进设备制造等产业，鼓励企业加大绿色创新研发；后端要求企业按照清洁生产管理要求组织生产运营，园内实行工业污水统一处理、循环利用，全方位、全过程提升"规划、设计、投资、建设、生产、流通"绿色化水平，充分发挥县域对工业绿色化的推力，基本实现农业生产生态化、工业生产清洁化、服务业发展优质化。

最后，完善绿色评估体系，构建多主体共同治理模式。供给侧结构性改革的重点在于以人民需求为中心，扩大有效供给，提高供给质量。随着我国中等收入人群的扩大，对物美价优的绿色有机产品需求不断增加。绿色消费倒逼企业将"绿色化""生态化"作为企业发展的主要内容和途径。构建以消费者、政府和专业监管机构为主的多主体共同监督模式，健全绿色评估体系，防范企业的"漂绿"行为，助力县域工业的绿色发展。

可见，创新驱动与供给侧结构性改革是一项相辅相成的系统工程，需要协调配合，统筹推进。绿色经济是引领未来的主导经济模式，是生态文明建设的关键载体。绿色创新是经济可持续发展的内生动力，是供给侧结构性改革的主引擎。

二、构建市场导向的绿色技术创新体系，助推产业生态化

绿色技术创新正成为全球新一轮工业革命和科技竞争的重要新兴领域，是当前引领绿色经济发展的第一动力。绿色是福建的底色，绿色资源禀赋丰富是福建的优势。如何将创新引领与绿色发展相融合，形成绿色创新动力，驱动生态优势转化为经济发展优势？这是福建省探索绿色发展之路的重大课题。而县域作为创新的基础、经济发展的"神经末梢"，县域经济是农业经济发展的动力，是工业现代化的推力，更是服务业大发展的潜力。2019 年国家发展和改革委员会（以下简称"发改委"）、科技部印发《关于构建市场导向的绿色技术创新体系的指

---

① 紧盯"双碳"目标 福建制造开启"绿色引擎"［N］. 福建日报，2022 - 01 - 02，https：// fjrb. fjdaily. com/pc/con/202201/02/content_147519. html.

导意见》，根据意见，2022 年应基本实现建成市场导向的绿色技术创新体系的目标。

（一）强化绿色技术创新主体地位，助推企业绿色转型

近几年福建省县域经济发展围绕着生态文明建设推进，坚持人与自然和谐共生的发展理念，积极践行习近平总书记提出的"两山"[①] 理论，采取一系列措施优化创新环境，增强创新活力。首先，不断强化企业绿色技术创新的主体地位，推进技术、人才、资金等各类创新要素向企业集聚，积极开展绿色技术创新企业认定、省级循环经济示范单位的评选，鼓励存量企业技术创新，实现绿色低碳转型。其次，各县结合自身情况，出台政策鼓励支持企业绿色技术创新。如 2021 年 7 月，三明市政府出台《福建省三明市绿色企业及绿色项目评价认定办法》，这是全省首例，旨在通过科技赋能及绿色金融加持，给予绿色企业政策激励。最后，积极培育绿色技术创新龙头企业和典型示范企业，发挥绿色技术创新市场化示范效应。如通过"专精特新"企业十强、福建省创新型民营企业 100 强、福建省工业龙头企业、市工业龙头企业等项目的评选，宣传绿色技术创新优秀企业的做法经验，充分发挥绿色创新龙头企业的示范引领作用，不断壮大绿色技术创新主体，助推企业做强做优的同时，促进县域产业提质增效，带动区域经济绿色健康发展。

（二）推进"产学研用"深度融合，支撑绿色技术创新成果转移转化

绿色技术创新平台通过有效整合绿色创新资源，融合"产学研金介"的功能，集聚政府、企业、高校、银行等资源合作，搭建绿色发展促进平台。依托政府层面的制度创新、企业层面的技术创新、高校等科研机构的智库支持以及金融的赋能，将绿色技术创新链、产业链和资金链深度融合，发挥节能减排和循环利用关键共性技术研发与转化的重要载体作用，助推绿色技术研发成果转化、技术经验应用推广，进而促进产业发展。

例如，全国首批国家创新型县（市）、大众创业万众创新示范基地——晋江市，围绕产业链布局创新链，重视绿色技术创新平台建设，鼓励企业联合高校、科研院所共建实验室，组建创新联合体，开展共性技术研发，积极推动大中小企业融通创新，实现市场"出题"、企业"作答"的"订单式"研发，再连接平台"助力"投放式创新，将产业链与创新链精准对接。数据显示，截至 2021 年，晋

---

① "两山"理论即"绿水青山就是金山银山"。

江市拥有各类产学研用融合创新创业平台超过 100 家,包括 1 家国家工程研究中心,7 家国家级企业技术中心和 42 家省级企业技术中心等。还拥有省级"专精特新"企业 32 家,汇聚各类高层次人才 5 352 人,推动产学研用深度融合一体化发展。[①]

(三) 延伸绿色技术创新创业链,助推生态产业化

绿色生态产业化是山区县(市)赶超沿海城乡的重要资本。2020 年福建省县域经济高质量发展报告会上,评选出福建 2020 年度县域经济"十强"县(市)、县域经济"十佳"县(市)。其中上杭县和长泰县两个山区县(市)入选"十强"县(市),而"十佳"县(市)中,山区县(市)占有 9 席。从中可以看出,山区县(市)突出的生态建设具有较大的后发力量,可以实现将生态优势、资源优势转化为发展优势和经济优势。"十四五"时期福建省县域经济高质量发展的新增长极是绿色产业。

首先,深化"+旅游"跨界融合模式,推进全域生态旅游省建设。乡村旅游是乡村振兴的重要动力之一。福建省各县域立足乡村自然条件,将资源禀赋与民俗文化融合,打造具有乡风特色的文旅小镇。截至 2020 年底,全省共培育了 100 个休闲集镇和 1 000 个旅游村。[②] 除此之外,延伸生态旅游产业链,助力生态产业化是"+旅游"跨界融合发展模式的重点。近年来,福建省文化和旅游厅深入推动旅游与体育、农业、林业和渔业等部门合作,推出红色旅游"村跑"项目、特色体育旅游小镇等,创设出茶旅、农旅、渔旅等新旅游模式。如永泰县因地制宜地实施"生态+现代农业""生态+旅游康养""生态+数字经济"等生态产业模式,破解县域旅游同质化困境的同时,实现多业态齐步发展新局面,充分激发县域服务业发展的潜力。

其次,生态产业化赋能脱贫,创新生态扶贫模式。党的十八大以来,消除贫困的工作是以习近平同志为核心的党中央治国理政的重要一环。经过各方多年的努力,脱贫攻坚战于 2020 年取得了全面胜利。在此过程中,福建省依据自身地理优势及丰富的山水林田资源禀赋,探索出福建精准扶贫经验,创新性地提出"生态扶贫"模式,践行习近平"两山"理论的同时,遵循生态可持续发展规

① 2021 年晋江市人民政府工作报告 [EB/OL]. 泉州市晋江市人民政府网站,2022 – 01 – 29,http://www. jinjiang. gov. cn/xxgk/zfxxgkzl/nb/202201/t20220129_2693577. htm.

② 山海入画奏响田园牧歌 "乡"约福建助力乡村振兴 [EB/OL]. 福建省人民政府网站,2021 – 12 – 16,https://www. fujian. gov. cn/zwgk/ztzl/gjcjgxgg/dt/202112/t20211216_5794349. htm.

律，实现脱贫攻坚与乡村振兴的有效衔接。如地处国家 5A 级风景名胜区、世界地质公园太姥山的西南麓——福鼎市磻溪镇的赤溪村，优越的地理位置助力该村探索出一条"生态 + 旅游 + 产业"的扶贫模式。要想富，先修路。赤溪村在保护绿水青山的前提下，打牢基础设施，为发展生态旅游创造条件。紧接着通过引进旅游公司，开发旅游项目和生态产业，不断延伸加粗产业链条，将生态优势转变为经济效益，最终实现从"中国扶贫第一村"到"小康村"的完美转变。

三、创新金融服务型态，赋能绿色经济发展

山多林多是福建的一大特色和优势。据统计，截至 2020 年底，福建省林地面积 1.39 亿亩、占土地总面积的 76.08%。① 如何激发林业发展活力，将绿水青山转变为金山银山？福建省积极进行林改的同时，创新金融服务型态，打造"金融 + 产业 + 生态"的新型模式，引金融"活水"，探索生态产品价值转化路径。

近年来，福建省不断创新绿色金融服务举措。首先，政策层面上成立绿色金融改革试验工作领导小组，将绿色金融工作纳入福建省"十四五"金融业发展专项规划，出台《福建银行业保险业推进绿色金融发展的指导意见》，成立三明市、南平市两个绿色金融改革试验区。2021 年 7 月，绿色金融改革试验区向全省复制推广 5 项改革创新成果。② 截至 2022 年 3 月，福建省共形成了 3 批次 21 项绿色金融创新案例在全省复制推广。③

其次，创新推出碳金融服务模式，对接"双碳"目标，助力乡村产业振兴。如创新推出"闽林通"普惠林业金融产品，如创新推出"闽林通"普惠林业金融产品，截至 2021 年底，已累计贷款 98.2 亿元，受益农户 8.6 万户④；探索林业碳汇交易，截至 2020 年底，已完成交易 256 万吨、金额 3 861 万元⑤。南平市

---

① 林业概况［EB/OL］. 福建省林业局网站，2021 – 02 – 05，http：//lyj. fujian. gov. cn/gkxx/201802/t20180227_546214. htm.

② 我省复制推广首批 5 项绿色金融改革创新成果［EB/OL］. 中国（福建）自由贸易试验区，2021 – 07 – 12，https：//ftz. fujian. gov. cn/article/index/aid/17018. html.

③ 绿色信贷激活发展新引擎［EB/OL］. 福建省人民政府网站，2022 – 03 – 21，http：//www. fj. gov. cn/xwdt/fjyw/202203/t20220321_5863461. htm.

④ 福建沙县：深化林改，只此青绿万重山［EB/OL］. 人民网，2022 – 03 – 19，http：//fj. people. com. cn/n2/2022/0319/c181466 – 35181678. html.

⑤ 福建省创新开发林业碳汇 助力绿色发展低碳转型［EB/OL］. 福建生态环境，2021 – 09 – 18，https：//mp. weixin. qq. com/s?__biz = MzI3MDA1NTg4Ng = = &chksm = f12d5b52c65ad2446a85ad77851721f71bb824583f67fd7f78a1cb3b8ef3a9314b73629957ec&idx = 1&mid = 2651790323&sn = 6faca5701eb1555c4d16341dbcf9a4a2.

探索"生态银行"模式，开展林业碳汇交易，将剩余碳汇集中打包进行金融交易，不砍树就致富，实现资源变资产和资本，保证林场运营的同时，发挥更大的森林生态作用。除此以外，各县结合自身条件，推出个性化的"生态银行"模式。如建瓯市、建阳区等地推出"竹生态银行"，武夷山、政和县等地打造"茶业生态银行"，光泽县则推行"山地生态银行"，充分发挥县域农业发展对全省经济的推动力。

最后，创新绿色金融产品，丰富产品种类，满足县域产业融合的多元化资金需求，精准服务企业向绿色、低碳、可持续方向发展。2020 年 3 月，南平市创设推出"绿色转型贷"，通过建立绿色金融增信资金池，政府提供政策保障，融资担保公司、银行共担风险，为工业企业技术改造、智能制造、节能降耗等转型升级项目提供精准服务。除此以外，三明市绿色金融服务中心的创设，精准识"绿"，为绿色金融需求企业提供便捷、快速、精准服务；电力绿色贷、林业碳汇贷等金融产品均是围绕绿色经济发展，健全金融服务体系，引导资金要素向低碳环保、节能降耗等领域聚集而创设的。

第三节　协作创新驱动福建省县域经济协调发展

从表 3 - 1 中可以看出，福建省县域间的综合创新发展能力、综合创新效率差别较大，晋江市、福清市、南安市等沿海县市的创新指数较高，创新效率较理想，晋江市的综合创新效率突破了 100%；而三明市大田县、宁德市霞浦县等县市的创新指数偏低，出现两极分化的现象。当前创新作为经济发展的内生动力、新引擎，综合创新指数的差异化将加深全省县域发展不平衡、不充分的问题。构建区域创新体系，驱动区域协调一体化发展是解决福建省各县域间发展不平衡、不充分问题的重要举措。

一、协作创新理念引领福建省谋划区域发展新思路

早在 20 世纪 80 年代，福建省就开始区域协作的探索，提出要"念好山海经"。福建省的山区和沿海地区在资源条件、产业结构、开放程度、市场开拓等方面存在较强互补性，1998 年，因地制宜地提出山海联动、融合发展战略，通过共建产业园区、山海对口帮扶、项目转移合作、加强劳务合作等方式，促进"山"边的资源、劳动力、生态等优势，与"海"边的资金、技术、人才等优势相结合，实现沿海带动山区发展，山区承接沿海产业转移，优势互补、利益共

享，从而缩小山海地区之间的差距，促进区域经济平衡发展。如石狮市与政和县两地细化协作帮扶措施，包括产业协作、资金帮扶、人才交流、智力支持、乡镇结对等方式；厦门市思明区从招商引资、人才输送、项目合作、文化交流等方面与武平县展开立体式、多元化的协作，落实"下好沿海山区一盘棋"的举措。

依托国家大力实施的区域协调发展战略，以习近平总书记创新性地提出的"闽东北经济协作区"为指引，2018 年福建省委十届六次全会作出了重大部署。首先，为契合当前的高质量发展目标，将"经济协作区"上升为"协同发展区"，强调区域协同发展不仅注重经济建设，还应注重区域公共服务共享、民生共建、生态共治等协作发展。

其次，进一步将福建省全域分成闽东北、闽西南两大协同发展区①，实现南北双轮驱动，深化山海协作，着力解决行政区划束缚所导致的要素流动障碍，即协调推进各县域丰富的森林资源、土地资源和海洋资源合理流动和高效集聚，促进县域经济转型、平稳过渡新旧动能转换期，实现城乡区域统筹发展的良好格局。

最后，构建"两极两带六湾区"的重点区域发展格局，与两大协同发展区相呼应。具体来说，依托项目带动和基础设施一体化，以福州都市圈和厦漳泉都市圈②"两极"为引擎，引领协同区发展布局，以海带山，辐射带动南平市、三明市、龙岩市等腹地联动发展；以"六湾区"③建设为抓手，打造面向世界的港口群，实现规模化、集约化、专业化管理，打造蓝色产业集聚区和智慧海洋示范区，壮大湾区经济；以沿海城镇发展带和山区绿色发展带"两带"为创新要素集聚的科技走廊和绿色发展新载体，实现对外承接长三角区域产业转移，积极融入粤港澳大湾区经济建设；对内串联大中小城市，推动发达地区与欠发达地区的联动发展，发挥人口和产业聚集区优势统筹、资源互补的区域协作作用，进而形成全域协同发展的新格局。据统计，2020 年福建省全省城乡居民人均可支配收入倍差为 2.26，比 2016 年缩小 0.14 个百分点。④ 城乡收入差距缩小，城乡一体化发展成效明显。

---

① 闽东北协同发展区包括福州、莆田、宁德、南平、平潭四市一区；闽西南协同发展区包括厦门、漳州、泉州、龙岩、三明五市。

② 厦漳泉都市圈，又称闽南金三角，包括泉州、厦门、漳州三个设区市及所辖县区。

③ 六湾区是指三都澳、闽江口、湄洲湾、泉州湾、厦门湾、东山湾六大湾区。

④ 创新发展机制，扎实推进福建省区域协调发展 [N]. 福建日报，2022 - 01 - 15，http：//www. fujian. gov. cn/zwgk/ztzl/tjzfznzb/ggdt/202201/t20220117_5819457. htm.

二、科技创新支撑两大协同区发展，构建更平衡的区域和城乡发展格局

产业协调发展是区域经济协调发展的关键，而创新链与产业链的精准对接才能真正实现科技创新赋能产业发展，摆脱创新成果转化慢、产业链创新需求又得不到满足的困境。加快创新链和产业链协同发展，以科技创新平台支撑产业发展是实现区域协调发展的根本路径。"十三五"期间，福建省全社会研发投入年均增长 18.4%，比全国平均水平高出 6.2 个百分点，位居东部省份第一；高新技术产业化效益指数居全国第 4 位，科技促进经济社会发展指数居全国第 9 位。① 可见，科技赋能产业虽然取得了一定成效，但仍有较大的提升空间。

首先，发挥"自创区、自贸区、保税区"多区叠加优势，引导创新主体、创新资源等各类创新要素汇聚，融合闽台科技圈、福厦泉国家创新型城市建设的契机，打造科技创新大走廊，发挥自创区创新引擎作用、自贸区的示范推广作用，三区联动，支持福州、厦门两大都市圈全力打造全省创新发展的引领极。同时鼓励和支持有条件县（市）申报创建省级高新区，推动国家和省级高新区、科技企业孵化器与山区县建立合作关系，有效承接科技成果转化。依托山海共建园区开展产业对接，促进区外产业梯度转移，延伸产业链，形成产业集聚效应和山海产业互补格局。

其次，科技创新赋能农业发展，实现创新链与产业链的协同。就"八山一水一分田"但农业多样性资源丰富的福建而言，农业是其特色产业之一。传统依靠资源要素投入发展农业的发展方式的竞争力已大不如前，现代农业应主要依靠科技进步。如何将科技创新力量下沉至特色现代农业，强化产业技术供给引领产业转型升级？福建省农业科学院（以下简称"农科院"）启动政科企共建农业产业研究院，组建科研团队，着力破解产业发展的关键性、共性技术问题。2020 年福建省农科院联合当地的政府、企业，在浦城、平和、安溪等县挂牌成立农业产业研究院，全省已挂牌成立 12 家。预计到 2025 年，还将有超过 30 家农业产业研究院落地，实现全省主要优势特色农业产业和特色农业产业重点县的全覆盖。与此同时，农业科技创新取得突破。2021 年，建成国家级数字农业示范基地 4 个、省级现代农业智慧园 60 个、农业物联网应用基地 700 多个，农作物良种覆

① 创新驱动，活力迸发 [EB/OL].福建省人民政府网站，2021 - 11 - 05，http：//www.fuzhou.gov.cn/zwgk/gzdt/tpxw/202111/t20211125_4252864.htm.

盖率达 98.5%，自主培育的白羽肉鸡品种打破国外种源垄断。①

最后，科技特派员制度通过人才下沉、科技下乡，实现科技创新技术资源的共享。该制度充分集聚域外创新资源向创新需求主体渗透和转移，实现创新服务主体和产业创新需求的双向传递，发挥创新主体的协同服务联动作用。科技特派员制度首创于福建省、发端于南平市。自 2000 年实行该制度以来，福建省已实现省级科技特派员的创业和技术服务乡镇全覆盖、一二三产业全覆盖。截至 2021 年 8 月，全省科技特派员累计推广新品种、新技术超过 2.5 万项次，实施科技开发项目超过 1.7 万项，创办创建企业和专业合作社达 5 700 余家，带动 3.6 万户农户增收。②

三、构建区域创新体系，助力县域协作创新

2021 年是"十四五"开局之年，福建省政府发布了《福建省"十四五"科技创新发展专项规划》，力争"十四五"末，全省区域创新能力在全国排名进一步提升。建设现代化经济体系要求以科技驱动代替要素驱动，以创新为发展的第一动力，实现经济的更高质量增长、区域和城乡的平衡发展。县域作为转变经济增长方式、区域协调发展的最基本单元，其创新转型发展动力源于区域协作创新能力的提升。推进区域创新体系建设，既是贯彻实施国家创新驱动发展战略的要求，也是福建省建设创新型省份的内在要求，更是培育县域发展新动能的动力来源。

区域创新体系是指在政府引导下，以服务于县域协作创新为目标，政府、企业、高校、科研院所和中介机构等各类创新主体，整合各自的比较优势，围绕创新全过程，依托创新公共服务园区类平台、综合性创新公共服务平台、行业性创新公共服务平台等创新基础设施，以技术创新支撑服务，为县域企业提供技术研发与推广、企业孵化、创新培训、金融及知识产权和信息等一系列的公共服务。注重打造县域中小企业的孵化器，为县域传统产业优化升级和新兴产业培育壮大提供服务和支撑。构建完善的区域创新体系在推动县域创新转型发展中的地位和作用日益凸显。

① 福建省 2021 年政府工作报告 [EB/OL]. 2022 - 01 - 29，http：//www.fujian.gov.cn/szf/gzbg/zfgzbg/202201/t20220129_5828598.htm.
② 深化改革 科特派有了新模式 [EB/OL]. 福建省科学技术厅网站，2021 - 10 - 29，https：//kjt.fujian.gov.cn/xxgk/gzdt/mtjj/202110/t20211029_5753020.htm.

首先，科技创新平台建设是区域创新体系建设的重要抓手。福建省以推进福厦泉国家自主创新示范区建设为契机，发挥福厦泉科学城的核心作用，计划"十四五"期间沿福厦泉轴线打造科技创新走廊，将自创区打造成为全省技术创新策源地，创新效应外溢至区位相邻的县（市），推动人才、技术、资金、信息等创新要素跨行政区域流动，整合创新资源，培育创新主体，提升服务能力。依托晋江、福清等国家创新型县（市）的示范带头作用，推动更多有条件的县（市）创建创新型县（市），以此为契机，提高县域创新要素吸附能力，串珠成链支撑带动沿线区域的创新协调发展。以省创新实验室平台建设为载体，聚焦主导产业、战略性新兴产业和区域特色重点产业的"卡脖子"关键核心技术和高新技术产业化，打破单一创新主体的局限性，集八闽之力组织和实施一批区域重大项目。2019 年，福建省先行启动建设光电信息、能源材料、化学工程、能源器件 4 家省创新实验室。2021 年福厦泉国家自主创新示范区外溢效应不断释放，与省内高新区共建协同创新平台 34 项。①

其次，科技管理体制机制开放创新，是区域创新体系建设的重要内容，也是科技创新的重要保障。坚持创新不问"出身"，实行"编制池"制度，编制不与人绑定，不断优化创新人员结构，建立与科研人员能力和贡献相称的薪酬激励分配制度，充分激活科技创新活力。鼓励与国内外各类科技创新机构开展合作共建，形成"大开放、大协作、大发展"的新格局。探索建立"企业出题、科研机构答题"新模式，支持产业链、供应链上下游企业、高校院所、社会投资机构等共同组建"创新联合体"，推进创新链与产业链的深度融合；通过落实"军令状""揭榜挂帅"等机制，进一步完善科技创新体制机制。积极推广省级、县（市）级卫生、各行各业联合基金等资助模式，大力支持基础前沿研究，推进高新技术和军民两用技术转化，合力攻破"卡脖子"关键技术难题。

最后，依托各类协作创新联盟，实现科技共创、利益共享。如山海协作创新中心（以下简称"创新中心"）依托已建立的省级及以上工程研究中心，联合沿海或山区政府、龙头企业、高校和科研机构，按照"共同投资、共同研发、共享成果"的原则成立。创新中心通过载体空间和创新能力建设、人才引进、机制创新，整合创新资源要素，强化区域科技创新合作，山海共同打造产业创新高地。同时，立足于山区特色产业发展，研究开发关键共性技术或者创新性成果，以技

---

① 关于福建省 2021 年国民经济和社会发展计划执行情况及 2022 年国民经济和社会发展计划草案的报告［EB/OL］. 福建省人民政府网站，2022 - 02 - 09，http：//www. fujian. gov. cn/szf/gzbg/gmjjhshfzjhbg/202203/t20220302_5849236. htm.

术研发服务、推动成果转化、人才引进培养为主要任务，通过产学研用融合加快科研成果向现实生产力转化，助力山区地市吸引人才、补齐产业结构和科技创新短板，服务当地经济发展。

第四节　创新驱动福建省县域经济开放发展

开放发展注重的是解决发展内外联动问题。创新是当前我国经济发展的第一动力。向创新要动力，向开放要潜力是当前我国经济发展的必由之路。然而当前国际经济社会发展环境复杂多变，经济发展形势不容乐观，单边贸易保护主义抬头，全球自由贸易体系和开放型经济体系有待重塑。亟须创新传统经贸合作理念，创新区域合作模式，推动我国顺利融入世界高水平开放型经济发展浪潮。

一、福建省内各区域开放发展水平比较

"一带一路"倡议的提出创新了中国与沿边国家的合作模式，发展和完善了传统丝绸之路的内涵和功能。福建作为"一带一路"重要支点城市，县域作为省份经济发展的基本单元，发挥各自特色优势，主动融入并以此为契机提升区域合作水平。然而，受沿海与内陆的区位条件、生态、生产资源要素配置和优惠政策支持等因素影响，福建省各区域开放型经济发展程度差异较大，呈现出沿海县域遥遥领先于山区县域，北部县域后发于南部县域的局面，且2020年出现实际利用外资厦门市增速明显的情况。

首先，福州、厦门、漳州、泉州四市集合了政策优势和市场力量的追捧，无论是2015年还是2020年的进出口总额及实际利用外资占全省比重均走在全省前列，开放型经济发展较好，对外开放水平领先于其余地市。以泉州下辖的县域为例，泉州的几个县均有主打产业带动，都形成了非常完整的产业链，发达县域较多。比如晋江的鞋服、食品，南安的石材、水暖，石狮的服装，惠安的石雕石材、食品饮料等，都形成了强大的产业集群，外向型经济发展良好。①

其次，莆田、宁德虽然同为沿海城市，但对外开放水平远不如福州、厦门、漳州和泉州（简称"福厦漳泉"）。虽然2015～2020年五年来，紧跟福建省对外

---

① 福建县域人口大数据：鞋都晋江超200万，2县不足10万［EB/OL］. 第一财经，2021 - 08 - 19，https：//baijiahao. baidu. com/s?id = 1708523068066672990&wfr = spider&for = pc.

开放的步伐，莆田、宁德的进出口商品总额占全省比重均有提高，但相对于沿海城市所拥有的区位优势，莆宁仍有很大的提升空间，在实际利用外资上明显落后。

最后，南平、三明、龙岩（简称"南三龙"）3个山区出现了反常现象，即随着福建对外开放的不断深入，这三个地区的开放水平出现了不升反降的局面。这与该地区县域分布多且基础弱、人口密度低、经济结构层次较低、主打产业带动力不足、产业缺乏竞争力等因素有关。同样不可忽视福州、厦门、泉州（简称"福厦泉"）优惠政策集聚所产生的短期虹吸效应，使优质资源大量流入中心城市。尽管如此，随着福建省高层次开放型经济发展的推进，陆海联动、山海协作体系的完善，闽东北、闽西南经济协同发展区的建设，依托龙头企业、资源型产业带动，生态合作领域开发，南三龙进出口贸易和实际利用外资比重日后将会有较大的提升（见表3–2）。

表3–2　　　　　　　福建省各地区对外开放水平比较　　　　单位：%

地区	2015 年		2020 年	
	进出口总额占全省比重	实际利用外资占全省比重	进出口总额占全省比重	实际利用外资占全省比重
福州市	19.68	21.85	18.73	20.11
厦门市	49.28	27.25	49.28	47.98
漳州市	5.53	14.12	5.76	11.75
泉州市	15.99	20.57	14.01	13.21
宁德市	2.52	2.73	3.62	0.43
莆田市	2.84	4.91	4.49	2.73
南平市	0.73	1.89	0.89	0.71
三明市	1.25	2.04	0.81	0.40
龙岩市	2.20	3.49	2.41	0.77

资料来源：笔者根据2015年、2020年《福建统计年鉴》中的数据整理所得。

二、区域合作模式创新推动县域进一步开放

（一）"一带一路"倡议推动福建省开放型经济发展

习近平总书记于2013年先后提出共建"丝绸之路经济带"和"21世纪海上

丝绸之路"的构想，旨在传承"古丝绸之路"经济、人文、商贸的往来历史，赋予沿线周边国家新的区域合作意义，延伸至政策、设施、贸易、资金及民心五个方面互联互通合作，构建我国与欧亚国家的 21 世纪经济大走廊，在改善我国对外开放格局的同时，实现沿线各国多元自主及可持续发展。"一带一路"这种合作模式的创新，意味着进一步开放。而基于体制机制改革的自贸试验区建设则标志着开放的程度，两者相辅相成、融合发展。自贸试验区建设以服务"一带一路"倡议为功能定位，通过自贸试验区由沿海到内陆的布局，发挥各自地理优势，赋予中西部内陆地区与"一带一路"国家不同的互动功能。通过各地自贸试验区与"一带一路"倡议的对接赋能，促进内陆地区走向对外开放的前沿，改变中国开放地理的空间结构，形成陆海内外联动、东西双向互济的开放格局，发展更高层次的开放型经济。

作为改革开放先行省份，福建省坚持把开放作为发展的必由之路。作为"一带一路"的重要支点、21 世纪海上丝绸之路核心区、第二批自贸试验区建设省份，同时具有沿海临近台湾的特殊区位优势，福建省具有开放的先天条件。自 2015 年实施"一带一路"倡议以来，福建省以建设 21 世纪海上丝绸之路核心区为载体，带动各县域发挥地理区位及特色产业优势，积极布局各县（市）创造条件主动融入"一带一路"建设。近几年与海上丝绸之路沿线国家和地区贸易额不断增长。据统计，在福建省 2020 年 14 035.7 亿元人民币的贸易总额中，约有 34% 以上是与"一带一路"沿线国家的贸易。① 可见，"一带一路"正在成为福建经济发展的重要增长极。

（二）福建省各县域精准站位，积极融入区域合作

福州、泉州及漳州均承载着海上丝绸之路的印迹，水路运输的优渥条件赋予其在"一带一路"融入中具有天然的优势。与此同时，随着航空、陆路等交通方式，以及信息、互联网等技术条件的成熟，国家间的经贸往来互通方式日趋多样化，福建省山区县（市）已经成为沿海连接内陆的交通大通道。福建省应加强区域统筹和山海协作，整体融入 21 世纪海上丝绸之路核心区建设，鼓励各县域找准定位，积极融入区域合作。

福建福州、泉州和漳州是历史上海上丝绸之路的重要发祥地。福州作为省会城市，对周边县域的外溢和带动作用日益凸显。拥有平潭县这一海峡两岸交流合

---

① 2020 年福建省货物贸易增长 5.5% 进出口规模创历史新高［EB/OL］. 东南网，2021 - 01 - 19，https：//baijiahao. baidu. com/s?id = 1689328202914744312.

作的重要窗口；福州新区、自贸试验区福州片区、平潭海上丝绸之路开放合作先行区等载体，以及福清丝路航运东南枢纽港等，港口资源丰富，开放条件充分，助力21世纪海上丝绸之路战略枢纽城市建设。福清市以《区域全面经济伙伴关系协定》（RCEP）的正式实施为重要推手，创新区域合作模式，积极布局中国—印尼"两国双园"合作，为福建省高水平开放搭建新平台，提供新动力。泉州作为海上丝绸之路先行区，具有海外华侨华人众多；民营经济发达，民营资本雄厚；晋江对接"一带一路"打造体育城市，德化县陶瓷文化、安溪铁观音茶文化与海上丝绸之路国家的历史纽带印迹等优势，既是内陆地区连接海上丝绸之路航线的国际枢纽港，也是21世纪海上丝绸之路战略基点和开放门户。漳州月港是古代海上丝绸之路的重要支点，而漳州港是21世纪海上丝绸之路建设中的重要门户，是漳州以港立市的桥头堡。临港经济发展势头良好，形成临港工业产业集群，极大辐射带动龙海市等周边县（市）发展。同时发挥漳州对台临粤优势、农产品出口基地优势，推进与"一带一路"沿线国家尤其是东盟国家的产能合作，探索建设中国—菲律宾"两国双园"经贸创新发展示范园区，助力21世纪海上丝绸之路先行示范区建设。莆田拥有湄洲湾、兴化湾和平海湾三大海湾和秀屿港、东吴港、三江口等众多港口，临海港口优势得天独厚，海上运输能力和港口经济发展潜力很大，加之湄洲妈姐文化的纽带作用、莆商资本的支持以及仙作古典工艺家具的推广，将是建设21世纪海上丝绸之路的海上合作战略支点之一。

　　同样成为重要战略支点的宁德是21世纪海上丝绸之路由东南沿海向内陆延伸拓展的重要衔接。依托三都澳港口"北承南联、西进东出、通江达海"的立体交通集疏运体系建设，贯通与长三角地区、粤港澳大湾区的运输通道，促进与"一带一路"沿线国家和地区的互联互通、产业协作和利益共赢。南平依托武夷新区建设及山海协作，发挥武夷山连接海上丝绸之路与陆上丝绸之路的战略节点作用，积极推动复兴武夷山"万里茶道"的纽带作用，联合周边省市打造21世纪海上丝绸之路生态合作实验区。

　　三明作为福建省中西部内陆地区连接沿海地区通道的重要枢纽，不断拓展延伸腹地，提高陆地港与沿海港口的通关协作能力，发挥三明永安的工业基础带动作用以及宁化、建宁等县域的生态资源禀赋优势，深化与"一带一路"沿线国家和地区在经贸、文化、旅游等领域的交流合作。龙岩市以厦门、漳州、泉州、龙岩（简称"厦漳泉龙"）同城化发展为契机，依托山海结对协作项目，积极承接厦门、漳州、泉州（简称"厦漳泉"）等地的产业转移；发挥龙头企业引领作用，加快推进环保、采矿等行业企业"走出去"，深度对接海上丝绸之路国家相关产业，推进国际产能合作，打造成为面向21世纪海上丝绸之路的产业合作基地。

三、体制机制创新赋能县域开放发展

（一） 自贸试验区建设创造了开放型经济新体制

福建自贸试验区自 2015 年 4 月 21 日挂牌成立后，坚持践行"创新、协调、绿色、开放、共享"新发展理念，以制度创新为核心、以产业发展为动力、以平台建设为支撑，解放思想、先行先试，对标国际先进规则，基本建立了与国际投资和贸易通行规则相衔接的制度体系，营造了法治化、国际化、便利化的营商环境，形成了众多全国首创的独具福建特色的创新经验，率先推动商品和要素流动型开放向规则等制度型开放转变，已经成为我国新一轮深化改革和扩大开放的"排头兵"，为全国自贸区高质量发展提供了具有较高借鉴价值的制度创新成果。据统计，截至 2021 年，《中国（福建）自由贸易试验区总体方案》和《进一步深化中国（福建）自由贸易试验区改革开放方案》试验任务完成率超过 95%，累计推出实施创新举措 17 批 480 项。其中全国首创 196 项，复制拓展 284 项，对台湾先行先试 102 项。①

福建自贸试验区各片区的"筑巢引凤"吸金效应不断显现，政策高地外溢效应释放，辐射带动周边县域开放发展，为构建开放型经济新体制积累了有益经验。据报道，福建自贸试验区积极落实国家扩大投资开放政策，投资便利化程度显著提高，截至 2021 年底，累计新增企业 10.37 万户，注册资本 2.26 万亿元人民币，分别是挂牌前的 6.7 倍、10.2 倍。新增外资企业 4 416 家，合同外资 325.7 亿美元，分别占全省同期的 34.9%、38.4%。以不到全省千分之一的面积，引进全省近四成新增外资，贡献了 1/6 的外贸进出口额。②

（二） 制度创新与县域开放发展双向赋能

平潭县是大陆距离台湾最近的地方，位于福州市东部，是福州市下辖县之一，采用行政区加实验区结合管理体制。平潭综合实验区得益于体制机制创新赋能，以及自身"一岛两窗三区"③ 的战略定位，自建立以来获得了全方位、开创

---

① ② 福建自贸试验区六周年 对台服务特色鲜明 ［EB/OL］. 中国新闻网，2021 – 08 – 21，https：// baijiahao. baidu. com/s？id = 1708694484863492035&wfr = spider&for = pc.

③ 一岛即国际旅游岛；两窗即闽台合作的窗口、国家对外开放的窗口；三区即新兴产业区、高端服务区、宜居生活区。

性的发展。首先，改革创新走在前列。作为全国唯一的综合实验区，平潭依托自贸试验区、综合实验区一体化建设的契机，在政府管理职能、商事登记制度改革、审批体制改革、社会治理新模式上加大改革创新的力度，大刀阔斧地进行体制机制改革，坚持简政放权促改革，以改革促开放，以开放促发展。据统计，截至 2021 年底，平潭片区累计推出 18 批 221 项改革举措，其中全国首创 102 项。"委托公证＋政府询价＋异地处置"财产执行云处置模式等 128 项制度创新在全省乃至全国示范推广。① 同时充分发挥对台区位优势，累计推出 79 项对台创新举措，其中全国首创 50 项，占福建自贸试验区对台创新举措的七成以上。②

其次，实现经济发展提质增效。对标国际规则大胆试，贸易投资便利化水平不断提升，营商环境不断优化，跨境电商、集成电路、两岸影视等新业态集聚效应日益凸显，第三产业中旅游特色产业、物流产业、跨境电商保税备货等业态发展势头强劲。2020 年平潭地区生产总值 301.43 亿元，首次突破 300 亿元。2021 年地区生产总值 339 亿元，同比增长 5.8%；三次产业构成比为 11.9∶24.0∶64.1；实际利用外资 65 792 万元，进出口总额达 196.1 亿元。③

最后，两岸融合不断深化。平潭作为两岸融合发展的前沿阵地，紧紧围绕"全力构建台胞台企登陆第一家园先行区"④ 的目标，努力深化两岸交流合作的体制机制。创新社会融合模式，在全国率先开展对台职业资格采信，两岸征信互通优化信贷服务等，鼓励台胞、台企来大陆创业投资，打造两岸同胞共同家园；建立覆盖申报、查验、放行全流程的对台通关便利化体系，最大限度地便利台货"登陆"，两岸标准共通实践走在全国前列。

四、技术创新支撑县域开放走深走实

创新驱动开放发展，开放促进创新资源流动、集聚，进而产生创新效应，提高各区域的创新合作能力，倒逼企业技术革新，两者是相辅相成、良性互动的关系。福清市和晋江市两大县（市）印证了创新与开放的互促关系。作为福建省创新

---

① 福建平潭建设"一岛两窗三区"［EB/OL］. 中国经济网，2022 – 06 – 27，http：//city. ce. cn/news/202206/27/t20220627_7344409. shtml.

② "牢记使命 奋斗为民"系列主题新闻发布会平潭专场——全力以赴增进民生福祉［EB/OL］. 福建省人民政府网站，2022 – 06 – 28，https：//www. fujian. gov. cn/xwdt/mszx/202206/t20220628_5940309. htm.

③ 笔者根据平潭 2020 年、2021 年政府工作报告中的数据整理。

④ 《平潭：全力构建台胞台企登陆第一家园先行区》［EB/OL］. 台海网，2021 – 11 – 29，https：bai-jiahao. baidu. com/s?id＝1717717875912669765&wfr＝spider&for＝pc&searchword＝打造台胞台企登陆第一家园%20 平潭。

效率最高的两大城市，2018 年被科技部评选为以"科技支撑产业发展"为建设主题的创新型县（市），同时蝉联多届福建经济实力十强县（市、区）。可见，技术创新是县域经济发展的内生动力，是支撑县域开放发展走深走实的动力来源。

以福清市为例，作为福建省县域经济强市，离不了头部企业的引领作用发挥。然而，县域内科教资源不足，本地缺乏高端创新力量等"瓶颈"制约着龙头企业迈向高质量发展。福清市实施科技创新专项行动，积极引导龙头企业依托自身产业优势，以企业需求为导向，在增大自身研发投入的同时，向外引智"借脑"，通过"头部企业＋院士团队"的强强组合模式，"嫁接"人才、技术等创新资源，开展科技合作，激发创新动能，突破核心关键技术"瓶颈"，为企业产品创新和产业提档升级赋能，进而促进县域开放型经济高水平发展。据统计，2021 年福清市企业研发投入年均增长 16% 以上，规模以上企业 R&D 经费支出总量、增量均保持福州市第一。新认定省级产业领军团队 1 个、省级以上高层次人才 308 名，为创新驱动创造最核心的优势。新增新技术、高附加值"两高企业"61 家。福耀玻璃、福抗药业的工程研究中心被评为 2019～2020 年度"省级优秀"，新福兴玻璃、宏港纺织科技、福融辉实业 3 家企业入选省级企业技术中心。① 创新驱动福清市开放发展走深走实。2020 年，全市实际利用外资（按验资口径统计）完成 85654 万元，占福州市实际利用外资总额的 12.22%；全年实现进出口总额 619.5 亿元，占福州市进出口总额的 24.7%。②

第五节　创新驱动福建省县域经济共享发展

区域共享水平与各地区经济发展总体水平高度相关，践行以人民为中心的共享发展理念，必须要以一定的经济基础为前提，只有经济发展水平提高了，共享发展的水平才能相应提高。在习近平总书记提出的新发展理念中，创新发展排在首位，共享发展排在最后，意义深蕴。一方面，创新是引领发展的第一动力，决定了发展速度、效能和可持续性。协调、绿色、开放是可持续发展的三个支点。绿色发展坚持经济增长兼顾生态环境保护，实现生态环境的可持续，为共享发展

① 福清：发力创新 争当冠军 ［EB/OL］. 东南网，2022 - 01 - 11，https：//view. inews. qq. com/a/20220111A01P1R00?startextras=0_fdc10fcc5d0b7&from = ampzkqw.

② 福建省统计局，国家统计局福建调查总队编. 福建统计年鉴（2021）［EB/OL］. 福建省统计局，https：//tjj. fujian. gov. cn/tongjinianjian/dz2021/index. htm.

提供了前提保障；协调发展坚持平衡发展机遇、发展资源配置，促进区域和城乡协调发展，先进区域带动后发区域，实现区域和城乡一体化发展，缩小区域和城乡收入差距，提高社会共享水平是共享发展的必然要求和集中体现；开放发展是"走出去"和"引进来"双环联动的一个模式，以开放促改革，以改革促发展是共享发展的前提和基础。而共享发展是发展的出发点，也是发展的落脚点；共享发展旨在解决经济增长与社会公平的矛盾，探索建立两者的动态平衡机制，落实发展为了人民，发展成果由人民共享的理念。共享发展通过使人民群众共享经济发展和社会进步的成果，提升人民群众的发展自豪感、生活幸福感及社会认同感，进一步保护人民群众勤劳致富的积极性和创造性，落实发展依靠人民，反哺创新驱动，以促进经济社会的绿色、协调，开放发展，形成一个以共建促共享，以共享促发展的良性循环。

同样地，创新驱动福建省县域经济共享发展是一个系统的工程，即创新驱动福建省县域经济绿色、协调、开放发展，体现了县域之间生态共治、发展共商及经济共建，为全民共享、全面共享发展成果建构基础保障，创新支撑共享的技术及商业模式，循环共享发展与创新、绿色、协调、开放的互动机制，以创新作为第一推动力，逐步推进经济高质量发展，以良好的经济基础作为保障稳步推进共享进程，实现渐进共享、人民共赢，最终实现共同富裕。

一、福建省共享发展的基本情况

近几年，福建省始终坚持共享发展，使改革发展成果更多、更公平惠及全体人民。福建省政府工作报告（2021 年）中显示，2021 年，福建省围绕百姓富，着力保障和改善民生，高质量发展成果全民共享。在住房方面，新开工棚户区改造 7.2 万套，新增保障性租赁住房 1.9 万套。在医疗资源方面，新增 4 个国家区域医疗中心试点，省妇产医院、福州滨海新城医院投入使用。在养老方面，城镇职工退休人员基本养老金增长 4.5%，城乡居民医保人均财政补助提高到 580 元，城乡低保年均标准提高到 8 580 元；县乡村养老服务网络更加健全，每千名老年人养老床位数达 38.7 张。在教育方面，新增公办幼儿园学位 7.2 万个，学前教育普惠率达 93%，"双一流"①

---

①　"双一流"为世界一流大学和世界一流学科（First – class universities and disciplines of the world）的简称，是中共中央、国务院作出的重大战略决策，也是中国高等教育领域继"211 工程""985 工程"之后的又一国家战略，有利于提升中国高等教育综合实力和国际竞争力，为实现"两个一百年"奋斗目标和实现中华民族伟大复兴的中国梦提供有力支撑。

"双高计划"① 建设扎实推进，教育发展主要指标居全国前列。

然而，根据高质量发展研究课题组发布的《中国经济共享发展评价指数研究》，2019 年福建共享发展指数总分 66.69 分，与排在第一名的北京（80.25 分）仍然有较大差距，与兄弟省份浙江省（72.6 分）相比，福建省主要在全面共享和渐进共享两个指数上落后。从全面共享指数的三级指标看，主要包括养老、住房与公共安全等基本公共服务指标以及政治参与度、教育、就业、医疗等服务构成的发展保障指标。渐进共享指数的三级指标是收入分配指数、消费水平指数和收入水平指数。福建省县域分布于沿海和内陆，区位特征与经济发展水平表现出明显的正相关关系，沿海县域与内陆县域之间、发达地区的县域与欠发达地区的县域之间发展不均衡（见图 3－3），全面共享公共服务基础设施建设等需要财政的支撑，支持力度与经济发展程度密切相关。因此福建省县域间经济发展的不均衡导致公共服务投入不平衡，城乡收入差距大，全面共享及渐进共享的指数仍有较大的提升空间。

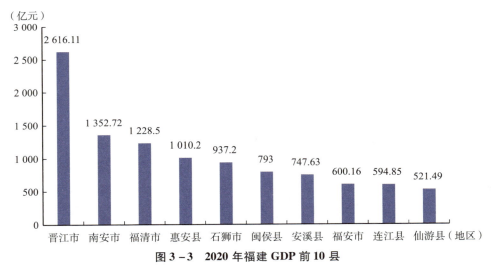

图 3－3　2020 年福建 GDP 前 10 县

资料来源：笔者根据 2021 年《福建统计年鉴》数据整理。

___

① "双高计划" 是中国特色高水平高职学校和专业建设计划的简称，是指中国共产党中央委员会和中华人民共和国国务院为建设一批引领改革、支撑发展、中国特色、世界水平的高等职业学校和骨干专业（群）的重大决策建设工程，亦是推进中国教育现代化的重要决策。"双高计划" 旨在打造技术技能人才培养高地和技术技能创新服务平台；引领职业教育服务国家战略、融入区域发展、促进产业升级。

二、技术创新跨越了共享"鸿沟"，提高共享水平

创新驱动经济发展的核心在于技术创新，而数字化是信息技术发展的高级阶段。当前经济发展由传统的土地、人力、资本等初级要素驱动转换为人才、信息、数据等高级要素驱动。数字化技术的发展契合了数据要素驱动数据经济发展的范式。据统计，福建省依托国家数字经济创新发展试验区建设，2021 年数字经济增加值达 2.3 万亿元、增长 15%，占地区生产总值的比重约为 47%；政务服务事项全程网办比例超 80%，"一趟不用跑"比例超 90%；5G 基站实现县域地区全覆盖和 95% 以上乡镇地区覆盖。① 可见，数字化技术驱动政务转型，提升经济发展活力，赋能福建省经济的高质量发展，数字经济已成为福建省经济发展的新引擎，为共享发展提供坚实的基础保障。与此同时，充分发挥数字福建的建设优势，拓展数字化技术应用的广度和深度，将数字化技术与教育、医疗健康、养老、文旅等领域融合发展，实现数据驱动、数据共享、数据就是生产力的蓝图，拓展数字化基础设施在县域的覆盖面，打破县域间公共服务共享的资源流动壁垒，跨越共享"鸿沟"，实现网络空间共享，提高共享覆盖面和共享水平。

（一）"数字化"助推基本公共服务均等化

2020 年中国互联网发展指数综合排名中，福建等 10 个省份的互联网发展水平位居全国前列。充分发挥数字福建的建设优势，将互联网技术与公共文化服务融合，以"福建文化云"平台、"福建文化记忆"数据库群、"文化一点通"菜单式服务系统为支撑，构建福建省公共文化服务一站式服务大平台。再依托全省 5G 的广覆盖，以平台的运行为载体，实现文化内容的需求征集，以需求为导向提供公共文化服务，将供给与需求对接，实现供需双方的良性互动。据统计，截至 2021 年，福建省全省已建成 5G 基站 5 万个，万兆无源光网络（10G－PON 端口）28 万个，实现所有县区和 95% 以上的乡镇镇域 5G 覆盖，县级以上区域普遍具备"千兆到户"能力。② 完善的互联网基础设施建设，促进福建省不少农村地区的"文化一点通"公共数字文化服务终端系统得以落地惠民。数字技术的融入

---

① 福建数字化如何提升政府服务能力［EB/OL］. 中国商务新闻网，2022－03－17，https：//baijia-hao. baidu. com/s?id = 1727513073111295596&wfr = spider&for = pc.

② 福建实现所有县区和 95% 以上乡镇镇域 5G 覆盖［EB/OL］. 通信世界网，2022－03－04，http：//www. cww. net. cn/article?id = 558673.

使福建省图书馆的资源得以打破物理空间的限制，打通农村公共文化服务的"最后一公里"，解决城乡基层公共文化服务和文化资源分布不均衡的问题，提升全民文化共享水平。

（二）数字化技术助力医疗资源下沉共享

以县域紧密型医疗共同体的建设为例，2021 年三明市宁化县总医院、尤溪县总医院紧密型县域医疗共同体建设案例入选全国紧密型县域医疗共同体建设典型案例并获奖。三明市作为全国医疗改革（简称"医改"）的排头兵，其经验成为全国学习的样本。然而，三明医改的成功离不开数字化、信息化技术的支撑，大数据、人工智能、云计算、物联网等技术应用于医疗场景，有力支撑了三明市医改前行。如"三医联动"医改监测平台，将医疗监管、医保基金监管、医药实时动态监控及公共卫生绩效考核监测数据信息互联互通，建立县域乡村人事、财务、业务、药械、绩效"五统一"信息平台，助力尤溪乡镇分院提升综合服务能力，实现县域医疗共同体成员单位互联互通，推动优质医疗资源下沉延伸至县（市），提升基层防病治病能力，提高民生就医的获得感。除此以外，三明市深化医疗改革，借助"云查房"数字平台，与其他医院合作共建省级区域医疗中心，将省外的优质医疗资源引进来，下沉至三明市甚至各县（市）、乡镇和村。通过数字化手段赋能医改，放大资源共享效应，打造三明市均质化的医疗服务共享体系。

（三）创新赋能生态环境监管，实现生态共建共治、成果共享

福建省作为全国首个数字生态示范省，将数字化技术与福建省特有的生态优势融合，以"生态云"为主要载体，以"微服务，组件化"技术支撑体系为基础，砥砺创新驱动生态数字化，实现省市县不同模块、系统和平台之间的互联互通、即时深度融合，解决数据"孤岛"、利用率低等问题。同时开启"绿盈乡村"建设智慧模式，省市科学指导县乡分类施策，精准治理，省市县乡生态共治、成果共享。依托数字创新赋能生态环境监管治理，长汀县水土流失治理取得了成功，水土流失率从 2011 年底的 10.26% 下降到了 2020 年底的 6.78%，森林覆盖率提高到了 80.31%[①]，成为福建全省唯一同时被命名为首批"国家生态文明建设示范县"和"绿水青山就是金山银山"实践创新基地的县域。无独有偶，

---

① 福建长汀：走绿色发展之路 推动县域经济发展 ［EB/OL］. 龙岩市长汀县人民政府网站，2021 – 07 – 28，http：//www. changting. gov. cn/xwzx/ctxw/202107/t20210728_1808303. htm.

生态巡查智能化，助力顺昌县生态共治实效全面提升，确保全县高质量绿色发展。

三、创新支撑县域共享经济发展，是落实共享发展理念的重要抓手

共享经济是一种商业形态的创新，依托数字化及互联网等技术而发展，是共享发展的突出表现之一，亦是推动经济增长的新动能。共享经济通过发挥全民共建的积极性，调动微观层面的消费者、企业，中观层面的产业将闲置资源重置盘活，提高经济增长效率和质量；利用共享资源创新生产方式转换经济增长模式，打造资源节约型经济形态，构建环境友好型社会，助力经济可持续增长，夯实共享发展的物质基础，为共享发展提供强有力的支撑。同时落实共享发展理念，全民全面共享经济发展成果，充分就业、提高低收入群体收入，丰富中等收入群体财产收入渠道、节约社会成本，带动第三次分配的调节作用，缩小收入差距，进而逐步实现共同富裕。因此发展共享经济是落实共享发展的重要抓手，是促进共同富裕的重要路径。

一方面，数据驱动型创新支撑县域共享经济发展。随着互联网技术的迭代，"互联网 +" 技术渗透各行各业，同时日益成熟的社交网络催生了新经济形态——共享经济。随着5G网络及物流网点在县域的铺设，电子商务进农村的覆盖面越大，城乡之间数据要素流动驱动物质资源共享。例如，数字文旅、数字世遗、直播带货等数字营销模式的广泛应用，提高了资源配置精准度及资源使用度，实现福建全省生态文明共享的同时，助推农产品进城和工业品下乡，推进长汀县、东山县、永春县、将乐县和武夷山市等绿水青山就是金山银山实践创新基地的"两山"顺利转化，为县域经济增长注入新动能。

共享经济从初期的生活服务、知识技能等领域的共享，逐步发展渗透至共享制造、共享农业等领域，从消费领域共享延伸至生产领域共享，而且生产能力和制造资源的共享将会成为未来的主战场。共享范畴的拓展需要打破的资源壁垒较多，而数字技术可以支撑共享经济的深度发展，通过数据共享整合产业链上的闲置资源，提高供需双方的匹配速度，发挥协同效应以改进效率。以南平市浦城县探索共享经济下劳动关系治理创新为例。受新冠肺炎疫情影响，很多出口型企业的订单骤减，出现员工富余情况，而一些企业又急需大量用工。因此，浦城县人力资源和社会保障局运用社交平台、"互联网 +" 培训模式，尝试"共享员工"，有效实现企业间的短期用工调剂，引导供需双方对接合作，缓解员工富余企业的用工压力，纾困"用工荒"企业的人力需求，通过闲置资源再利用，提高经济增

长效率，同时增加了资源所有者的要素回报，实现员工个人与企业的双赢。

另一方面，共享经济助力发展成果共享，是落实共享发展理念的重要抓手。共享经济作为一种创新型的商业模式，与传统商业模式形成一种互补竞争的关系，其发展壮大有助于在初次分配和再分配环节扩大中等收入群体规模，提高低收入群体收入，助力"橄榄"型收入分配结构的形成。南平市顺昌县秉持共建共享共赢理念，通过创新业态模式破除乡村闲置资源的创收壁垒、运用数据互联技术促进乡村闲置资源市场化流通，增加劳动力需求，提高农村居民的资源回报率和劳动力收入。顺昌县元坑镇 2019 年之所以被列为福建省乡村振兴特色镇，源于共享经济的助力。其通过数字平台技术将闲置、碎片化、分散式的森林、土地等资源整合形成"资产包"，通过"整合流转＋专业托管＋收益分成"的市场化运作模式，建立村民共营的"项目库"，将资源所有者吸纳为项目运转所需劳动力，构建森林增绿、林农增收、集体增财的良性循环机制。再以改革红利支撑"共享食堂"的创办，让村里的老人实实在在共享改革成果。

与此同时，共享经济的数字平台生态，发挥联结庞大用户和数据信息资源优势，帮助贫困县域的优质产品进入市场，拓展销路；同时依托知识技能的共享，帮助贫困农民掌握数字营销手段，并以此为契机，带动县域地方文化、特色旅游等第三产业的发展，共享经济的增长为慈善捐赠等社会公益事业提供了基础保障，同时为脱贫攻坚事业提供新动能，新经济产生了新公益，进而扩大第三次分配的调节作用，进一步缩小贫富差距；加之共享经济平台的广覆盖而形成示范效应，提高公众参与热情，实现聚少成多、共享互助，间接推动发展成果普惠共享。

创新驱动福建省县域经济高质量
发展的实证分析

第一节 研究设计

本章基于前文关于创新驱动对福建省县域经济高质量发展的影响机理分析，进一步展开实证研究。在本章中，县域主要指县与县级市。本章以福建省 55 个县域地区的截面数据为研究样本，从新发展理念出发，把握经济高质量发展的深刻内涵，建立经济高质量发展指标评价体系，并借助 Stata16.0，运用熵权法测算出福建省县域经济高质量发展水平；在此基础上，运用超效率 SBM 模型计算出全要素生产率，对数据进行描述性统计分析、基准回归分析、门槛回归分析等，最后进行稳健性检验，为创新驱动福建省县域经济高质量发展提供实证支撑。

第二节 福建省县域创新现状分析

福建省在创新能力方面位居全国第二梯队，高新技术企业和外资企业相对集中，是自主创新和引进吸收成果的重要转化基地。福建省人民政府在 2018 年出台了关于进一步推进创新驱动发展的七条措施①，深入贯彻并实施以创新驱动全

---

① 七条措施分别为：加大对创新绩效的正向激励、发挥福厦泉国家自创区引领作用、建设若干高水平福建省实验室、着力引进重大研发机构、加大行业领军企业研发扶持力度、推动新一代人工智能加快发展、提升科技金融服务水平。

省经济高质量发展的战略。但与创新能力处于第一梯队的省份相比，福建省在综合创新发展方面还存在诸多不足，比如区域创新能力发展不平衡、城乡差距较大等。

县级区域处于基础层面，在经济体量中占比高、影响大。福建省近年来始终坚持以科技创新作为经济高质量发展的第一动力源。因此，提升县域地区创新能力是促进经济高质量发展的必然要求。进入"十四五"发展阶段，全面认识福建省县域综合创新能力发展水平、优势与不足，对统筹推进全省创新驱动发展战略，促进县域创新发展能力提升具有重要意义。

本章依托《国家治理》周刊 2020 年发布的对福建省 83 个县市区综合创新发展能力的测评报告中的数据对福建省 55 个县域创新现状展开分析。该报告依据《福建统计年鉴》及《福建经济普查年鉴 2018》数据，对福建省福州市、莆田市、三明市、泉州市、漳州市等 8 个市的 55 个县域以创新投入与创新产出为准则层，分别构造了制度环境、人力资本与研发、知识和技术成果等 6 个一级指标。按照最新收集的数据资料计算各项得分后，运用综合创新发展指数与综合创新效率指数对福建省 55 个县域进行综合创新发展的定量评估，并使用"逐级等权重法"的加权平均法，对福建省 55 个县域综合创新发展能力进行综合评价，得分如表 4 - 1 所示。

表 4 - 1　　　　　福建省 55 个县域综合创新发展指数得分及排名

地区	综合创新指数	总排名	创新投入	创新产出	综合创新效率（%）
晋江市	68.39	1	33.15	35.24	106.30
福清市	60.12	2	32.53	27.59	84.81
南安市	57.57	3	30.94	26.63	86.07
闽侯县	56.91	4	32.11	24.8	77.23
长泰县	52.35	5	29.68	22.67	76.38
漳浦县	52.11	6	28.61	23.5	82.14
石狮市	51.98	7	28.8	23.18	80.49
安溪县	51.46	8	27.91	23.55	84.38
惠安县	51.09	9	28.61	22.48	78.57
上杭县	50.64	10	29.77	20.87	70.10
龙海市	50.36	11	28.78	21.58	74.98
南靖县	50.13	12	30.62	19.51	63.72

续表

地区	综合创新指数	总排名	创新投入	创新产出	综合创新效率（%）
德化县	49.33	13	28.78	20.55	71.40
武平县	48.61	14	28.19	20.42	72.44
闽清县	47.9	15	27.9	20	71.68
仙游县	47.86	16	28.13	19.73	70.14
连江县	47.64	17	27.36	20.28	74.12
连城县	47.64	18	27.36	20.28	74.12
永安市	47.63	19	28.67	18.96	66.13
长汀县	47.3	20	27.63	19.67	71.19
漳平市	46.66	21	28.69	17.97	62.64
沙县	46.62	22	28.02	18.6	66.38
福安市	46.59	23	27.66	18.93	68.44
云霄县	45.73	24	26.73	19	71.08
东山县	45.43	25	29.05	16.38	56.39
平潭县	45.16	26	30.79	14.37	46.67
邵武市	44.87	27	27.14	17.73	65.33
永泰县	44.61	28	26.7	17.91	67.08
柘荣县	44.5	29	25.48	19.02	74.65
罗源县	44.47	30	27.03	17.44	64.52
永春县	44.44	31	27.49	16.95	61.66
将乐县	44.22	32	26.68	17.54	65.74
华安县	43.79	33	27.28	16.51	60.52
浦城县	43.66	34	26.47	17.19	64.94
福鼎市	43.63	35	26.28	17.35	66.02
明溪县	43.26	36	26.51	16.75	63.18
松溪县	42.99	37	24.51	18.48	75.40
周宁县	42.68	38	26.56	16.12	60.69
政和县	42.28	39	24.77	17.51	70.69
武夷山市	42.25	40	24.19	18.06	74.66
建瓯市	42.22	41	25.68	16.54	64.41

地区	综合创新指数	总排名	创新投入	创新产出	综合创新效率（%）
顺昌县	42.14	42	26.46	15.68	59.26
寿宁县	42.07	43	25.43	16.64	65.43
宁化县	41.78	44	24.87	16.91	67.99
光泽县	41.15	45	26.63	14.52	54.52
清流县	40.63	46	25.22	15.41	61.10
建宁县	40.57	47	24.69	15.88	64.32
平和县	40.41	48	23.82	16.59	69.65
尤溪县	40.29	49	25.69	14.6	56.83
泰宁县	39.43	50	24.05	15.38	63.95
古田县	38.87	51	25.22	13.65	54.12
屏南县	38.53	52	25.3	13.23	52.29
霞浦县	37.23	53	24.05	13.18	54.80
诏安县	37.07	54	22.18	14.89	67.13
大田县	36.96	55	25.55	11.41	44.66

注：创新投入、创新产出为多个一级指标赋权计算得出的评价结果，无具体单位。

资料来源：刘哲，冯一帆. 对福建省83个县市区综合创新发展能力的测评报告［J］. 国家治理，2021（17）：37-48.

从综合创新指数来看，福建省55个县域中，综合排名前五位的分别为晋江市、福清市、南安市、闽侯县、长泰县。其中晋江市的综合创新发展能力排名首位。前五名的县域分布中，泉州市、福州市、漳州市各有两地入选。可以说明，泉州市、福州市、漳州市三个城市总体综合创新能力高于其他地级市。此外，福建省55个县域的综合得分差异较大，反映出福建省各县域的综合创新发展水平存在着不平衡的情况。

从创新投入和创新产出两方面来看，晋江市、福清市、闽侯县、南安市、平潭县在创新投入方面得分较高，排名前五。晋江市、福清市、南安市、闽侯县、安溪县在创新产出方面排名靠前。两个指标的评价均反映出福州市、漳州市、泉州市三市县域在福建省综合创新发展中的重要地位。

综合创新效率指数方面，有两个县域的综合创新效率高于85%，分别为泉州市晋江市和泉州市南安市。泉州市作为中国民营经济最活跃的地区，外资经济也十分发达，拥有着丰富的在外泉商和侨港澳台资源。近年来，泉州市依靠其自身优势，以创新赋能实体产业，促进经济高质量发展，建设具有地域特色的互联网创新产业体系；在挖掘实体产业新价值的同时，泉州市还大力发展高新技术产业和战略性新兴产业，使经济得到长足发展。泉州市是县域经济强市，其经济发展之所以能常年保持全省领先地位，离不开发达的县域经济。泉州市晋江市近几年以建设"国际化创新品质城市"为目标，结合"晋江经验"，大力推动传统企业创新发展、技改升级，积极布局新一代信息技术产业、智能装备产业、医疗健康产业等高新产业，已经形成了传统优势产业与新兴产业齐头并进发展的新格局；泉州市南安市在构建创新体系、高层次人才引进措施以及相关制度改革三方面重点发力。南安市持续引进科研机构落户，推进技术转移机构建设，建立产学研协同创新体系。为营造一个良好的吸引汇聚人才的发展环境，南安市深入实施人才"港湾计划"，并把科技特派员制度走深走实。据了解，南安市大力拓展科技特派员选任渠道，已提前完成 2022 年乡镇、村居全覆盖科技特派员的目标。另外，福州市福清市、泉州市安溪县、漳州市漳浦县、泉州市石狮市的综合创新效率也处于较高水平。

第三节　创新驱动下福建省县域经济高质量发展水平测度

一、评价指标体系构建与数据来源

（一）科学构建经济高质量发展的指标体系

探究创新驱动与福建省县域经济高质量发展的关系，一个重要的问题即是如何对经济高质量发展水平进行评价。科学、客观地评价福建省县域经济高质量发展水平，一方面有利于了解各个地区经济发展现状，另一方面也有利于为合理规划福建省县域经济高质量发展提供客观数据支撑和科学建议。

客观合理地评价不同县域的经济高质量发展状况，需要建立一套科学的评价指标体系。经济高质量发展具有丰富的内涵。因此，本节在深入把握创新驱动经济高质量发展内涵及国家出台多项有关政策的前提下，重点从创新发展、协调发展、绿色发展、开放发展、共享发展 5 个维度构建经济高质量发展指标评价体系。关于经济高质量发展的各指标选择解释如下。

第一，创新发展是县域经济高质量发展的核心动力。创新驱动为县域经济高质量发展提供科学技术方面的有力支撑。创新驱动推动了资源要素、投资要素向更高层次的知识、技术、人力资本等要素的转化，从而促进了经济高质量发展。科技成果、高新技术企业是衡量县域地区之间科技和经济发展水平的重要指标，其反映县域的科技创新能力和对科技创新的重视程度，是经济高质量发展的具体表现之一。本章采用专利申请数来衡量各县域科技成果，用规模以上工业企业营业收入来衡量高新技术产业经营业绩。

第二，协调发展是县域经济高质量发展的强化合力。我国当前存在着人民日益增长的美好生活需要和不平衡、不充分的发展之间的矛盾。因此，城乡协调发展、缩小贫富差距、促进共同富裕是社会主义现代化的一个重要目标。本章采用城乡居民可支配收入之比衡量县域间城乡协调发展的情况，体现城乡发展的不平衡程度。第三产业的增加值所占比重是反映县域经济发展水平的重要指标之一。加快第三产业的发展，有利于促进社会资源的合理配置，是提高国民经济整体效益的重要途径。本章以第三产业增加值与地区生产总值之比为指标，分析各个县域的产业协调水平。

第三，绿色发展是保护生态环境的基本要求，也是实现县域经济高质量发展的关键。当前，我国高度重视经济发展和环境保护的不平衡问题。生态资源作为福建省的一张靓丽的名片，是福建省最宝贵的财富。福建省在"十三五"规划中提出，要加快形成绿色发展方式，把生态优势转化为实际的发展优势。高水平生态环境保护投入可以有效促进经济高质量发展。近年来，福建省不断加大生态文明建设力度，实施重大生态保护和修复工程，污染防治攻坚战的阶段性目标得以实现。本章采用地方财政节能环保支出与地方财政支出之比来衡量县域对生态环保的重视程度，用 PM2.5 均值来衡量各县域环境污染状况。

第四，开放发展是县域经济高质量发展的外在动力。开放发展的关键在于国内国际内外联动，要求国内大循环、国内国际双循环"双管齐下"。随着扩大开放促进改革发展，第三产业增加值量级不断突破，意味着第三产业吸纳就业的规模也在不断扩大。因此，本章采用第三产业从业人员占县域地区常住人口数比重来衡量开放发展下的就业结构。对外开放引进高质量外资，促进生产与投资空间不断拓展，聚集国内外先进生产要素，打造开放型经济发展新平台。本章采用各个县域实际利用外资额体现外资利用水平，以此衡量各地区的对外开放程度。

第五，共享发展是县域经济高质量发展的必然要求。共享发展注重的是解决社会公平正义问题，即寻求实现共同富裕的现实路径。共建共享才能走向共富，这就要求在全面提升社会保障水平的同时，加快发展普惠性社会福利事业，促进社会的和谐与稳定、提高人民幸福感。本章采用小学生师比来衡量各县域的教育资源水平，用人均公园绿地面积来衡量人民享有的社会福利状况（见表 4 - 2）。

表 4 - 2　　　　　　　　福建省县域经济高质量发展指标体系

方面指数	分项指标	基础指标	单位	指标属性
创新发展	科技成果	专利申请数	件	+
	高新产业	规模以上工业企业营业收入	亿元	+
协调发展	产业协调	第三产业增加值≥地区生产总值	%	+
	城乡协调	城镇居民人均可支配收入≥农村居民人均可支配收入	%	－
绿色发展	环境治理	地方财政环境保护支出≥地方财政支出	%	+
	环境污染	PM2.5 均值	微米	－
开放发展	对外结构	实际利用外资	万元	+
	就业结构	第三产业从业人员占比	%	+
共享发展	教育资源	小学生师比	%	－
	人居环境	人均公园绿地面积	公顷/万人	+

（二）数据来源与方法

为深入贯彻新发展理念，"十三五"期间，福建省全面落实创新驱动发展战略，全方位推动经济高质量发展。福建省相对发达的城市辐射周边的县域地区，而县域地区同时联系着周边的农村地区。作为城乡融合的载体，县域地区的发展影响着国民经济发展的质量。福建省共有 12 个县级市，44 个县，地域面积占福建省的 80%。截至 2021 年，福建省已有晋江市、南安市、惠安县等 5 个县域地区的经济体量突破千亿。因此，福建省从 20 世纪 50 年代的贫困省成长为默默崛起的经济大省，县域经济起到了举足轻重的作用。本章原始数据源于相关年份的《福建统计年鉴》《中国县城建设统计年鉴》及各地县、市统计局发布的统计年鉴与公报，部分指标数据根据需要进行相应的换算。

二、评价指标计算

本章采用基于截面数据的熵权法来测度福建省县域经济高质量发展水平。熵权法是一种在经济学中常用的客观赋权数据分析方法，与主观赋权法相比，它克服了人为赋权的主观性问题，具有更好的客观性和准确性，可以很好地解释所得到的结果。

福建省县域经济高质量发展综合得分由 10 个指标经熵权法计算得出，共计算了 55 个县域的得分，具体计算步骤如下。

第一步，为解决各项不同指标的差异性问题，使用极值法对各个指标进行标准化处理。根据指标的不同性质，对正向、负向指标按下列公式（4.1）处理。

$$z_{ij} = \frac{x_{ij} - \min X_j}{\max X_j - \min X_j}, \quad z_{ij} = \frac{\max X_j - x_{ij}}{\max X_j - \min X_j}, \quad (i = 1, 2, \cdots, n; \ j = 1, 2, \cdots, m)$$

$$(4.1)$$

第二步，计算熵值 E_j：

$$E_j = -\ln \frac{1}{n} \sum_{i=1}^{n} \left[\left(Z_{ij} / \sum_{i=1}^{n} Z_{ij} \right) \ln \left(Z_{ij} / \sum_{i=1}^{n} Z_{ij} \right) \right] \qquad (4.2)$$

第三步，计算差异系数 D_j：

$$D_j = 1 - E_j \qquad (4.3)$$

第四步，计算各个指标权重：

$$W_j = \frac{D_j}{\sum\limits_{j=1}^{n} D_j} \qquad (4.4)$$

第五步，计算经济高质量发展综合得分。运用熵权法计算各个指标综合权重（见表 4-3）后，通过公式（4.5）计算各县域综合得分

$$G_j = \sum (W_i Y_{ij}) \qquad (4.5)$$

式中 G_j 表示第 j 个县域的经济高质量发展综合得分；W_i 表示第 i 个指标的综合权重；Y_{ij} 表示第 j 个县域第 i 个指标值。$i = 1, 2, \cdots, n; \ j = 1, 2, \cdots, m$。

三、经济高质量发展得分结果分析

结合表 4-3 可知，推动福建省县域经济高质量发展的指标中，创新发展与开放发展的权重之和占一半以上，权重仅次于创新发展和开放发展的是绿色发展。这一结果表明注重创新赋能产业供给侧结构性改革，在开放包容中自主创新、竞争发展，坚持走绿色发展道路是促进福建省县域经济高质量发展的三项重要措施。由表 4-4 可知，福建省不同县域的经济高质量发展指标得分存在很大差异，且福建省县域经济高质量发展综合得分的总体得分偏低。得分最高的晋江

市与得分最低的政和县分值比高达 10.67427，55 个县域中有 42 个县域分值低于平均值 0.164258。由表 4-5 可知所调查的县域所处的地级市平均得分情况，泉州市位列第 1 名。位于福建省东南沿海的泉州市，是古代海上丝绸之路的起点，自古以来就是著名的交通港口城市、经贸中心，素有"东方第一大港"的美誉。在多元融合、深化改革等多措并举，充分发挥其地理区位、台商侨胞等优势下，泉州市加快了实体经济、民营经济、县域经济的转型升级，助推经济高质量发展。泉州市在探索县域现代化道路的过程中，还形成了具有示范意义的"晋江经验"。2020 年福建省县域经济高质量发展报告会上，泉州市所辖的晋江市、南安市、石狮市、惠安县入选 2020 年度福建省县域经济实力"十强"。而排名最后的南平市地理位置处于三省交界，且远离海岸、多丘陵，这一地理条件导致南平市发展受限。作为欠发达县域的代表政和县，由于其地理位置偏僻、人口较少、民间资本不活跃等先天劣势的约束，产业结构以农业型为主，工业基础较为薄弱，存在着经济相对落后、生产力水平低下、基础设施不完善、民生质量存在较大短板的问题。除邵武市、武夷山市、建瓯市三个县级市以外，南平市所辖县均列在福建省 23 个扶贫开发重点县名单之中。福建省县域经济发展指数综合得分情况与各县域的发展现状比较相符。

表 4-3　　　福建省县域经济高质量发展指标体系及权重系数

一级	二级	权重	熵值	差异系数	单位	特征
创新发展	专利申请数	0.253994	0.779133	0.220867	件	正效应
	规模以上工业企业营业收入	0.203322	0.823196	0.176804	亿元	正效应
协调发展	第三产业增加值占比	0.018254	0.984127	0.015873	%	正效应
	城乡居民人均可支配收入比	0.026767	0.976724	0.023276	%	负效应
绿色发展	地方财政环境保护支出占比	0.043949	0.961783	0.038217	%	正效应
	PM2.5 均值	0.017657	0.984646	0.015354	微米	负效应
开放发展	实际利用外资	0.372215	0.67633	0.32367	万元	正效应
	第三产业从业人员占比	0.03068	0.973322	0.026678	%	正效应
共享发展	小学师生比	0.013969	0.987853	0.012147	%	负效应
	人均公园绿地面积	0.019193	0.98331	0.01669	公顷/万人	正效应

表 4 – 4   **福建省县域经济高质量发展综合得分**

地区	得分	排名	地区	得分	排名
晋江市	0.793013	1	长汀县	0.119754	29
漳浦县	0.497051	2	闽清县	0.112564	30
南安市	0.422766	3	大田县	0.112278	31
福清市	0.387306	4	武夷山市	0.109908	32
惠安县	0.319978	5	云霄县	0.107377	33
闽侯县	0.31585	6	明溪县	0.107305	34
石狮市	0.303534	7	东山县	0.106735	35
安溪县	0.25943	8	周宁县	0.106226	36
长泰县	0.230167	9	泰宁县	0.105266	37
龙海市	0.216137	10	清流县	0.103888	38
平潭县	0.211267	11	永泰县	0.099121	39
连江县	0.193264	12	诏安县	0.09912	40
永春县	0.186586	13	屏南县	0.096004	41
福安市	0.163624	14	宁化县	0.095653	42
上杭县	0.15855	15	建宁县	0.095373	43
邵武市	0.151165	16	尤溪县	0.093896	44
南靖县	0.148148	17	古田县	0.09373	45
德化县	0.142841	18	柘荣县	0.093274	46
漳平市	0.141154	19	顺昌县	0.092434	47
连城县	0.139309	20	霞浦县	0.091749	48
武平县	0.132871	21	寿宁县	0.091349	49
罗源县	0.129001	22	建瓯市	0.091058	50
沙县	0.127098	23	光泽县	0.090547	51
永安市	0.126958	24	福鼎市	0.088977	52
将乐县	0.126394	25	浦城县	0.087395	53
华安县	0.125998	26	松溪县	0.076528	54
平和县	0.122528	27	政和县	0.074292	55
仙游县	0.120402	28	—	—	—

表 4 - 5 　　　　　　福建省县域所属地级市经济高质量发展综合平均得分

地级市	平均得分	排名
泉州市	0.346878	1
福州市	0.20691	2
漳州市	0.183696	3
龙岩市	0.138327	4
莆田市	0.120402	5
三明市	0.109411	6
宁德市	0.103117	7
南平市	0.096666	8

　　将总得分按一级指标进行分解,每项一级指标得分如表4-6所示。由表4-6可知,同一县域地区各项指标得分普遍不均衡。晋江市的总体得分与创新发展、开放发展指标得分均较高,分别排名第1名、第1名、第2名,但协调发展、绿色发展、共享发展指标得分则分别在第38名、第53名、第53名。南安市、闽侯县等总体得分较高的县域地区情况类似,在协调发展、绿色发展、共享发展这三个分项指标上有明显短板。松溪县、光泽县总体得分垫底的两个县域,创新发展、协调发展、开放发展等3个分项指标得分均比较低,但绿色发展分项指标得分分别在第14名、第15名,这两个县域地区均属于南平市,说明南平市自然资源丰富,拥有良好的生态环境,但如何将自然资源充分有效地发挥,使自然资源优势转化为经济优势仍然面临严峻挑战。

表 4 - 6 　　　　　　福建省经济高质量发展指标分项得分情况

县级区域	创新发展		协调发展		绿色发展		开放发展		共享发展	
	得分	排名	得分	排名	得分	排名	得分	排名	得分	排名
晋江市	0.457316	1	0.021027	38	0.012357	53	0.293365	2	0.008948	53
南安市	0.299963	2	0.018741	44	0.011492	54	0.08229	7	0.010281	52
惠安县	0.199234	3	0.019681	41	0.043549	7	0.045063	11	0.012451	51
闽侯县	0.196651	4	0.017008	48	0.030077	22	0.05319	9	0.018925	25
安溪县	0.164386	5	0.023313	32	0.02475	34	0.029269	15	0.017713	36
福清市	0.155402	6	0.028327	10	0.017338	49	0.169126	3	0.017114	41

县级区域	创新发展		协调发展		绿色发展		开放发展		共享发展	
	得分	排名	得分	排名	得分	排名	得分	排名	得分	排名
石狮市	0.11425	7	0.011781	55	0.029532	23	0.140026	4	0.007945	54
龙海市	0.103328	8	0.02451	27	0.014555	51	0.052654	10	0.02109	15
永春县	0.093826	9	0.020903	39	0.029518	24	0.024043	17	0.018296	34
上杭县	0.092089	10	0.013929	52	0.009612	55	0.022153	20	0.020768	17
福安市	0.08581	11	0.021548	37	0.022972	42	0.016061	30	0.017233	40
长泰县	0.06851	12	0.02399	29	0.033159	15	0.0868	6	0.017708	37
漳浦县	0.060722	13	0.024779	26	0.012569	52	0.382678	1	0.016302	47
德化县	0.058922	14	0.016792	49	0.040301	9	0.011281	45	0.015545	49
永安市	0.047871	15	0.02405	28	0.026876	30	0.011534	44	0.016627	46
仙游县	0.046282	16	0.026209	19	0.0202	45	0.009321	50	0.01839	33
连江县	0.043116	17	0.0236	30	0.024162	37	0.073236	8	0.029151	1
沙县	0.039004	18	0.02708	14	0.018312	47	0.017947	27	0.024755	6
武平县	0.038715	19	0.023417	31	0.028549	26	0.019969	22	0.022221	11
南靖县	0.034272	20	0.020897	40	0.050005	3	0.016289	29	0.026685	3
福鼎市	0.033114	21	0.017292	47	0.017971	48	0.014171	35	0.006429	55
闽清县	0.029174	22	0.018868	43	0.024855	33	0.018308	26	0.021358	14
云霄县	0.026207	23	0.01811	46	0.023294	40	0.02084	21	0.018926	24
大田县	0.02562	24	0.023003	33	0.039481	10	0.00681	53	0.017364	39
长汀县	0.025258	25	0.037317	1	0.026536	31	0.012057	42	0.018586	31
罗源县	0.024887	26	0.015921	50	0.030381	20	0.03881	13	0.019001	23
诏安县	0.023315	27	0.025266	23	0.01681	50	0.014987	32	0.018742	27
漳平市	0.021691	28	0.026248	18	0.053425	1	0.022788	19	0.017001	44
将乐县	0.019717	29	0.025098	25	0.047448	5	0.015379	31	0.018752	26
尤溪县	0.019286	30	0.025206	24	0.025086	32	0.006504	54	0.017813	35
华安县	0.016495	31	0.021941	35	0.051744	2	0.011155	46	0.024664	7
连城县	0.016329	32	0.026033	22	0.043329	8	0.034964	14	0.018655	29
邵武市	0.013816	33	0.029035	9	0.043584	6	0.038944	12	0.025786	5
建瓯市	0.011512	34	0.027238	12	0.022572	44	0.009908	49	0.019828	19
平和县	0.010927	35	0.030137	8	0.04904	4	0.011006	47	0.021418	13

续表

县级区域	创新发展		协调发展		绿色发展		开放发展		共享发展	
	得分	排名	得分	排名	得分	排名	得分	排名	得分	排名
清流县	0.01092	36	0.026059	21	0.034974	13	0.01256	39	0.019376	22
浦城县	0.010747	37	0.021619	36	0.023268	41	0.012231	41	0.01953	20
平潭县	0.010642	38	0.012523	53	0.03172	19	0.13872	5	0.017663	38
宁化县	0.009646	39	0.027838	11	0.027753	28	0.014438	34	0.015977	48
霞浦县	0.009608	40	0.026883	15	0.023407	39	0.017362	28	0.014488	50
东山县	0.009311	41	0.030464	6	0.023879	38	0.024432	16	0.018648	30
永泰县	0.009274	42	0.019118	42	0.024296	36	0.019694	23	0.026739	2
明溪县	0.009192	43	0.026267	17	0.035814	12	0.018978	25	0.017053	42
武夷山市	0.008312	44	0.026735	16	0.032085	17	0.023322	18	0.019454	21
建宁县	0.00754	45	0.030384	7	0.024589	35	0.011856	43	0.021005	16
松溪县	0.007034	46	0.01252	54	0.034852	14	0.005095	55	0.017027	43
顺昌县	0.006922	47	0.027103	13	0.027166	29	0.009245	51	0.021998	12
政和县	0.0065	48	0.014035	51	0.028234	27	0.007102	52	0.018421	32
光泽县	0.00647	49	0.01826	45	0.036357	11	0.012663	38	0.016798	45
泰宁县	0.005763	50	0.022068	34	0.031794	18	0.019195	24	0.026445	4
古田县	0.004975	51	0.030843	5	0.02274	43	0.012378	40	0.022794	9
寿宁县	0.003444	52	0.034056	3	0.019181	46	0.014443	33	0.020224	18
屏南县	0.003307	53	0.026152	20	0.029467	25	0.013835	36	0.023243	8
柘荣县	0.002508	54	0.032007	4	0.030093	21	0.009951	48	0.018714	28
周宁县	0.000319	55	0.037295	2	0.032658	16	0.01322	37	0.022734	10

第四节　变量、模型和数据来源

一、指标选取

（一）被解释变量

全要素生产率（TFP）：由于全要素生产率反映了集约型增长的经济增长方

式，即强调提高经济质量和效益的高质量发展方式，因此选用全要素生产率作为衡量福建省县域经济高质量发展水平的指标。

本章以福建省 55 个县域地区为样本进行研究，采用 Super – SBM 模型评价各个县域的全要素生产率。使用 DEAslover 软件来计算全要素生产率。数据包络分析方法（DEA）是一种利用多投入、多产出数据对决策单元进行有效性评价的非参数效率分析方法，但传统 DEA 模型具有无法对多个决策单元进行进一步评价的缺陷。彼得森（Petersen）等学者提出了在传统 DEA 模型的基础上经过改进的超效率的 SBM 模型。为了解决变量松弛性以及选择径向与角度带来的测量误差问题，托恩（Tone）在此前研究的基础上提出超效率 SBM 模型来规避这一问题。本章采用基于产出导向的 Super – SBM 模型，其数学表达式如下：

$$\rho = \min \frac{1 + \frac{1}{n}\sum_{i=1}^{n} \frac{s_i^-}{x_{ik}}}{1 - \frac{1}{q}\sum_{r=1}^{q} \frac{s_r^+}{y_{rk}}}$$

$$s.t. \begin{cases} \sum_{j=1, j \neq k}^{m} x_{rj}\lambda_j - s_i^- x_{ik} \\ \sum_{j=1, j \neq k}^{m} y_{rj}\lambda_j + s_i^+ \leqslant y_{ik} \\ \lambda, s_i^-, s_i^+ \geqslant 0 \end{cases} \quad (4.6)$$

$$i = 1, 2, \cdots, n; \ r = 1, 2, \cdots, q; \ j = 1, 2, \cdots, m \ (j \neq k)$$

其中，ρ 表示需计算的全要素生产率，n 与 q 分别表示投入与产出指标的总数。x_{ik} 表示第 k 个决策单元的第 i 项投入，参考谢雅璐[①]的研究方法，用于计算全要素生产率的投入指标包括资本与劳动，分别采用 2018 年福建省各个县域的固定资产投资额和从业人数，由于数据缺失以及第三产业就业人数是动态数据，从业人数用第二产业从业人数代替。y_{rk} 表示第 k 个决策单元的第 r 项产出，产出指标选取 2018 年福建省各个县域的地区生产总值。s_i^- 与 s_i^+ 分别表示投入与产出的松弛变量，λ 表示权重向量。

（二）核心解释变量

综合创新指数（CII）：本章采用福建省县域的综合创新指数得分来衡量其创

---

① 谢雅璐. 经济增长目标转换与全要素生产率提升——基于福建省 GDP 考核的实证 [J]. 统计与决策，2022，38（13）：113 – 116.

新驱动水平。数据源于《国家治理》周刊在 2020 年发布的对福建省 83 个县市区综合创新发展能力的测评报告。① 该报告在已有研究的基础上对福建省 9 个地市的 83 个县市区的综合创新发展能力进行评估，并通过指数直观展现了福建省县域 2018 年创新驱动经济高质量发展的量化反映。

（三）控制变量

为了更好地研究创新驱动与福建省县域经济高质量发展的关系，参考王慧艳等（2019）、于斌斌（2015）等的研究，本章共选取了科学技术支出占比、产业结构、政府干预程度、人均 GDP 四个指标作为控制变量。

（1）科学技术支出占比（X1）：指政府及其相关部门支持科技活动而投入在科学技术方面的支出占政府财政支出的比重。财政中科学技术支出促进开展技术创新与研发活动，有利于县域全要素生产率的提升。

（2）产业结构（X2）：采用各个县域地区第三产业和第二产业 GDP 比值来反映。产业结构可以在一定程度上反映出当地经济发展结构是否合理。

（3）政府干预程度（X3）：使用各县域当年的一般公共预算支出表示。一般公共预算支出指当地政府财政支出中与民生有关的部分，表明地方政府在取得财政收入后投入于地方民生建设的程度。政府提高一般公共预算支出可以在社会上提供各类私人不愿意生产或难以生产的公共物品，由此来弥补市场失灵所导致的资源配置作用的缺失，从而促进全要素生产率的提升。②

（4）人均 GDP（X4）：人均 GDP 是关系县域地区经济各个领域稳健运行，衡量其经济发展水平的重要指标。人均 GDP 构成了当地居民人均收入和生活水平的物质基础，与各县域在社会保障、社会治安、医疗卫生、教育、文化等民生社会事业具有内在联系，更能够反映真实的经济发展水平。

二、模型构建

为检验创新驱动福建省县域经济高质量发展的效应机制，本章首先构建创新驱动经济高质量增长的基准模型。

---

① 刘哲，冯一帆. 对福建省 83 个县市区综合创新发展能力的测评报告［J］. 国家治理，2021（17）：12.

② 董浩然. 一般公共预算支出对全要素生产率影响的研究——基于我国省际面板数据的分析［D］. 西北师范大学，2018.

$$\ln(TFP_i) = \alpha + \beta CII_i + \sum_{j=1}^{m} \gamma_j X_j + \varepsilon_i \qquad (4.7)$$

式中，i 表示某一县域单元，TFP_i 为第 i 个县域的经济高质量发展水平，即全要素生产率，CII_i 为综合创新指数，X_j（j = 1，2，…，m）为一系列控制变量。取 TFP_i 的对数值来消除截面数据的异方差性。使用方差膨胀因子检验方法对回归模型进行检验，VIF 值均小于 2.11，可排除多重共线性问题。

为探究人均 GDP 门槛条件下创新驱动对福建省县域经济高质量发展的影响，选取人均 GDP 为门槛变量建立门槛回归模型。

$$\ln(TFP_i) = \mu_0 + \mu_1 CII_{it} \times I(X4_{it} \leq \gamma) + \mu_2 CII_{it} \times I(X4_{it} > \gamma) + \delta X_{it} + \varepsilon_{it}$$
$$(4.8)$$

式中，I(·) 是门槛指示性函数，按门槛值进行分段；X4 为人均 GDP 门槛变量；γ 为门槛值；μ 为待估系数；X 为控制变量集；ε 为随机扰动项。

三、数据来源

本章选取全要素生产率（TFP）作为被解释变量，综合创新指数（CII）为核心解释变量。采用的控制变量有科学技术支出占比（X1）、产业结构（X2）、政府干预程度（X3）、人均 GDP（X4）。本章最后选取福建省 55 个县域为样本进行实证研究。各县域的综合创新指数源于《国家治理》周刊 2020 年发布的基于《2018 年福建经济普查年鉴》，对福建省 83 个县市区综合创新发展能力的测评报告，其他数据均来自 2019 年《福建统计年鉴》与 2018 年各个县、市统计局公开数据。各变量处理后的描述性统计分析如表 4 - 7 所示。

表 4 - 7 指标描述统计

变量	单位	均值	标准差	最小值	最大值
lnTFP	%	- 0.233	0.317	- 0.9	0.704
CII	—	45.62	5.979	36.96	68.39
X1	%	0.0163	0.018	0.00204	0.0986
X2	%	0.867	0.304	0.39	2.06
X3	亿元	1451	693.8	426.8	3 534
X4	万元	7.594	2.332	4.099	12.6

资料来源：福建省统计局，国家统计局福建调查总队编.福建统计年鉴（2019）［M］.中国统计出版社，2019；根据各县、市统计局公开数据整理。

第五节 实证结果分析

一、创新驱动福建省县域经济高质量发展的综合效益分析

本章运用 OLS 多元线性回归模型进行回归拟合，表 4 - 8 的结果解释了创新驱动水平对福建省县域经济高质量发展的影响效应。首先，从模型（4.1）的简单模型框架中可初步看出，创新驱动水平与福建省县域经济高质量发展具有较明显的正向关系，创新驱动水平每增加 1 个单位，全要素生产率将上升 0.016 个百分点。其次，采用逐步回归的方式，模型（4.2）、（4.3）、（4.4）、（4.5）在模型（4.1）的基础上引入控制变量 X1、X2、X3、X4 后，创新驱动水平对福建省县域经济高质量发展的影响仍是显著的正向关系，进一步验证了创新驱动对福建省县域经济高质量发展存在一定积极作用。具体来看，在引入的控制变量中，科学技术支出与福建省县域经济高质量发展呈显著负相关关系，说明福建省部分县域存在财政科学技术支出的经济效果不尽如人意，政府财政科学技术支出的投入出现不合理的状况。究其原因，从原始数据中可以得知，福建省各个县域的财政科学技术支出规模比较小，占比均值为 1.63%，并且可能存在科技成果向社会现实生产力的转化能力不强导致科学技术产出不足，从而影响经济效率提升的问题。人均 GDP 与福建省县域经济高质量发展呈显著正相关关系，意味着居民收入水平提高能够扩大消费需求，推进社会事业长足发展，使得社会经济运行效率得到改善，对县域经济高质量提升具有积极的推动效应。而产业结构与政府干预程度对福建省县域经济高质量发展影响不显著。

表 4 - 8   回归分析

变量	lnTFP	lnTFP	lnTFP	lnTFP	lnTFP
x	0.017 ** -2.418	0.022 *** -3.09	0.022 *** -2.76	0.020 ** -2.339	0.016 ** -2.016
x1		-5.300 ** (-2.275)	-5.282 ** (-2.097)	-4.978 * (-1.932)	-6.294 ** (-2.514)

续表

变量	lnTFP	lnTFP	lnTFP	lnTFP	lnTFP
x2			−0.003 （−0.019）	0.04 −0.244	0.18 −1.08
x3				−0.479 （−0.645）	0.411 −0.521
x4					0.060 ** −2.527
常数项	−0.996 *** （−3.130）	−1.134 *** （−3.629）	−1.129 *** （−2.729）	−1.014 ** （−2.242）	−1.549 *** （−3.234）
R^2	0.099	0.181	0.181	0.188	0.281

注：*** 、** 、* 表示在1%、5%、10%的显著性水平下显著，括号内表示 T 值。

二、创新驱动福建省县域经济高质量发展的门槛效应分析

将人均 GDP 作为门槛变量验证创新驱动发展水平对福建省县域经济高质量发展的门槛效益。借鉴 Hansen 的门槛模型研究，对门槛显著性进行检验，检验结果如表4-9 和图4-1 所示。单一门槛的 F 统计量和 P 值均通过5%的临界值，而双重门槛三重门槛结果不显著。以上结果表明创新驱动发展水平对福建省县域经济高质量发展存在人均 GDP 的门槛效益，且表现为单一门槛效应，门槛值为8.41，门槛显著性通过，可进行后续研究。

表4-9　　　　　　　　　　门槛显著性检验与门槛值估计

核心解释变量	门槛变量	模型	F 值	P 值	1%	5%	10%	门槛值
CII	X6	单一门槛	5.707 **	0.03	7.232	4.791	3.392	8.41
		双重门槛	0.84	0.333	7.69	4.096	2.957	10.573
		三重门槛	2.177	0.24	10.066	5.012	3.632	7.084

注：** 表示在5%的显著性水平下显著。

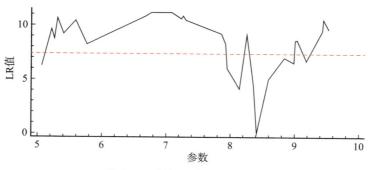

图 4 - 1 创新驱动似然比函数

如表 4 - 10 所示，从核心解释变量来看，门槛回归估计结果表明创新驱动发展水平对福建省县域经济高质量发展的影响效果显著为正。当人均 GDP 不高于 8.41 时，创新驱动发展水平每提高 1 个单位，福建省县域经济高质量发展平均提高 0.017 个单位；当人均 GDP 等于或高于 8.41 时，创新驱动福建省县域经济高质量发展的正向效应更为显著，影响系数达 0.023，即一个单位创新驱动水平的提高可以使得福建省县域经济高质量发展平均提高 0.023 个单位。上述结论表明，随着人均 GDP 的提高，创新驱动水平对福建省县域经济高质量发展的影响呈现出边际递增的特征。因此，人均 GDP 越高，越能刺激市场消费需求的变更，从而加速产业结构的转型与创新，更强的创新驱动力推动福建省县域经济高质量发展达到新高度。

表 4 - 10　　　　　　　　　门槛模型估计结果——核心解释变量

核心解释变量	门槛估计值	估计系数	95% 置信区间
CII	X6 < 8.41	0.017 *** (0.01)	[5.067, 9.183]
	X6 ≥ 8.41	0.023 *** (0.01)	

注： *** 表示在 1% 的显著性水平下显著，括号内表示 T 值。

从控制变量来看，基本与前文结论一致，但显著程度与影响系数存在略微差异，不同的是，人均 GDP 的显著性降低，可能是因为与门槛模型设定有关。

表 4 - 11 门槛模型估计结果——控制变量

变量	lne
x1	− 5.687 ** − 2.409
x3	0.174 − 0.158
x5	0.467 − 0.761
x6	0.028 − 0.052
x_1	0.017 *** − 0.01
x_2	0.023 *** − 0.01
x_3	0.032 *** − 0.009
x_4	0.037 *** − 0.008
Constant	− 1.947 *** − 0.657
R − squared	0.527

注：*** 、** 表示在1% 、5%的显著性水平下显著。

通过表 4 - 12 可以得知福建省 55 个县域地区通过人均 GDP 门槛的情况。2018 年福建省通过人均 GDP 门槛的县域有长泰县等 21 个。如表 4 - 12 所示，表明福建省约有 $\frac{1}{3}$ 的县域地区在经济发展水平相对更高的情况下，出现创新驱动水平对经济高质量发展促进作用的进一步跃升。

表 4 - 12　　　　　　　　　　　门槛通过情况

门槛区间	估计参数 CII	地区
X6 < 8.41	0.017 ***	闽侯县、德化县、连城县、福安市、连江县、明溪县、武夷山市、武平县、永泰县、光泽县、南安市、大田县、尤溪县、福鼎市、顺昌县、建瓯市、长汀县、安溪县、平潭县、云霄县、柘荣县、浦城县、漳浦县、宁化县、古田县、霞浦县、松溪县、屏南县、仙游县、诏安县、平和县、周宁县、政和县、寿宁县
X6 ≥ 8.41	0.023 ***	长泰县、石狮市、永安市、罗源县、沙县、惠安县、晋江市、漳平市、东山县、龙海市、上杭县、闽清县、邵武市、泰宁县、将乐县、南靖县、永春县、建宁县、华安县、清流县、福清市

注：*** 表示在 1% 的显著性水平下显著。

三、稳健性检验

线性截面回归稳健性检验：采用两种方法对线性截面回归进行稳健性检验。增加控制变量进行 OLS 估计，如表 4 - 13 所示，更换模型为 Tobit 模型，如表 4 - 14 所示。估计结果与上述实证结果有较好的一致性，仅显著程度和影响系数存在略微差异，故线性回归结果较为稳健。

表 4 - 13　　　　　　　稳健性检验——增加控制变量

变量	lnTFP
x	0.018 ** −0.008
x1	−4.246 −2.601
x3	0.274 −0.167
x5	−0.18 −0.824
x6	0.059 ** −0.023

续表

变量	lnTFP
x7	0.019 −0.018
x2	−0.005 −0.003
Constant	−1.591 *** −0.471
R − squared	0.349

注：***、** 表示在 10% 、5% 的显著性水平下显著。

表 4 − 14　　　　　　　　　　稳健性检验——更换模型

变量	lnTFP	/
x	0.016 ** −0.008	
x1	−6.294 ** −2.363	
x3	0.18 −0.157	
x5	0.411 −0.745	
x6	0.060 ** −0.023	
var(e. lne)		0.071 *** −0.014
Constant	−1.549 *** −0.452	

注：***、** 表示在 1% 、5% 的显著性水平下显著。

门槛截面回归稳健性检验：参考胡凯川等①的研究，逐步加入控制变量，观

---

① 刘耀彬，胡凯川，喻群. 金融深化对绿色发展的门槛效应分析 [J]. 中国人口·资源与环境，2017，27（9）：205 −211.

察门槛值的变化与控制变量对人均 GDP 门槛值的影响。控制变量的变化对人均 GDP 门槛值影响小，未发生变化，均存在显著的门槛效益。因此，模型具有较好的稳健性，实证结果较为可靠（见表 4 – 15）。

表 4 – 15　　　　　　　　　人均 GDP 门槛稳健性检验

控制变量	门槛值	F 值	P 值
仅考虑 X	8.41	13.561 ***	0
加入 X1	8.41	12.113 ***	0
加入 X2	8.41	14.019 ***	0
加入 X3	8.41	13.606 ***	0
加入 X4	8.41	5.707 **	0.027

注：***，** 表示在 1%，5% 的显著性水平下显著。

第六节　结论与启示

本章以福建省 55 个县域地区 2018 年的截面数据为样本，对创新驱动福建省县域经济高质量发展的效应及机理进行了实证研究。研究发现，福建省县域的创新驱动水平对经济高质量发展具有明显的正向积极影响，并且在控制变量估计、改变模型等稳健性检验下仍然存在。在控制变量中，福建省县域地方政府的财政支出结构存在不合理的情况，科学技术支出的相对规模较小，同时还存在着分散使用、多头管理、监督低效的问题，约束了对科技资源的合理配置，一定程度上阻碍了经济的高质量发展。[①] 而人均 GDP 的提升对福建省县域经济高质量发展发挥正向促进作用。与此同时，研究发现创新驱动水平对福建省县域经济高质量发展存在边际效应递增的门槛效益。当人均 GDP 越过 8.14 的门槛值时，创新驱动发展水平对福建省县域经济高质量发展影响程度更大。

实证研究结论在创新驱动福建省县域经济高质量发展方面具有启示意义：

（1）调整财政科学技术支出结构，助力经济高质量发展。福建省县域科学技术支出的经济效果不佳，需要从财政科学技术支出规模、财政科学技术支出结构、财政科学技术支出管理三方面进行改善与调整。财政科学技术支出方面，通

---

① 张伟霖. 福建省财政科技支出对经济增长的影响研究 [D]. 福州大学，2016.

过提高财政科学技术支出投入强度，建立健全财政科学技术支出稳定增长机制来解决福建省县域财政科学技术支出相对规模较小、增长不平稳的问题。财政科学技术支出结构方面，对于尚存的福建省县域地区财政支出结构失衡的问题，应有针对性地对经济欠发达县域地区的科学技术支出投入有所倾斜，并加强各个县域间科技活动的交流与合作，提高其科技成果向社会现实生产力转换的能力，促进经济协调发展。财政科学技术支出管理方面，需建立健全财政科学技术支出管理的协调机制来克服多头管理、分散使用等带来的宏观调控乏力的问题。

（2）激发消费需求，释放创新驱动经济发展潜力。创新驱动经济高质量发展受到社会经济发展水平的制约。经济社会发展水平越高，创新驱动水平的提升对经济社会发展的驱动作用的影响程度越大。为保障经济稳增长，福建省县域地方政府应重点出台相关政策，如发放消费券、推行补贴政策等来刺激消费，牢牢抓住消费这一拉动内需、促进经济发展的重要引擎。

（3）加快福建省县域综合创新发展进程，实现经济增长动能转变。一方面，县域的发展离不开创新驱动的支持，高水平的创新驱动水平将显著提高各县域的生产效率，从而推动县域经济高质量发展。另一方面，要重视创新驱动水平在各个不同县域的发展差异，对其进行有针对性的政策扶持，以更好地提高县域经济发展水平，从而促进福建省经济高质量发展。新发展阶段，应始终坚持创新在现代化建设、全面推动经济高质量发展中的核心地位。持续走深走实"数字福建"战略，需要各县域结合自身区域、定位、发展目标，加快创新平台建设，推动传统产业转型升级，赋能经济高质量发展。

第五章

创新驱动福建省县域经济高质量
发展模式支撑

县域经济是以县城为中心、乡镇为纽带、广大农村为腹地的区域经济，是承接省市产业与政策的外溢效应，辐射带动城镇经济与农村经济一体化发展的重要枢纽。县级城市作为省市级城市和乡镇地区的空间联结点，起着承上启下、支援城市和服务农村经济发展的作用。特殊区位和特殊的功能定位决定了县域经济在我国转变经济发展方式、转换增长动力和优化升级经济结构攻坚期的特殊地位。改革开放以来，福建省县域经济取得了较大的发展，支撑福建省 GDP 总量跻身全国十强，形成了以晋江模式为标杆、宁德山海协作为新时代典范的全面协调城乡经济、社会与生态可持续发展的县域经济发展模式。

第一节　创新驱动福建省县域经济发展典型模式

县域经济发展模式是县区依据自身资源禀赋条件、政府资源配置能力及外在的发展环境，以因地制宜、城乡融合、可持续发展为原则，在一定时期选择与其发展目的相契合的经济发展战略，以及经济发展过程中所形成的具有特色的县域经济结构和县域经济运行模式。然而，发展模式不是一成不变的，而是随着市场大环境的变化而不断调整。随着我国经济发展进入新常态，传统的以要素驱动的县域经济发展模式已遭遇周期性"瓶颈"，亟须匹配新发展理念，进一步打造"创新创业"驱动县域经济可持续发展的升级版模式，支持实体经济增长动能的顺利切换。在以创新引领发展的新时代，支撑福建县域经济高质量发展的典型模式，主要有以下两种：

一、以市场为导向，创造性继承和发展的"晋江模式"

自改革开放以来，晋江市的经济发展一直处于高速增长的态势，经济综合竞争力不断增强，县域综合实力在全国排名中持续晋位升级，2001 年跻身进入全国县域经济十强后，历年稳居前十，成为全国县域经济发展的典范。晋江市之所以能够保持快速、健康发展，除了得益于改革开放的时代环境所赋予的良好发展机遇外，更在于弘扬"爱拼才会赢，敢为天下先"的闽商精神，驱动晋江市人民结合独特的地域资源禀赋，探索出一条"以市场经济为主、外向型经济为主、股份合作制为主，多种经济成分共同发展"①的经济发展道路，成为全国县域发展的学习借鉴对象——晋江经验。不断传承、创新和发展的晋江模式辐射带动了泉州直至全省其他县域因地制宜协同发展。

（一）以创新为民营经济持续发展的内生动力，聚焦主业、坚守实业

2022 年是"晋江经验"提出 20 周年。纵观 20 年来，晋江市经济常年稳居全国县域经济十强，关键在于以开拓创新作为民营经济持续发展的内生动力。从市场需求中发现商机开始实业，到供给侧结构性改革，再到高质量发展阶段，晋江市始终聚焦主业，坚守实业，以改革创新思路破除每一阶段转换所产生的障碍，不断提升发展韧性。

当今时代，数据已成为第五生产要素，数字经济是经济增长的新引擎。晋江市积极引导企业发力"产业 + 科技 + 资本"融合创新，通过构建"一廊两区多平台"全域科创版图，激发科技创新与主导产业间的双向赋能，探索传统产业高新化发展战略。通过打造创新驱动产业发展、产业反哺创新活动的互促生态圈，充分挖掘产业链的数字化需求，鼓励企业加大科技创新投入的同时，引进中国科学院大学福建学院智能制造学院、福州大学晋江科教园等公共科技创新平台，集成全球创新资源，精准部署创新链，发挥创新链对产业链的强链、补链、延链作用，推进主导产业数字化转型，实现产业从品牌规模优势向技术优势转变。

另外，晋江市注重改革发展的系统性、集成性和协同性。不仅从数字化工厂、5G 智能化生产、集成电路"芯"产业等布局发展高端先进制造业和装备制

---

① 尹力. 弘扬"晋江经验" 促进民营经济高质量发展［N］. 人民日报，2022 - 08 - 19（11），https：//baijiahao. baidu. com/s?id = 1741554693384083720&wfr = spider&for = pc.

造业，加快实现科技创新驱动鞋服、纺织、建材等传统主导产业高质量发展，还重视"智能+""芯片+""石墨烯+"与传统产业的融合，激活新兴产业。如积极推进集成电路、石墨烯、新能源等新兴产业集群化发展、现代服务业专业化升级和未来产业多元化培育，实现多产业协同发展。

（二）服务型政府与市场经济的良性互动，全力创优营商环境

亲清政商关系是晋江民营经济健康高速发展的助推器。改革开放初期，面对企业家的畏难情绪，晋江党委、政府清醒地提出"三个有利于"[①]的标准来保住乡镇企业家的创业激情；面对日益激烈的市场竞争，晋江党委、政府及时引导企业转变经营方式，鼓励改革创新，提出"质量立市""品牌强市"，建立现代化企业制度，推行股份合作制。在我国经济增速换挡期，晋江党委、政府结合新发展理念，坚持科技赋能，从产业之城向数字之城迈进，实施以产聚人兴城、以城留人促产，推动"产城人"融合发展的战略。可见，在晋江市经济发展的不同阶段、关键节点，晋江党委和政府因时制宜地调整政策，打破市场主体发展"瓶颈"；因势利导，引导企业以实业为根本、深耕市场、不断打磨发展韧性，服务型政府与市场经济的互动功能明显，起到了"引路人"和"推车手"的作用。

良好的政企互动关系有利于营商环境的优化提升。晋江党委、政府明确营商环境就是生产力和竞争力，创新驱动经济发展的今天，更需要一个自由、开放的营商环境。晋江政府通过持续深化"放管服"改革，由企业出题、政府答题的方式，推进县域集成改革，完善体制机制，构建优良营商环境护航高质量发展。2021年4月，在国家发改委发布的《市场准入效能评估报告（福建版）》中，晋江市以86.33的总体指数位居全省4个国家市场准入效能评估试点地区首位[②]，审批效能度指数、壁垒破除度指数和准入保障度指数三个分项指标均位列第一，城市投资潜力、营商环境跃居全国县域第二。

综上所述，县域经济发展模式具有动态性。如果发展模式不随市场的变化而适时调整，那就没有晋江市经济的高质量发展。在以"转型发展、提质增效"为主旋律的"十三五"期间，我国经济面临的外部不确定性增加，对外

---

① "三个有利于"是1992年初由邓小平在视察南方发表南方谈话时提出，具体指：有利于发展社会主义社会的生产力、有利于增强社会主义国家的综合国力、有利于提高人民的生活水平。

② 《市场准入效能评估报告（福建版）》发布 晋江总体指数居全省试点地区首位［EB/OL］. 晋江新闻网，2021-04-28，http：//news.ijjnews.com/system/2021/04/28/030059251.shtml.

部依存度较高的晋江市经济能够取得"县域经济基本竞争力首次进入全国四强"的好成绩①，关键在于晋江市政府以市场为导向不断调整晋江模式，持续传承弘扬和创新发展"晋江经验"，赋予"晋江经验"新的时代内涵。因势利导企业扎根实业，注重品牌创建，鼓励支持企业转变发展动能，从要素驱动转向创新驱动，同时经济增长从规模速度型粗放增长转型为质量效率型集约增长，继续发挥"晋江经验"在晋江、泉州、福建乃至全国县域经济发展道路上的引领和带动作用。

（三）发挥"产城人"② 共同发展的规模效应和扩散效应，实现区域协调发展

晋江市以打造共同富裕县域范例为目标，主动融入闽西南协同发展区建设、泉州环湾发展大局，以国际化标准完善城市环境，生态共治，推进"农村—乡镇—县城"的共同发展。晋江市不断完善城市基础设施建设，在提升城市品质及承载力、辐射带动能力的同时，坚持"城市反哺农村，农村护航城市发展"理念，加大资源要素倾斜美丽乡村建设，打造生态空间和谐共融、生活空间宜居适度、生产空间集约高效的晋江城，实现城镇化建设与乡村振兴双轮驱动区域协调发展。

随着新型城镇化建设的推进，晋江市利用闲置的城市空间加快布局一批现代服务业和战略性新兴产业，优化产业结构，提升产业多元化发展能力。以产聚人的"筑巢引凤"效应日益凸显。晋江作为福建省唯一一个人口超过 200 万的县（市），如何实现人口红利的释放也是"晋江经验"中的重要环节。首先，外来人口的市民化措施。注重以人为本，落实户籍改革政策，坚持"同城同待遇、保障全覆盖、待遇均等化"理念，促进外来人口与本地居民的融合发展。其次，推进基本公共服务常住人口全覆盖，2021 年财政民生支出占比达 77.6%③，构建完善的就业、教育、医疗、住房、安全、环境和社会保障 7 个民生体系，不断吸引集聚优秀人才资源助力城市经济发展，变"人口红利"为"人才红利"。最后，以晋江市为核心，辐射实现周边县域跨越发展。如南安的石材、水暖；石狮的服

---

① 晋江市县域经济基本竞争力全国第四［EB/OL］. 晋江新闻网，2021 - 12 - 08，http：//news. ijjnews. com/system/2021/12/08/030080258. shtml.

② 产城人分别指产业、城市、人才。产城人融合发展是指"以产聚人兴城、以城留人促产，推动产城人融合发展"。

③ 晋江市 2021 年政府工作报告［EB/OL］. 晋江市人民政府网站，2022 - 01 - 17，http：//www. jinjiang. gov. cn/xxgk/ghjh/zfgzbg/202201/t20220117_2685239. htm.

装；惠安的石雕石材、食品饮料等，一定程度上都在晋江模式的带动下形成了强大的产业集群，助推泉州九大特色产业发展，支撑泉州县域整体经济的竞争力，缓解泉州县域间发展不平衡、不充分的问题。

二、紧抓时代机遇，创造山海协作典范的"宁德模式"

相对于久经考验的晋江模式而言，"宁德模式"是后起之秀。2021 年宁德全市生产总值首次突破 3 000 亿元，经济总量由福建省第八位跃升至第五位。按可比价格计算，2021 年宁德 GDP 同比增长 13.3%，增幅连续三年位居全省首位，人均 GDP 首次突破 10 万元①，成为福建省高质量发展的重要增长极。宁德"突飞猛进"的这三年，正是我国经济转型调整的关键三年，也是福建践行新发展理念、推进高质量发展的前三年。宁德的"成功"得益于积极融入闽东北经济协同发展区建设，吸纳福州大都市圈的辐射，因地制宜走出"主导产业与特色产业并重""城乡结合、山海交响"的发展道路。

（一）吸纳福州都市圈的辐射，做深做实山海协作

福建省的地理位置显示出"东西短、南北长"的特征，福州位于中部偏北的区域，宁德位于福州的北部。可见，宁德与福州大都市圈距离很近，占据地理优势。《福州都市圈发展规划》提出，构建以福州主城区—滨海新城、福清、平潭作为都市圈主中心，莆田、宁德、南平三市中心城区作为都市圈次级中心的"一核三中心"空间结构②。再依托 20 年来的福州—宁德山海协作实践，两地交通、能源、信息等重大设施的规划建设持续推进，新能源汽车产业、海洋经济、文旅产业及数字经济合作的有序开展，使宁德有更好的条件吸纳承接福州省会城市政策、资源要素及经济的外溢效应，推动了中心城市与小城镇之间的协调发展。

另外，依托福州都市圈建设，带动县区经济发展，做深做实新时代山海协作，为闽东北协同发展做贡献。以推动福州与周边城市协调联动、提升都市圈整体发展水平为方向，福州都市圈建设的空间布局涵盖了宁德市蕉城区、福安市、霞浦县、古田县等县区，而全面融入福州都市圈建设是宁德"十四五"规划的重

① 2021 年宁德市主要统计数据情况［EB/OL］. 宁德市统计局，2022－01－25，https：//tjj. ningde. gov. cn/xxgk/gzdt/gzdt_11690/tjyw/202201/t20220125_1586923. htm.

② 福州都市圈向我们走来［EB/OL］. 福州市人民政府网站，2021－11－29，http：//www. fuzhou. gov. cn/gzdt/rcyw/202111/t20211129_4255560. htm.

点内容。通过都市圈建设中的基础设施一体化、产业与创新协作、生态环境共保共治、公共服务共建共享和联合招商利益共享 5 大专项行动，宁德基础设施将得以提升完善，合作距离不断拉近，与主城区的互动更为频繁，开放水平更高。同时发挥福州与宁德相邻的区位优势，以新能源及汽车配件相关产业为突破口，加快导入汽车产业链条，建设闽东北协同发展区汽配产业园，实现汽车产业、新能源产业跨区域联动发展，促进宁德形成更大产业集群，提升产业竞争力。再者，发挥宁德霞浦海洋优势，深化深海养殖规模化发展，不断壮大海洋经济。最后，通过教育结对帮扶、医疗帮扶机制及生态协同保护制度，福州优质的教育、医疗、生态保护和治理经验等公共服务资源得以共享至宁德，增进协同发展的民生福祉，提升人民的幸福感。

（二）突出实体经济，龙头企业带动产业集群促发展

龙头企业引领实体经济发展。2011 年宁德市迎来了第一个"金娃娃"——宁德时代。正是宁德时代的落户，乘着全球新能源产业发展的东风，宁德迈入了高质量发展"快车道"。2010～2020 年这十年中，宁德市的资金增速加快，是全省"飞奔"最快的城市。而支撑宁德经济发展迈向"快车道"的，正是以宁德时代为龙头持续壮大的产业集群。一直以来，宁德把实体经济作为强市之本、发展之基；突出主导产业贡献，不断优化产业结构。现已形成以宁德时代新能源科技股份有限公司、上海汽车集团股份有限公司、青柘集团有限公司、中铜东南铜业有限公司等为"领头羊"，培育形成了锂电新能源、不锈钢新材料两个年产值达千亿元级别的产业集群，以及新能源汽车、铜材料等两个具有国际竞争力的主导产业集群，以此为中心延伸辐射上下游产业链企业 200 多家集聚落地，涵盖产业链的各个环节，形成了龙头支撑有力、产业链有机衔接的良好产业生态，集群效应明显。同时注重以改革创新为动力不断优化产业生态圈，吸引各企业的研发中心落地宁德，加快四大主导产业①的"裂变—扩张—融合"进程，进一步推动产业链迈向中高端，形成良性循环。而且在四大主导产业的强力拉动下，宁德市产业结构稳步转型，由"三一二"调整优化为"二三一"，战略性新兴产业发展迅猛，工业化水平不断提高，并成为经济增长的主导力量。工业化发展为现代服务业提挡升级注入动能，支撑第一产业与第二、第三产业的融合发展，产业结构呈现高质量发展的态势。

沿海带动内陆，实现山海共赢。长期以来，宁德山区县域的经济发展结构以

---

① 四大主导产业指的是锂电新能源、不锈钢新材料、新能源汽车、铜材料产业。

农业为主，增长动能不足。然而山区县域又拥有土地资源优势，能够解决城区工业发展所需的空间问题。因此，宁德突破现有空间布局，整合山区县域资源，优化沿海和山区资源配置，促进区域优势互补、山海同频发展，即着力推动主导产业重大项目在沿海布局产能的同时，引导产业链项目向山区延伸拓展，构建"千亿级别产业龙头在沿海，百亿规模产值产业项目在山区县"的空间布局。实现山区与城区共享人流、物流、资金流、信息流，带动山区县域特色产业发展，实现山海联动、协同并进，加速宁德全市迈向"万亿工业时代"的进程。

（三）因地制宜发展乡村特色产业，助力乡村振兴

宁德市继创造精准扶贫"宁德模式"后，继续前行，争取为全国乡村振兴提供"宁德样板"。乡村振兴，产业支撑是关键。宁德市立足区域资源禀赋优势和产业基础，因地施策，推出"一县一业""一村一品"的政策。找准主导产业是乡村振兴的根本。宁德市结合县域区位特点和传统农业的基础，提供财政政策和生产要素配置，通过科技特派员送技术下乡的举措，引导农民大力培植农业优势产业，形成了茶叶、水产、食用菌、水果、蔬菜、中药材、畜牧、林竹花卉八大特色农业，还有以农业为支撑发展体验经济，衍生出"农业+旅游"的乡村旅游产业，即"8+1"具闽东特色的产业。几乎实现"一县一业""一村一品"全覆盖的特色产业布局，为乡村振兴奠定了坚实的产业基础。

除此以外，以农业供给侧结构性改革为契机，宁德注重传统农业转型升级，不断优化特色产业链。如通过实施品种改良拓链、品质提升固链、品牌打造强链"三品"工程，建立现代农业生产体系，优化农业产业结构，促进农业特色产业提质增效。据统计，2021年全市农林牧渔业总产值645.6亿元，较2020年增长4.2%，"8+1"特色产业全产业链产值突破2000亿元。[①]

最后，注重产业融合，提升特色产业发展活力。产业融合能够延伸农业产业链，提升农业价值链，实现农村的可持续发展，推动乡村全面振兴。宁德不仅拥有丰富的农业资源，还拥有独特的畲族文化、红色文化等文旅资源。近几年宁德市结合特色资源，因村施策，积极鼓励各地延长农业产业链、挖掘乡村多元价值，拓宽农民增收链，加快培育"互联网+农业""文化体育+农业""康养+农业""旅游+农业"等新业态，建成了一些集养殖、观光、垂钓、休闲于一体的海洋牧场，打造众多富有宁德特色的旅游产业，助力乡村全面振兴，推进城乡一体化发展。

---

① 福建宁德：加快建设全国乡村振兴样板区［EB/OL］. 中国新闻网，2022-03-17，https：//baijiahao. baidu. com/s？id=1727511965113242035&wfr=spider&for=pc.

第二节　福建省县域经济高质量发展典型
模式共性特征及启示

近几年福建省提出的山海协作理念、闽东北闽西南协同发展区计划、"对口帮扶"计划等均旨在促进县域经济的发展,实现城乡统筹一体化,山海协同发展,最后走向共同富裕。区域经济增长是一个多因素作用的系统工程,不管是区位优势发展型向综合发展型跨越的晋江模式,还是产业主导型的宁德模式,发挥资源禀赋优势、处理好服务型政府与市场的关系、以市场为导向改革创新等是两种模式的共性特征。先富带动后富,中心城市辐射带动周边县域发展,是县域经济协同高质量发展的路径。深挖晋江模式和宁德模式的深层逻辑,有利于形成可复制推广的经验,供其他县域借鉴形成新发展思路,尤其是带动欠发达县域的发展。

一、共性特征

(一) 以市场为导向,适时调整发展模式

县域经济的外向型特征,决定了县域经济发展必须充分认识外部发展环境,认清县域经济在全省、全市范围内的定位,相机调整,利用良好的外部发展环境,准确定位县域经济发展思路。晋江模式之所以长盛不衰,关键就在于能够认清市场的动向,适时调整发展模式。最初的乡镇企业家发现短缺经济的红利,抓住卖方市场的机遇,大力发展商品贸易经济。而随着时代变迁,人们的物质生活越来越丰富,需求的个性化愈发明显,供给与需求的矛盾日益激烈,晋江顺势从"哑铃"式的"晋江制造",力促向"橄榄"型的"晋江智造"转型,即从追求供给数量向追求供给品质转变,提高有效供给,满足人们的个性化需求,进而保有市场份额,使晋江县域经济常年立于全国县域前十的地位。晋江的成功关键在于实体经济的坚守,核心在于全面发展,动力在于改革创新。

与不断传承创新发展的晋江模式相比,宁德模式的兴起则体现了对时代机遇的精准把握。随着我国经济从高速增长向高质量发展的转变,经济发展必须兼顾生态保护的理念深入人心,生态优势即经济发展优势的案例不断呈现。宁德正是抓住了时代转折点,瞄准绿色制造,发展新能源锂电产业。通过主导产业带动产

业集聚，最终形成了千亿产业集群。宁德市产业结构得到了优化，工业化水平不断提高，工业反哺农业能力得以提升。随着我国中等收入人群的壮大，人民美好生活的追求催生了各类特色产业的发展。宁德结合自身农业发展基础，承接工业化带来的人流、物流、资金流及信息流的共享机遇，大力发展特色产业，使产业与县域的关联度更高，提高了消费者对宁德品牌的认知。宁德的成功关键在于对时代机遇的把握，核心在于山海协作，动力在于创新创业。

（二）因地制宜，精准定位区域发展方向

选择与本地资源禀赋契合的产业，变潜在的资源优势为现实的经济优势，是县域经济高质量发展的根本路径。晋江市属于沿海县域，发展外向型经济的优势明显。且晋江市海外华侨的资源及成功案例的引领，使得晋江乡镇企业家一开始并未选择农业作为主导产业，而是依托海外资源及区位优势，大力发展"三来一补"① 贸易，以民营经济为主体发展外向型经济，逐渐发展成以第二产业为主的产业结构。工业化产生的规模效应和扩散效应，促使资源要素集聚化。其中人口聚集倒逼城镇化的推进；而新型城镇化建设推进了第一、第三产业的进一步发展。因此，三大产业的互促效应推动了晋江市经济的持续健康发展。

宁德市共有 8 个县（市），内陆县域居多。山海协作是宁德发展的主题。如何结合区位特点，践行"两山"理论，是宁德近几年山海协作实践的主要内容。多年来单纯依靠农林牧渔业，宁德经济发展仍然较慢，产业加速崛起是撬动宁德经济腾飞的"支点"。与福州毗邻的地域优势及闽东北协同发展区等政策优势的发挥，使宁德乘着绿色制造的东风，精准定位区域发展的主导产业，工业化水平提高，产业结构优化。工业化发展进一步推动交通、信息传播及数字化等基础设施的完善，特色产业发展的外向特征日益显现，形成工业反哺农业、工业支撑服务业的扩散效应。主导产业与特色产业并重，沿海县域带动内陆县域发展造就了宁德"山海协作"模式。

（三）处理好政府与市场的关系，发挥政府引导作用

资源禀赋是县域经济发展不可或缺的条件。资源配置的公平度与效率度则决定了资源驱动县域经济发展的有效度。市场和政府在资源配置环节起到了重要作用，市场配置资源，能够提高资源配置效率；政府则能够缓解市场配置资源中出

---

① "三来一补"即来料加工、来件装配、来样加工和补偿贸易。

现的"错配"现象，实现资源配置的公平，以推动区域的协同发展、共享发展。因此，处理好政府与市场的关系，发挥服务型政府的引导作用是县域经济实现高质量发展的关键因素之一。

晋江市之所以能够屡遇危机而不倒、活力长盛而不衰，不仅在于民营企业家精神的引领，还在于服务型政府在各个关口的组织和协调，增强了晋江市企业的发展韧劲。实业发端阶段，晋江市政府出台"三个有利于"政策；在晋江市发展盛期，面对出现的质量问题、诚信问题，政府不断规范市场秩序，提出"质量立市""品牌强市"战略；直至经济增速换挡阶段，政策支持企业坚守实业、深耕市场，走出创新驱动高质量发展之路。同时，面对晋江市工业化所产生的人口、环境等方面的影响，政府通过户改政策、新型城镇化建设等举措为企业解决了后顾之忧。

值得一提的是，2000 年，以时任福建省省长——习近平为组长的机关效能建设领导小组成立，在全国率先推进服务型政府建设，把效能建设作为"一把手"工程来抓。经过 20 多年的建设，晋江市通过多部门联动，一体推进行政审批制度改革、事中事后监管、隐性壁垒破除等各个重要环节，深化工作模式，服务型政府的功能愈发完善。据国家发改委发布的《市场准入效能评估报告 2021（福建版）》，晋江市以 86.33 的总体指数居全省首位，超越另外 3 个国家市场准入效能评估试点地区——长乐、福清、德化。不仅如此，晋江审批效能度指数（87.03）、壁垒破除度指数（75.00）、准入保障度指数（100.00）3 个分项指标均位列第一[①]，为市场准入主体提供良好的营商环境，为晋江市经济发展增添活力。

宁德于 2000 年 11 月撤地设市，是福建省最"年轻"的地级市。经过 20 余年来的发展，宁德市经济社会发展走出了晋位赶超的奋进足迹，离不开习近平总书记在宁德工作时的高瞻远瞩，也离不开历届市委、市政府传承弘扬"弱鸟先飞""滴水穿石"的闽东精神，坚持不懈、久久为功的建设思想。以项目带动产业发展，实施工业强县战略，注重产业协调发展，产业支撑作用日益凸显；持续加强交通、能源等基础设施建设，加快推进城乡一体化发展，改变昔日闽东为中国东南沿海"黄金断裂带"的现象，为经济腾飞打好基础；推进山海协作，发展特色产业，巩固脱贫攻坚成果的同时，助推乡村振兴。

---

① 《市场准入效能评估报告（福建版）》发布 晋江总体指数居全省试点地区首位［EB/OL］. 闽南网资讯，2021 – 04 – 28，https：//baijiahao. baidu. com/s？id = 1698244305396253005&wfr = spider&for = pc.

二、启示

（一）立足本地优势，以市场为导向发展县域特色化产业

观察晋江市与宁德市近几年的发展，可以看出两市的三次产业全面增长，且以工业领跑的现象明显。可见，作为技术创新承载体、辐射带动力最强的产业部门，工业是立县之本、兴县之器、强县之基、富县之源。因此，以市场为导向，结合自身区位特点，积极推动县域工业化、新型城镇化、农业产业化、产业生态化"四化"协同并进，是发展壮大县域经济、缩小城乡差距、实现共同富裕的有效路径。比如，对于已有工业基础的龙岩上杭县、三明永安县等，均可以龙头企业为引领，挖掘后工业社会的发展机遇，拓宽产业链，依托地方优势及政策扶持，发展产业集群。再者以第二产业为支点，集聚人流、物流、资金流，支撑发展文旅产业，推广龙岩红色旅游、三明生态旅游的县域品牌；同时以科技创新为支撑，探索现代农业的发展建设，提高产品附加值，创建县乡特色现代农业，承接第二、第三产业的集聚效应和扩散效应，进而实现三大产业的全面增长，提升县域整体经济实力。尤其是内陆边界县域大多分布于三省或两省、两市的交界，自然资源较为丰富，天然生态屏障和天然氧吧的生态优势明显，生态立县的根基深厚。

同时发挥山区矿产资源及农业资源丰富的优势，促进资源型产业的发展。积极融入闽东北、闽西南协同发展区建设，与省内县域间开展协作谋共同发展，由发达县域提供资金、人才和技术，支撑内陆县域完善基础设施，提升承载能力；与此同时，发挥政策效应振兴省际边界接壤县域经济，打破行政壁垒开展跨省域合作，承接临省县域产业转移，探索边界县域融合发展思路。

（二）以创新为驱动力，促进县域经济健康持续发展

综观永不过时的"晋江模式"和顺势而起的"宁德经验"，创新是发展的永恒动力。创新为晋江市经济的"稳中有进"提供了不竭动力，为宁德市经济的"晋位赶超"装上了引擎。

首先，创新发展机制，推进县域协调发展。福建省县域间发展不平衡、不充分的问题仍然较为突出，不利于经济社会行稳致远。创新发展机制，弱化传统行政区划所引发的壁垒是助力区域协调发展的重要抓手。县域协作以闽东北、闽西南协同发展区建设为契机，以福州和厦漳泉两大都市圈建设为引领，以新型城镇

化建设为引擎，实施新时代的山海协作，开展沿海县域与内陆县域间的对口帮扶计划，加速城乡创新资源、社会资源的流动共享，发挥基础设施建设的规模效应、空间配置效应，畅通供应链，拓宽产业链，优劣互补、相辅相成，进而推进县域协调发展，实现共同富裕。

其次，以科技创新为核心，支持传统产业转型升级，推动战略新兴产业发展，助力县域经济迈上更高质量、更可持续的发展之路。科技创新为产业永葆活力提供源泉。工业作为科技创新的重要部门、科技转化的重要载体，其发展水平直接影响了县域经济的发达程度。传统产业作为稳住经济的压舱石，面对供给侧结构性改革的压力，亟须依靠科技创新转型升级，从"制造"转向"智造"，提高产品的技术含量，向价值链中高端跃进。与此同时，在经济增速换挡期，县域需紧抓时代机遇，看清经济发展的大趋势，积极布局战略新兴产业，为"稳中求进"创造"进"的新动能和空间，为县域经济的健康持续发展创造新的增长极。值得一提的是，人才资源是县域经济高质量发展的战略性资源，尤其是在创新驱动经济增长的新发展阶段，人才为县域高质量发展提供强有力的智力支持。如何将人口红利转化为人才红利，如何引才和留才成为各个县域努力的方向。

最后，以制度创新为保障，护航县域经济高质量发展。制度对县域经济增长起决定性的作用，体制机制创新赋能县域高质量发展。体制顺助力县域经济提质增效，机制活激发县域经济发展活力。近年来福建省在简政放权、行政审批、服务企业、政策落实和创新发展等领域改革全面发力，成效显著。当前全面深化改革进入系统集成、协同高效阶段。晋江市不断深化拓展"晋江经验"，以开展县域集成改革试点为契机，以体制机制创新为抓手，提升县域治理效能，优化营商环境，增强县域投资吸引力，助力县域经济行稳致远，增强发展的韧劲和后劲。同时福建省通过晋江市、福清市、沙县三个县域集成改革试点的特色化、差异化探索实践，为其他县域创造经验，发挥示范带动作用，为县域经济的绿色、协调、开放、共享发展保驾护航。

（三）打造服务型政府，加强对县域高质量发展的引导和服务

县域作为基本的治理单元，县级政府在县域经济发展中的作用不言而喻。除了在地方土地、财税及劳动力等资源调配上具有较大的自主权外，县级政府间的竞争关系促使各地政府需要深度参与到市场竞争中，从基础设施建设、政务服务及金融服务等方面为企业服务的同时优化营商环境，想方设法招商引资建设产业园区，提升本县产业吸引力，进而在各县域竞争中脱颖而出。

县域政府资源调配的自主权，乃至县间的竞争压力，往往影响县域政府的

发展路径选择，从而影响县域经济功能作用的发挥。例如，早期过度依赖 GDP 考核，有些县域选择以内循环为主的发展路径，抑或是以固定资产投资为主的县域快速发展之道，往往出现生态环境污染、重复投资、恶性竞争、地方债务问题等。这与新时代的共商共建共治共享的发展原则不相匹配。因此，打造以公共服务为核心，有"全国一盘棋"视野的县域政府，是提升县域现代化治理能力，推动县域经济高质量发展，实现共赢局面的重要抓手。

第六章

创新驱动福建省县域经济高质量
发展的对策建议

县域强则省域强，衡量一个省经济是否高质量发展，标准就在于县域经济是否实现高质量发展，可谓"潜力在县域，难点亦在县域"。由于工业化进程的先后程度不同、产业基础的发展差异、地方政府的政策倾斜及社会资本的投入力度等因素都导致福建省县域经济发展不平衡、不充分，两极分化趋势加剧，欠发达地区人口流失加剧，经济矛盾突出，社会发展不稳定，县域经济非均衡发展的后遗症危害已经开始显现。因此，地方政府需高度重视，立足县域实际，依托县域特有资源条件，通过创新要素的驱动力来激发县域的经济活力和发展潜能，以期解决现阶段县域协同发展弱、科技管理能力差、创新能力不强等问题，最终实现创新型省份的建设目标。

第一节　加强对县域的顶层设计，实现区域协调发展

一、继续优化"省直管县"创新体制改革

（一）加快推进行政省直管县改革，重新定位县市职能

随着经济体制改革的深入，原有省市县行政管理关系由省—市—县三级体制被省—县（市）二级体制所取代。由于部分市级政府为了自身的发展，会截留所辖县的资源、资金与项目，使县域经济发展止步不前。因此，2005 年召开的全

国人大十届三次会议提出"省直县取代市管县"的建议，而后 2009 年，财政部推出《关于推进省直接管理县财政改革的意见》明确了"省直管县"改革的目标和内容。在此基础上，各省根据上述意见的要求，结合本省的实际情况，制定出了符合本省的改革方案。福建省财政厅根据中央精神下发了《关于进一步深化省管县财政改革的意见》，以"简政放权，激活县域经济内在活力"的指导原则，探索实行"省直管县"财政改革，省级财政直接确定设区市和县（市）的财政体制，明确设区市、县（市）各自的财政收支范围。[①]

表 6 - 1　　　　　　　　　　　各体制省管县

概念	改革的体制	改革对象	改革难易程度
强县扩权	经济社会管理权限	经济强县	易
扩权强县	经济社会管理权限	所有县	较难
财政省直管县	财政体制	除民族自治地区外	较难
行政省直管县	整个体制	-	难

资料来源：笔者根据中泰证券研究所相关数据整理。

　　目前，全国各省有三种改革模式：经济省直管县（包含"扩权强县""强县扩权"）、财政省直管县及行政省直管县（见表 6 - 1）。由于经济发展和制度差异以及实施的难度大小不一，三种模式中，仅有财政省直管县广泛普及，绝大部分省份都已经推进改革或者试点，而行政省直管县由于难度大，只有部分省份开展，且试点范围也只有 2～3 个县（见表 6 - 2）。因此，福建省可以适当借鉴"省直管县"改革比较成熟的省份——浙江省的经验，以改革省直接管理县财政体制为突破口，改革范围由点到面，逐步扩大，改革力度由弱到强，渐次深入，力求全面推行行政"省直管县"，实现市县分治，重新定位市县政府职能。

表 6 - 2　　　　　　　　　　　各省份的省直管县模式

改革内容	涉及省份
行政省直管县	海南
经济省直管县＋财政省直管县	广东、山东、辽宁、山西、四川、云南、甘肃、福建、宁夏、广西、吉林、浙江、湖南、河南

---

① 各省的省直管县发展现状［EB/OL］. 2021 - 10 - 12，https：//zhuanlan. zhihu. com/p/420536034.

改革内容	涉及省份
财政省直管县 + 经济省直管县 + 行政省直管县（试点）	江苏、河北、陕西、安徽、黑龙江、湖北、贵州、江西
经济省直管县	内蒙古
财政省直管县	青海

资料来源：笔者根据中泰证券研究所相关数据整理。

（二）重构政府间分权关系，合理界定各层级间的财权事权

福建省现行的模式是财政体制上省直接管理县，但行政上仍是以市管县为主，结果导致地级市财权弱化而事权不变，这样的结果是一方面县市由于拥有自主财政支配权而进行有效配置，大幅提高经济社会效益，促进县域经济的快速发展；另一方面，地级市失去了原来截留和支配县级各种资源的机会，其中心利益被损害，而且对所辖县的政治优势感也不复存在，地位和影响力被弱化，财政体制与行政体制不协调的问题限制了省直管县改革的进一深入。

因此，在取消地级市政府对县级的财政管辖权的同时要配套下放事权，科学合理地理顺和规范省与市、县（市）的收支关系，明确事权划分，使地级市政府的财权与事权相匹配。财权和事权的界定实际上涉及财政收入与财政支出两个方面的改革。一方面，重构财政收入分配，建立完善的地方税体系。地方政府拥有自主征税权和税率制定权，省级政府应引导地级市财政资金完善基础设施和优化公共服务，增强吸引力，创造更多税收收入。另一方面，明确各级政府财政支出责任，合理划分省市县各级享有的事权和承担的支出责任，明晰事权后，要实现权力下放，重心下移，不仅局限在经济领域，在社会事务、干部任免等领域也要给予县（市）更多、更大的自主权，逐步解决分权过程中出现的新的问题和矛盾，增强县域经济活力与实力。

（三）统筹兼顾，建立合理的利益协调机制

省直管县体制改革实质是地级市与县的行政权力重新分配，涉及不同主体的利益格局重新洗牌，因此，只有建立合理的利益共享和成本分担机制，缩小由于这种制度创新带来的收益差距，才能有效调动不同层级政府的改革创新积极性，实现低成本、小付出、大收益，坐享制度创新成果。省级政府作为制度创新的倡导者，在利益分配中不会受到较大影响，但如何推进县一级改革，在使资源和利

益向县一级倾斜的同时，又做到兼顾地级市的快速发展，这是省级政府需要深入思考的问题。由于地级市失去了对市管县财政收入的支配权和使用权，缺乏发展的配套资金，避免出现强县弱市的局面，省级政府应该进行统筹安排，适当弥补地级市的部分利益，减少其财政支出项目，建立合理的利益协调制度，以规范各种主体获取制度规定范围内合法净收益的行为。

（四）完善法律法规，化解制度冲突

省直管县体制改革把原有市、县级资源和权力的分配权打乱了，明确区分市级和县级的行政职能迫在眉睫。通过立法的形式把省、市与县的责权划分确定下来，以法律形式明确县市政府的职责范围，享有权力的同时必须履行该有的职能，逐步实现各层级政府关系的制度化、法治化。因此，福建省应借鉴先进省份做法，尽快制定出匹配省直管县体制改革的法律法规。

在省直管县体制创新过程中，由于进程快慢、定位差异、区域差异都会造成制度冲突，福建省县域经济发展不均衡差异性非常明显，各个地方政府重视程度不一样，发展理念存在差异，改革力度不同，表现在最后的效果也不同，这样客观上出现不同地区之间的制度差异和制度冲突。相较而言，县域经济发展较好的闽东南地区会快于闽西北地区。要解决改革过程中出现的新的制度创新与现有制度环境之间的不协调、不适应问题，还必须进行行政区划和行政体制的配套改革，科学合理地设置县级行政区划，通过升级行政区划，如部分实力较强的县改市、镇改县、乡改镇；或合并过小的县域单元，逐步减少行政层级，加快城镇化进程。

二、构建新型城乡关系，形成合作共生融合发展

新时代社会的主要矛盾是"人民日益增长的美好生活需要和不平衡不充分的发展之间的矛盾"[①]。其中，不平衡是指城乡发展不平衡，不充分是指农村发展不充分，因此要破解这个矛盾必须建立新型的城乡关系，建立健全城乡融合的体制机制，加快城镇化进程，缩小城乡差距，最终实现国家现代化。

（一）优化城乡空间功能布局

长期以来，"重城轻乡（县）"的思想主导着地方政府发展思路，各种资源

---

① 习近平在中国共产党第十九届全国代表大会上的报告［EB/OL］. 人民网，2017 – 10 – 28，http：//jhsjk. people. cn/article/29613660.

要素优先考虑保障城市，农村市场发育滞后，吸引力弱、主体参与度低，导致城乡发育不均衡。早期，政府为了缩小城乡差距不自觉采用城市建设的理念去改造农村，让农村模仿城市，破坏了农村的多元性和独特性，乡村特有的自然生态属性、历史文化特征和农村风格逐渐消失。针对目前农村空间布局混乱、功能模糊等问题，地方政府应该根据城市和农村两者不同地域形态的差异和特色，统筹空间布局，对城市和农村进行统一定位规划，实现城乡规划全覆盖。打破传统各设市政府各自为政、单独规划设计和实施的模式，突破行政区划界限，探索以主体功能区为抓手，把城乡的总体发展规划、土地使用规划、经济发展与环境保护等各方面综合起来考虑，注重协调人口、资源与环境的关系，构建城乡相融、城田相融、产田相融的新型空间布局形态，并坚持规划执行政策能够延续、长期不变。

（二）实现新型城镇化与乡村振兴齐头并进

（1）按人群需求分类推进新型城镇化建设。人口是县域城镇化建设的核心，满足不同人群需求是实现新型城镇化建设的根本要求。只有准确把握人口等要素的流动趋势，以人为本，才能多维度推动县域高质量发展。首先，解决好县域常住人口生活需求，2021 年福建城镇的人口为 2 918 万人，城镇化率达到 69.7%，比 2010 年增长 12%，城镇新增就业人口 52.01 万人，城镇化水平逐年上升，但县域人均市政公用设施固定资产投资和人均消费支出仍然占比较低，约为地级及以上城市的 1/2 和 2/3 左右。因此，应加快提升县域在生产、流通、分配、消费等社会再生产各环节的供给能力，满足县域常住人口的发展需求。其次，做好流动人口的接收工作。当前全省人户分离人口为 1 646.46 万人，其中，流动人口为 1 366.12 万人，比 2010 年增长 33.36%，跨省流入约 488.99 万人，省内流动人口 877.14 万人，说明福建省活跃的经济社会发展环境为人口的迁移流动创造了条件。[①] 按照《福建省新型城镇化规划（2021—2035 年）》要求，到 2035 年，福建省常住人口城镇化率达 78%，意味着未来一段时期还将有约 130 万人陆续从农村迁移至城镇。对此，需要增加就业岗位，发挥区位优势，培育特色产业和支柱产业，继续加强县域医疗、养老、文化、社会福利等公共服务供给，减少县域与大城市的福利差距，吸纳进城的农民工安心就业。再次，安顿好长期居住农村人口。党的十九大提出的城乡一体化发展理念改变了原有的模式，城镇化发展已经进入到工业反哺农业、城市支持农村的新阶段，对新农村建设提出更高要求。此

---

① 福建举行第七次全国人口普查主要数据结果新闻发布会［EB/OL］. 福建省人民政府新闻办公室，2021 - 05 - 20，http：//www.scio.gov.cn/xwFbh/gssxwfbh/xwfbh/fujian/Document/1704735/1704735.htm.

外，随着城市生活成本的提高、劳动力年龄的增大、农村建设的加快，部分农民工出现回流返乡现象。县域作为城乡结点，是要素交换的关键枢纽，因此要充分发挥区位优势，体现"兜底截流"功能，主动承接城市的产业转移，畅通城乡通路，促进城乡一体化高质量发展。

（2）坚持"三农"为本，实现全面乡村振兴。解决农村发展不充分问题的基础支撑在"三农"，难点重点在"三农"，后劲潜力也在"三农"，农业农村现代化进程决定着国家现代化进程。如果农业农村发展跟不上，农产品供应不足，农村劳动力大量外流，乡村和乡村经济将走向衰落，而城市由于大量失业农民的涌入，工业化和城镇化出现过饱和，发展也将陷入困境，造成社会动荡，最终整体社会出现"中等收入陷阱"。因此乡村振兴必须以"三农"工作为重要抓手，优先发展农业农村，补齐农业现代化短板，坚持生态兴农、科技兴农、人才兴农，统筹推进农业乡村现代化发展。实现乡村振兴是一个系统工程，包括"产业振兴、人才振兴、文化振兴、生态振兴和组织振兴"五个方面的全面振兴，其与城镇化发展是相辅相成的。特别对一些资源枯竭型地区、偏远地区和落后地区出现的空心村现象要高度重视，严控城镇建设用地增量、盘活存量，有序引导人口转移及公共服务资源适度集中，积极支持有条件的资源枯竭县域培育接续替代产业。所以要认清福建省农村现状，科学规划，根据各地要素禀赋，突出地域特色，合理制定发展目标，量力而行不盲目贪功，坚持宜大则大、宜小则小、宜山则山、宜海则海的原则，实现农村小农户与现代农业有机衔接，形成可持续发展的长效机制。

三、畅通城乡要素双向流动渠道，实现公共服务均等化

（一）畅通城乡要素双向流动渠道

城乡深度融合，打破二元对立的局面，必须首先打破农村要素向城市单向流动的格局，破除要素流动壁垒，发挥市场主导作用，让资源要素自由流动、合理配置，引导劳动力、资金、技术和土地在城乡之间有序双向流动。当前，重城轻乡的发展思路长期主导，导致城乡不平衡发展。在乡村振兴战略的背景下，要激励更多的要素流向农村，重点应加大对农村农民工及返乡创业人才的激励机制，工商资金下乡的引导机制，科技成果转化机制，普惠金融服务机制等方面的完善力度，营造良好的环境，促进人、财、技和信的良性循环，为乡村发展注入活力。

(二) 实现城乡公共服务资源均衡配置

户籍制度的限制、财政投入的差别待遇是城乡发展在各方面差距的主要推手，福建省内社会保障政策的不平衡进一步加剧两者之间的差距。2021 年福建省城镇居民人均可支配收入是 51 140 元，农村是 23 229 元，两者比值为 2.2；生活消费支出方面，农村居民人均消费支出为 19 290 元，城镇居民人均消费支出为 33 942 元，两者比值为 1.76。① 城镇居民人均收入来源包括工资性收入、经营净收入、财产净收入和转移净收入四个方面，四项占比为 61.7∶12.7∶13.4∶12.4，其中工资性收入占比的绝对优势有效保障了城镇居民的收入来源；而农村居民人均可支配收入这四项占比分别为 45.1∶36∶1.9∶17.1，而经营性净收入又是以农业为主，其规模和利润的局限性造成农村发展缓慢，经济差距必然进一步加剧城乡之间基础教育、医疗卫生、社会保障等方面的差距。如社会保障事业方面，2020 年城镇居民最低生活保障人数是 6.24 万人，占城镇总人口的比重约为 0.22%，而当年农村居民最低生活保障人数是 45.24 万人，占农村总人数的 3.48%，农村最低生活保障人数是城镇的 7.25 倍。此外，在养老保险人数上，城镇居民也是远高于农村居民。虽然农村养老服务设施不断完善，覆盖率从 46.8% 提高到 52.8%；全省乡镇敬老院的平均床位使用率由 16.7% 提高到 62.6%，但与城镇相比还是有比较大的差距。② 而福建省城镇职工养老保险覆盖率偏低，远低于同样沿海的浙江省、江苏省和广东省，福建省在城乡收入差距上还应做出更大的努力（见表 6 - 3）。

表 6 - 3   **2020 年我国各省市城镇职工养老保险覆盖率**

排序	地区	城镇职工养老金领取比例（%）	城镇职工养老金领取人数（万人）	城乡居民养老领取人数（万人）	总计领取人数（万人）
全国		44.27	12 762.3	16 068.2	28 830.5
1	上海	90.89	521.8	52.3	574.1
2	北京	77.12	311.4	92.4	403.8

---

① 2021 年福建省国民经济和社会发展统计公报 [EB/OL]. 福建省人民政府网站，2022 - 03 - 14，http：//fj. gov. cn/zwgk/sjfb/tjgb/202203/t20220314_5858690. htm.

② 福建省统计局，国家统计局福建调查总队编. 福建统计年鉴（2021）[EB/OL]. 福建省统计局，2021 - 09 - 23，https：//tjj. fujian. gov. cn/tongjinianjian/dz2021/index. htm.

续表

排序	地区	城镇职工养老金领取比例（%）	城镇职工养老金领取人数（万人）	城乡居民养老领取人数（万人）	总计领取人数（万人）
3	天津	73.59	234.4	84.1	318.5
4	黑龙江	70.80	621.0	256.1	877.1
5	辽宁	66.22	839.7	428.3	1 268.0
6	新疆	65.58	224.3	117.7	342.0
7	浙江	62.88	897.2	529.5	1 426.8
8	宁夏	62.36	68.6	41.5	110.0
9	吉林	59.56	385.8	261.9	647.7
10	内蒙古	55.95	311.3	245.2	556.4
11	青海	55.88	48.5	38.3	86.8
12	重庆	54.82	421.9	347.7	769.6
13	海南	49.08	74.3	77.1	151.4
14	江苏	46.82	964.5	1 095.4	2 059.9
15	四川	46.02	947.5	1 111.5	2 058.9
16	湖北	45.35	596.8	719.3	1 316.1
17	广东	44.12	711.1	900.6	1 611.8
18	江西	41.96	360.7	499.0	859.7
19	山西	39.71	278.2	422.3	700.5
20	湖南	37.35	502.3	843.4	1 346.0
21	甘肃	34.50	164.7	312.7	477.4
22	陕西	33.77	272.9	535.2	808.1
23	山东	32.65	754.1	1 555.3	2 309.5
24	广西	32.08	274.6	561.3	855.9
25	河北	30.82	480.1	1 078.0	1 558.0
26	福建	29.96	209.0	488.6	697.6
27	西藏	28.81	10.4	25.7	36.1
28	安徽	28.75	369.1	914.8	1 283.9
29	河南	27.10	524.4	1 410.7	1 935.2
30	贵州	25.71	160.5	463.7	624.2
31	云南	25.63	185.6	538.5	724.1

资料来源：福建省统计局，国家统计局福建调查总队编．国家统计局．中国统计年鉴（2021）［M］．中国统计出版社，2021.

要实现公共服务均等化，必须自上而下共同发力，由政府牵头，统筹安排，合理高效配置财政资金。在教育方面，优化城乡教育布局，多渠道筹集教育资金，提高农村办学水平和加大资金支持力度，义务教育阶段实现城乡教育无差别，鼓励优秀的教师骨干参与到农村支教中，充分利用大数据平台，实现优质教育资源共享，让农村学生得到优质教育保障。在卫生医疗方面，加大对医疗水平的投入力度，构建城乡均等的药品供应体系、医疗服务体系，加强农村卫生人才培养，形成较全面、完备的乡村卫生服务网络，积极促进农村卫生机构转型，向村民提供预防、自救等基础诊疗的综合服务。在社会保障事业方面，重视对农村社会保障事业的投入，提高养老金待遇，建立长效保障机制，实现多缴费多补贴、多缴费多获得，完善城乡公共就业的扶持政策，降低乡村居民失业风险。努力营造农村的文化环境，积极培养当地劳动力，提高人们对农村的归属感，促进乡村振兴，缩小城乡差距，最终实现城乡一体化协调发展。

四、创新产业转移合作模式，构建完善产业转移承接机制

（一）利用比较优势承接产业转移

福建省省域内外的产业转移是各区域产业发展梯度差异的必然结果。一般而言，发达地区受益于区位、政策、资本和劳动力等比较优势，吸引大量外来投资，又承接了相当一部分台湾制造业的产业转移，所以先欠发达地区进入工业化，产业集聚效应凸显。但随着工业化进程的推进，产业集聚的规模扩大，对原材料及劳动力各生产要素的需求大幅增加，产业集聚的边际成本上升，生态资源环境和基础设施出现拥挤效应，产业内由产能过剩引发的同质竞争和恶性竞争加剧，企业利润下降，生存压力逐步增大，经济发达地区出现产业集聚不经济现象。为了寻求更多的市场机会和更大的发展空间，这些产业就会进行产业结构升级和调整，或者寻求新技术、新模式发展新的优势产业，或者保留核心技术，淘汰现代劣势的产业，把产业向土地资源更丰富、劳动力更廉价的欠发达地区转移，通过对产业承接地的市场、基础设施和中介机构等形成强大的虹吸效应，形成新的产业集聚，全方位带动欠发达地区的发展（见图6-1）。由此可见，产业集聚和产业转移是一种相互联系、相互依存关系，当产业集聚到一定临界点时会出现产业转移，产业转移是形成新的

产业集聚的结果。① 福建省根据工业和信息化部出台的《产业转移指导目录（2018 年本）》指导目录要求，结合各设区自身发展特色，开始有序承接产业转移，拟定优先发展的产业（见表 6 - 4）。

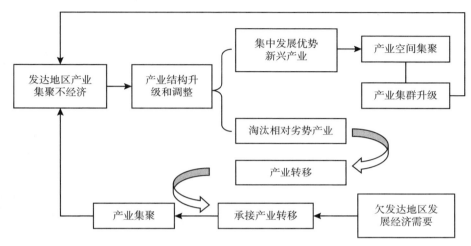

图 6 - 1　发达地区产业集聚与欠发达地区产业转移的机理关系

表 6 - 4　　　　　　　　　　福建省各设区优先承接发展的产业

设区	产业数	优先承接的产业
福州市	15	电子信息、机械、化工、钢铁、有色金属、汽车、船舶及海洋工程装备、轻工、食品、纺织、建材、医药、轨道交通、新能源和智能制造装备
厦门市	15	电子信息、机械、化工、有色金属、汽车、船舶及海洋工程装备、轻工、食品、纺织、建材、医药、轨道交通、新能源、智能制造装备和新材料
泉州市	12	电子信息、机械、化工、汽车、轻工、食品、纺织、建材、医药、轨道交通、新能源和智能制造装备
漳州市	13	电子信息、机械、化工、钢铁、汽车、船舶及海洋工程装备、轻工、食品、纺织、建材、医药、新能源和智能制造装备
宁德市	10	机械、钢铁、有色金属、汽车、船舶及海洋工程装备、轻工、食品、建材、医药和新能源

① 陈海艳. 基于产业集聚视角的福建省产业转移问题研究 [D]. 中国海洋大学，2013.

续表

设区	产业数	优先承接的产业
南平市	7	化工、有色金属、汽车、轻工、食品、纺织和医药
三明市	7	机械、化工、汽车、食品、纺织、医药和新材料
莆田市	8	化工、汽车、轻工、食品、纺织、建材、医药和智能制造装备
龙岩市	9	机械、化工、有色金属、汽车、食品、纺织、建材、医药和新材料

资料来源：根据中商产业研究院相关数据整理。

2012 年，福建省委、省政府出台了《关于深化山海协作的八条意见》，确定了 23 个扶贫重点县在本县或对口的沿海发达县需建成 1 个以上共建产业园区，以此增强贫困县的"造血"能力。近几年，福建省政府以产业转型和产业转移为抓手，加速推进闽东南与闽西北"山海联动"协同发展，打造区域大市场，力促区域经济齐头并进、协调发展。闽西北地区的交通基础设施网络基本建成，成为全国第一个市市通动车的省份。在政府的统筹规划下，先后共认定了 32 个山海协作共建产业园区[①]，其在资金、技术、劳动力、产业链等方面共建共享，建立市场一体化机制，区域产业转移有序推进，形成了"山海互促、山海共赢"的大好局面。例如，2013 年，泉州晋江市和龙岩长汀县、上杭县开展山海协作，开始建设晋江（长汀）工业园区，成为第一批省级山海协作共建产业园区、省级农副产品加工示范园区。随着合作的深化，由开始的纺织服装、农副产品加工、机械电子等延伸到旅游、农业开发、人文交流等领域。2021 年上杭和晋江都入选福建省经济实力十强县（市），成为山海协作的新典范。宁德市通过山海协作，补齐了一批"短板"产业，社会经济发展成绩斐然，在 2021 年 GDP 总量跃居福建省第 5 位。[②]

虽然福建省产业转移势头良好，但无论是转出地还是承接地都受到各种限制，导致产业转移的效果不尽如人意。就产业转出地而言，一方面由于发达地区政府出于地区经济发展、地方财政税收及本地就业情况等方面的需要，不太愿意外移大量企业；另一方面发达地区的企业在产业转型升级过程中，由于缺乏核心技术和专利产权，产业转移步伐减缓。例如，泉州市大部分产业以劳动密集型为

---

① 【脱贫攻坚的福建答卷】跨越山海携手行 ［EB/OL］. 东南网，2021 - 02 - 26，http：// fjnews. fjsen. com/2021 -02/26/content_30653099. htm.

② 福建省统计局，国家统计局福建调查总队编. 福建统计年鉴（2022）［EB/OL］. 福建省统计局，2022 - 09 - 28，https：//tjj. fujian. gov. cn/tongjinianjian/dz2022/index. htm.

主，民营企业占比高，外向型经济发达，在产业分工中处于产业链"微笑"曲线的底部，以代工生产、加工制造为主，缺乏产品的创新、设计，自主研发能力和创新能力弱，对现有的产业结构依赖性强，产业转移动力不足。就产业承接地而言，首先，闽西北内陆地区地形条件复杂，区位不占优势，交通物流成本高，没有港口，通过海运途径实现生产要素流动受限，无法参与国际分工，国际产业转移的红利无法享受。其次，长期以来，分割性的产业发展模式，使这些地区的产业链上下游之间无法很好衔接，许多企业存在重复生产、同质竞争、专业化分工不强、关联度不大、配套的服务性体系不健全等问题，限制了外来企业转移的意愿。因此，真正要使区域经济协调发展，实现共同富裕，福建省要加快完善产业转移承接机制。各县域要结合本地资源特色以及原有的产业基础，积极与周边省份、发达区域、资源丰裕型省份建立长期合作关系，主动对接，积极推进发达地区产业转移、欠发达地区产业接收工作。各级政府要建立完善的招商引资网络体系，健全其激励机制、责任机制，重点倾斜产业集群招商、全产业链招商，多渠道引入民间资本，着力推进县域引资的市场化和社会化。充分发挥发达地区与欠发达地区的产业园区共建项目的带动作用，完善园区的制度建设，加强基础设施和配套设施，多种模式对接相互之间的产业转移，进一步提高产业承接转移的根植性。

（二）多渠道探索产业转移模式

当前全球产业布局发生变化，产业链加速重构，产业转移成为优化产业布局、拓展新的发展空间、推动区域协同发展的重要途径。结合各地经济基础和产业特色，分类指导、精准施策是应对目前复杂多变的国际形势和中国制造业外移的有效手段。福建省县域产业转移可以积极推广产业链上下游对接合作、县域间产业转移合作、科技成果跨区域转移合作和区域品牌抱团合作模式四种产业转移合作模式。第一种模式——产业链上下游对接合作。泉州成为制造业强市，很大程度上受益于其上下游产业对接协作的整体性，在同一区域内行业间能做到有效衔接、就近支援，形成完整的内部循环和产业闭环，如泉港的石化、晋江的化纤、石狮的纺织服装这些行业之间的相互帮衬；同一行业不同规模企业之间也通过大企业把小订单和配件产品转移给小企业的产能对接，实现共赢；惠安县以重化产业为基础，打造石化上下游贯通的产业链，这种模式确保了产业链的完整性，也提升了稳定性和竞争优势。第二种模式——县域间产业转移合作。三明市与泉州、厦门等地区建立山海协作以后，主动承接纺织产业转移，现已经形成完整的纺织服装产业链，其中尤溪县产业集群的规模不断扩大，拥有"中国革基布名城""中国混纺纱名城"两个国家级集群荣誉。2020 年尤溪县纺织产业产值突破 200 亿元，稳坐第一大产业的位置。① 永安市成为福建省三大"中国新兴纺织产业基地市"之一，纺织产业为三明市经济社会发展做出了突出贡献。第三种模式——科技成果跨区域转移合作。福建省为广泛吸纳国内外科技成果，加快探索建立具有福建特色的成果转化模式，自 2003 年开始创建"6·18"海创会平台，截至 2022 年已成功举办 20 届，即使不包括 2022 年，推介项目成果也达十万项之多，其中在福建转化落地的成果有 5 万多项，带动社会投资 9 000 多亿元②，不断释放创新创造动能，成为福建创新型省份建设的重要抓手。第四种模式——区域品牌抱团合作模式，区域抱团发展。福建省是海上丝绸之路的核心区，政府支持品牌企业抱团合作，相关产业参与，合作共赢，打造新合作模式。德化县的陶瓷、永春县的香、安溪县的铁观音茶，利用丝路海运，打包成福建"丝路"品牌，销往国内外。这些模式在福建都有成功经验，其他县域可以借鉴参考。多渠道的产业创新转移模式一方面可以促进发达地区产业链在保持原有优势的前提下向中高端迈进；另一方面，可以帮助欠发达地区通过产业转移带来的相关生产要素转移，形成互联互通的高效市场，实现科技成果顺畅流动，胜利果实共享。因此，要降低产业转移的综合成本，尽快健全转移两地之间收益、用地和产值之间的利益分配分享机制，提高产业承接转移的精准度，加大对贫困地区、特殊地区的扶持力度，促进区域实现共同富裕。

第二节　科学把握县域功能定位，推动县域经济错位发展

一、发挥中心城市辐射带动作用，推进卫星县域产业协调发展

产业作为一个城市或地区发展的强有力支撑，是驱动县域经济增长的重要引擎。而毗邻中心城市的县域产业容易受到中心城市辐射带动，创新要素集聚能力强，既是承接中心城市产业转移、实现同中心城市产业互补共赢的重要空间，也

① 尤溪：突破瓶颈，老产业有新作为［EB/OL］. 东南网，2021 - 09 - 14，http：//fjnews. fjsen. com/2021 - 09/14/content_30836396. htm.
② 海创会：创新成果，在发展主战场"出圈"［EB/OL］. 东南网，2022 - 06 - 18，http：//fjnews. fjsen. com/2022 - 06/18/content_31064308. htm.

是实施产业"转移—承接，互补—共赢"发展模式的最佳地点，整体发展潜力巨大，发展空间广阔。因此，对于这类卫星县域而言，当地一方面要积极融入中心城市建设与发展中，充分挖掘县域疏解中心城市人口的潜力，主动承接中心城市过剩的人口与产业，积极出台有利于人才引进、企业迁建方面的政策，不断加快同中心城市的产业对接，嫁接中心城市的高新技术产业，提升县域创新水平，实现对县域传统特色产业的改造提升，持续推进梯度产业圈的构建，形成与中心城市优势互补、协调发展的产业结构，充分发挥好中心城市辐射带动作用。另一方面，各卫星县域要不断提高自身的综合承载能力、资源配置能力与城市治理能力，持续推进与中心城市在基础设施、公共服务、产业政策等领域的一体化建设，不断完善各种配套设施建设，强化自身城市功能，增强对企业和人口的吸引力。具体来看，县域在完善自身交通网络的同时，应加快建设与中心城市连接的交通枢纽，不断强化快速交通连接，提高与中心城市间的通行效率。依托中心城市资源，建立健全医疗教育体系，建设区域性物流中心，改造提升百货商场、大型卖场、特色商业街，推进商业综合体与旅游休闲场所的建设，打造成宜居宜业新县域，实现与中心城市协调发展。例如，福建省的闽侯县多年来积极承载着福州市区经济和基础设施建设及购房刚需的溢出效应，从城市定位、功能布局、公共设施、道路网络、基础配套等方面做好规划对接，全方位融入福州大都市区，抓住福州中心城区产业"退二进三"①的机遇，以"两区三园"②为载体，加强产业对接，加快产业发展，实现产业互补，促进闽侯特色产业转型升级、提质增效、做大做强。

二、科学定位，加强对不同类型县域的支持

（一）探寻农业综合利用创新模式，提升县域农业生产能力

农业主导型县域要发展，离不开农业及其延伸产业的发展。正因如此，农业主导型县域要以"粮头食尾""农头工尾"为抓手，鼓励发展县域特色农产品加工集群，延长农业产业链条，发展农资供应、技术集成、仓储物流、农产品营销等农业生产性服务业，全方位推进一二三产业融合发展，为粮食安全提供支撑。

---

① 退二进三：产业结构调整中，缩小第二产业，发展第三产业。

② 两区三园：青口投资区、闽侯经济技术开发区，海西高新技术产业园、福州南屿生物医药园、机电产业园。

农村三产融合是指把农村的一二三产业融合成有机整体，可以是主体的内部或者外部融合，也可以是产业的横向或纵向融合，是一种新模式、新商业、新业态，带动农村各种生产要素的重组和优化，是构建农村现代产业体系的必由之路，通过"农业生产"+"农产品加工业"+"农产品市场服务业"实现深度融合，交叉互动发展。三产融合模式可以采用以农业为基础，向农产品加工业、农村服务业顺向融合的方式；也可以采取依托农村服务业或农产品加工业向农业逆向融合的方式，通过完善农村本地产业链，促进分散产业的聚集度。同时在加强与外界联系的过程中，本土化特色明显，外延式扩展和内生发展紧密结合，使农村的农产品在量和质上同时突破，带动农村县域经济转型升级，不断做大做强特色主导产业，实现功能定位明确、产业合理布局，推动县域经济发展，实现振兴乡村的战略目标。

福建省自然条件优厚，植被资源丰富，许多县域都有自己独具特色的农产品，其中南平市光泽县是福建省农业大县，其依托当地企业，积极创新，大力发展肉鸡加工产业，建立起从饲料生产、种鸡饲养到超市销售一条完整的产业链条，通过对县域特色农产品产业大力发展，助力县域经济发展。因此，福建省其他农业主导型县域首先要强化科技创新能力，夯实产业链前端，引导企业主动与科研院所和高校建立合作关系，实现产、学、研有机结合，推进特色种源"卡脖子"技术攻关，开展种质资源挖掘利用、分子育种、生产质量全程控制等关键技术研发，加快良种繁育、农产品检测和动物防疫三大体系建设，全力推进规模化、标准化、规范化的农产品生产繁育基地建设，完善利益连接机制，开展"企业＋村集体＋合作社＋农户"抱团发展模式，在实现农产品产量增长的同时提升产品的质量。其次，各县域要积极推进精深加工系列产品生产，组织开展农产品深加工新增固定资产投资补助，鼓励商业银行降低信贷门槛，加大信贷资金扶持力度，助力标准化产房建设。积极引进和培养关联性大、带动力强的食品加工龙头企业，利用龙头企业的带动作用，延伸产业链条，提高创新能力，通过创优品牌、厚植文化，深入挖掘农产品的多种功能、多重价值，用技术创新、传统文化、品牌形象为产品赋能，逐步突破产品精深加工"瓶颈"，提高产品的核心竞争力，全方位提升产品的价值链与附加值。最后，各县域要完善和健全物流营销网络，打造农产品集散中心，畅通县内物流网络，建立农产品加工、贮藏、运输与销售一体化物流模式，对于易腐烂变质的产品建立健全冷链物流，实施品牌战略，利用互联网平台，开展品牌标识的宣传活动，提升产品在国内外的知名度，促进品牌优势转化为市场优势，带动产业链前延后伸，助力乡村振兴。

（二）增强县域工业创新活力，推动工业经济高质量发展

工业是最为重要的物质生产部门，对县域经济发展有着不可替代的推动作用，晋江、南安、惠安、福清、石狮、龙海、安溪等县域是福建省典型的工业主导型县域，对于这些县域要贯彻"产业兴县、工业强县"的发展思路，着力优存量、扩增量、提质量，拓展工业经济市场空间，全力挖掘经济增长新动能，全面推进工业产业转型升级、提质增效、产值倍增，实现县域工业经济高质量发展。

首先，各工业主导型县域要推动"沉睡资产"变资源、变资金。对于一些工业起步早，发展水平高的老牌工业县（市），例如泉州晋江，其土地开发强度已接近红线，造成一些发展潜力大、发展态势良好的工业企业受限于当地资源指标，无法升级扩张，与此同时，一批老旧工业区和厂房却闲置荒废，不少资源不能得到充分利用，造成资源浪费。正因如此，各县域要积极从存量中要空间，因地制宜，选准改造区域，通过升级老旧工业区、厂房，打造一批"专精特新"工业园典型，真正盘活闲置土地，推动"沉睡资产"变资源、变资金，破解县域土地"瓶颈"，释放发展空间，推进传统制造业转型，推动高质量发展落实赶超，实现县域经济长远发展。其次，各县域要实施创新驱动发展战略，推进制造变"智"造，加快工业产业数字化转型。进入工业4.0时代，互联网、大数据、人工智能等新一代信息技术成为赋能工业的重要力量。县域要找准关键"痛点"，推进工业互联网平台＋园区建设，优化工业园区治理能力、丰富为企服务手段、促进产业协同联动，不断提高工业研发投入强度，补齐短板，抓住产业数字化、数字产业化赋予的时代机遇，推进更多数字经济项目落地生根，推进传统工业数字化、智能化改造，加快形成发展新动能。最后，各县域要鼓励企业加大核心技术研发的投入力度，增强品牌意识，挖掘传统文化，加强对于产品质量的管控，迎合新兴消费群体的青睐，打造含有中国文化的潮牌，开发出满足人民美好生活需要的新型消费品，充分利用我国超大规模市场优势。同时，鼓励外贸企业加大同电子商务平台的合作，拓宽海外销售渠道。

（三）创新求变推出特色文旅产品，促进县域文旅经济加快发展

福建省森林覆盖率常年位于全国第一①，空气清新，景色宜人。同时，由于山川的阻隔，八闽大地的文化也是绚丽多彩，这无疑为福建县域旅游业发展赋能增效，其中宁德屏南县，坚持文旅立县，聚焦白水洋—鸳鸯溪景区，大力打造

---

① 福建生态文明指数位居全国前列 森林覆盖率43年全国第一［EB/OL］．中国新闻网，2022－08－30，https：//baijiahao.baidu.com/s?id＝1742597444181451954&wfr＝spider&for＝pc．

"旅游+"和"+旅游",加大资金和基础设施投入力度,带动周边村庄旅游业协同发展,共享发展福利,推动县域经济高质量发展。

首先,各县域要积极推动特色文化与旅游业融合,发挥县域自然生态、特色乡村、传统文化等多重资源优势,推进"一村一品、一村一景、一村一韵"建设,引导县域各旅游景点差异化定位。实行以乡镇牵头、村委会为主的能动性古屋修缮模式,增强乡村的年代感,提升乡村整体的韵味与可玩性。挖掘县域的传统美食药膳和民俗节日庆典资源,开辟出更多独具特色的地方性旅游产品。延伸夜间休闲游,围绕夜景、夜游、夜演、夜宴、夜市,发展多元化的夜间消费业态,全面推动县域旅游从"一日"向"四季"升级。其次,各型县域要以"大景区"格局谋全域旅游发展,按照"强化龙头、串联全域"的思路,聘请专业机构对景区重点地块进行规划,不断强化龙头景区的辐射带动作用,加快县域文旅资源整合,整体培育打造、统一管理运营周边特色村庄,结合具体交通网络,构建多条主题旅游线路,串点连线周边的特色村落,实现串点成片成面,推动景区全域优化。最后,各县域要不断开拓创新,开辟新的旅游方式。新冠肺炎疫情的暴发,给各地的旅游业造成了不小的冲击,一方面政府要施行一系列举措帮助企业度过难关,如减免文旅企业和景区、景点经营户房租;发放当地专用的文旅消费券以提振消费市场活力;对接当地金融部门,为各文旅企业和经营户搭建金融桥梁,为后疫情时代旅游业转型升级做足准备等。另一方面,当地可以聚焦"内循环""微度假""云旅游"等新旅游模式,鼓励当地导游利用直播的方式,向网友们讲述当地的趣事与风土人情,把周围的美景、当地的土特产介绍给网友,也可以拍摄一些具有浓厚当地特色的短视频来吸引流量,并以此为契机销售当地商品,促进县域经济的发展。

三、建设蓝色粮仓,构建现代海洋产业体系

(一)蓝色竞速,蓄势发展海洋经济

福建省海域面积13.6万平方千米,超过陆域面积,大陆海岸线长度达3 752千米,居全国第二位,福建全省有海岛2 214个,亦居全国第二位。可建万吨级以上泊位的深水岸线长度达210.9千米,位居全国首位,海洋经济是福建省"四大天王"(海洋经济、绿色经济、数字经济、文旅经济)之一。① 2021年海洋经

---

① 福建位列海洋经济产业整体热度TOP3省份 释放"蓝色"潜力[EB/OL]. 东南网,2021-06-08,https://baijiahao.baidu.com/s?id=1702011218247985031&wfr=spider&for=pc.

济总产值达 1.1 万亿元，连续 7 年保持全国第 3 位，占全省地区生产总值的比重达 24%。在建设"海洋强国"的指导方针下，未来海洋经济将成为各沿海省份争夺的重点领域。各沿海省份的海洋产业发展各具特色（见图 6-2），广东省海洋生产总值 1.7 万亿元，连续 26 年居全国首位，总量大、产业门类齐全，滨海旅游、海洋交通运输、海洋渔业等传统产业在海洋产业增加值中的占比约为 83%。山东海洋生产总值 1.3 万亿元，位居第 2 位，占地区生产总值的 18.03%，占全国海洋生产总值的 16.48%，以海洋工程建筑业、海洋电力业、海水利用业等新兴产业为主，其中海洋生物医药业产业增加值连续 3 年排名全国第 1。江苏省海洋经济发展中，海工装备和高科技船舶制造名列全国第 1，仅江苏靖江，其造船业 2020 年完工量就占全国总量的 23%。①江苏省提出要实现陆海统筹、江海联动、河海联通。福建省海洋经济优势产业多以传统产业为主，海水养殖产量、远洋渔业产量、水产品出口额、水产品人均占有量等指标位居全国第 1。海洋生产总值位居第 4 位的上海拥有浦东和崇明岛两块"向海宝地"，再加上国家战略布局和政策支持，不论在海洋产值还是产业布局上，都领先于国内。

图 6-2　部分省份海洋经济概况

资料来源：根据各省海洋经济"十四五"规划整理。

---

① 研究报告：山东、福建、江苏释放"蓝色"区位优势 [EB/OL]. 光明网，2021-06-07，https：//baijiahao. baidu. com/s? id = 1701897860226916620&wfr = spider&for = pc.

未来海洋产业将成为经济增长新引擎，是引领新产业发展的重要领域。"十四五"期间，11 个沿海省份①都开始进入"蓝色竞速"，蓄势发展海洋经济。如天津市加快建设海洋金融创新基地，构建现代海洋产业体系；浙江省出台《浙江省海洋经济发展"十四五"规划》，提出海洋创新能力跻身全国前列的目标，加快涉海类学科专业建设，培育海洋科技型企业；山东省提出建设高水平海洋强省的目标，研究制定"山东海洋科学技术专门计划"，打造国际海洋科技创新引领区；广东省明确搭建海洋工程装备产业科技创新平台，打造高端海洋工程装备产业集群。截至 2021 年 4 月，我国海洋经济产业企业数量排名前 3 的省份分别为：山东（10 948 家）、福建（5 904 家）、江苏（5 069 家）。② 要在海洋经济中占据主导优势，福建省需要以厦漳泉区域为重点布局海洋产业，借助与台湾的"五缘"③ 优势积极对接台湾海洋产业转移，聚集海洋资源发展海洋特色产业群。④

（二）构建联动发展、协调发展的海洋经济空间布局

统筹陆海开发、资源互补、产业互动，立足海峡、海湾、海岛等海洋特点，提高沿海区域经济发展的关联度，完善"一带两核六湾多岛"⑤ 的海洋经济发展空间格局，形成以高端临港产业基地和海洋经济密集区为主体，具有福建省区域特色和较强竞争力的海峡蓝色经济带。持续强化用海用岛要素保障，提高海岸线资源利用效率，要充分利用众多天然良港的优势、多区叠加优势、"一带一路"中海上丝绸之路优势和《区域全面经济伙伴关系协定》（RCEP）国际分工优势，融入国内国际双循环，多层面向内陆经济腹地延伸，利用国内港铁联运、国际多式联运等方式，拓展港口的发展空间。突出港口差异化发展：厦门可加快国际航运枢纽港和国际集装箱中转中心建设；福州着力建设国际深水大港；泉州港打造对台湾海洋产业转移通道；湄洲湾南北岸重点布局能源、原材料等大宗

---

① 11 个沿海省份是辽宁、天津、河北、山东、江苏、上海、浙江、福建、广东、广西和海南。

② 上半年海洋生产总值同比增长 12.5% 2021 海洋经济行业发展态势向好 ［EB/OL］. 中研网，2021 - 07 - 30，https：// www. chinairn. com/hyzx/20210730/101225316. shtml.

③ 五缘，闽台关系专业术语，早期由时任福建省委书记卢展工提出，"五缘"即地缘相近、血缘相亲、文缘相承、商缘相连、法缘相循。

④ 建设"海上福建" 推动海洋经济高质量发展 ［EB/OL］. 福建人民政府网站，2021 - 08 - 11，http：//www. fj. gov. cn/zwgk/ztzl/sczl/zhxx/202108/t20210811_5667246. htm.

⑤ "一带两核六湾多岛"：一带，即海峡蓝色产业带，是主体；双核，即福州和厦漳泉两大海洋经济核心区域，是建设的突破口；六湾，即环三都澳、闽江口、湄洲湾、泉州湾、厦门湾、东山湾六大海湾，是开发的重点；多岛指福建省众多岛屿。

散货运输，各港口形成差异化发展的港湾经济区，促进港口、产业、城市联动发展。

（三）聚焦特色资源，发展海洋特色产业集群

福建省的海洋特色资源包括自然资源、科技资源和市场资源。首先，自然资源方面，"港、渔、景、涂、能"是福建省海洋的五大优势资源，连江县着重打造"九大海洋牧场集群"，其筱埕镇的黄湾屿国家级海洋牧场，已建成 3 800 亩的标准化海带养殖示范区；莆田的种养结合，打造了花蛤、鲍鱼等一批全国性特色水产种业品牌，目前已建成全国最大的厚壳贻贝苗生产基地、全国南日鲍标准化育苗基地等，推进养殖品种转型升级。海岸线从北到南遍布发电风车，海上风电能源链跃然成型，有效缓解东部沿海地区的能源短缺问题，这些成为福建省的优势海洋产业发展方向。其次，科技资源方面，福建省除了拥有雄厚的产业基础外，还有厦门大学、集美大学、华侨大学、第三海洋研究所等高校和科研院所，以及国家级重点实验室和工程中心，技术力量雄厚，可为海洋产业集群的建设提供智力支持。最后，市场资源方面，福建省海陆交通便利，居民消费水平较高，沿海经济发达，具有较强的吸引力，市场有效需求旺盛，客源基础好。福建省应该充分利用海洋特色资源，加速形成海洋产业集群，助力海上经济再上新台阶。

福州和厦门要发挥港口和政策优势，建成现代化海洋产业基地、海洋科技研发成果转化中心，培育实力强大的海洋生物医药、海洋服务等特色产业集群，着力打造福州闽江口、宁德三都澳、厦门厦漳湾等船舶修造产业基地；尽快推进湄洲湾、古雷基地和江阴、可门等绿色石化基地；着力推进宁德、福州、漳州等地临海冶金产业发展，加快建设不锈钢生产基地。引导海洋传统产业转型发展，加快海洋服务业发展，构建现代化海洋产业体系。构建海洋大数据服务平台，培育发展"智慧海洋"产业，打造"数字海洋产业"示范区。

实施"科技兴海"战略，依托海洋产业集聚区，建设产学研园区，加快海洋"三产"融合①，培育不同海洋领域不同层次的创新人才梯队，通过产学研用合作方式提高科研要素投入效率，发展海洋特色产业集群，抢占国内海洋科技发展制高点，增强我省海洋经济发展的新动能，实现海洋强省战略目标。

---

① 海洋三产融合：渔业与海工、旅游等产业深度融合发展，充分发挥海洋优势。

第三节　立足县域要素禀赋，盘活县域优质存量资产

一、培育企业创新主体意识，促进科技研发机构建立

企业的科技创新活力是与政府管理机制、政策推进息息相关的，机制的严格与否、政策推进力度等因素在很大程度上会影响一个地区的经济发展环境。政府应引导县域企业成为县域科技创新的主体，推出利于科技创新的新政策、新制度，营造良好的技术创新环境。企业也应发挥自身力量，争当创新研究和成果研发的先锋军，推进科技与企业盈利相融合、创新与企业经营相聚合的公司体系建设，推动县域科技成果产业化的进程。建立相关领导挂钩联系重点企业制度，加强对企业开展研发投入、高企培育工作的指导，多渠道、多形式宣传推广科技政策，确保企业应享尽享。以泉州市为例，近年来泉州已在线上平台组织举办了 6 期高新技术企业申报培训班，累计培训 1 300 多人次。筛选 100 家重点培育企业组织开展"专家一对一"线下辅导服务，已开展服务 53 家。开展高企申报调研摸底。2020 年拟申报高企 205 家，其中国家高新技术企业第一批拟申报 145 家；国家高新技术企业第二批拟申报 60 家①，提升县域创新质量。此外，应加强县域特色企业与当地科研院所、地方高校的联系，推动三者进行更深层次的融合交流，建立起互利互惠、良性循环的关系，促进协同创新。

而对于科研机构较少的县域，当地政府应鼓励企业推进支柱建设，建设起自己的研发机构，通过厘清政府与企业的关系，简化审批流程，完成相对应的权力下放，释放地方企业的活力。与此同时也应加强县域竞争性项目的遴选推荐，提高申报项目的命中率。认真研究国家、省各类科技计划指南，及时组织指导企业、科研单位申报，做好项目审查、评审、考察，确保优秀项目推荐上报，提高项目申报质量。而在政策上，应加快落实税费减免，对于企业开展的研发活动给予经济援助，对于产出良好的企业给予相应的奖励。例如，泉州市政府于 2021 年组织 569 家企业申报当年企业研发经费投入分段补助，预计补助 1.8 亿元，同比增长 38.4% 。而对于企业研发经费投入增量部分，市级财政再按市级承担部分

①　泉州市开展高企群体"增量扩面"专项行动［EB/OL］. 福建省科学技术厅网站，2020 - 06 - 29，http：//kjt. fujian. gov. cn/xxgk/gzdt/sxdt/202006/t20200629_5311926. htm.

的 50% 给予增加奖补，补助 127 家企业。而正是如此大的政策助力，2020 年泉州市高新技术企业数量突破 1 000 家。截至目前，省科技小巨人领军企业泉州市有 739 家，居全省第一。全市 749 家入库国家科技型中小企业。[①] 通过培育壮大高新技术企业和高成长性企业群体，为泉州市高新技术产业发展提供支撑。

二、畅通生产要素流动，实现供需有效循环

优化资源配置，是促进经济高质量发展的重要抓手，也是促进科技创新发展的重要推动力。提高资源配置的效率，首先在于畅通生产要素的自由流动。要素的自由流动对于资源配置优化来说，其重要性不言而喻。生产要素的自由流动能有效解决资源配置扭曲的问题，让有效的资源更加集中地分配到效率更高、产出更大的领域，实现生产可能性边界的跨越式发展。想要促进要素自由流动，需要构建"双循环"新发展格局，让一切生产要素更加自由公平地流动，更加高质量地运用两个市场、两种资源，让两个市场与资源相互融通，在需求与供给之间形成真正有效直接的循环，让经济焕发出更大的生机与活力，从而提高全要素生产力，促进经济更加高质量发展，让经济实现从高速发展到高效发展的转变。其次，要提高就业的充分性、稳定性以及平等性。就业的一边联系着生产，供给的质量取决于劳动的质量；另一边就业的情况也决定了消费者的收入，决定了消费者的消费能力，通过就业的提高可以实现供需的联系，真正在供给与需求之间形成有效的循环，让供给推动需求，让需求拉动供给，形成需求牵引供给、供给创造需求的更高水平动态平衡，培育完整的内需体系，让内需作为经济发展的基本动力，拉动经济高质量稳定发展。而企业作为市场的重要组成部分，政府应推动企业资产重组，提高资源配置效率，鼓励县域核心企业之间进行强强联合，实施跨所有制的关联性战略性重组，带动中小企业向"专精特新"发展，形成县域龙头企业主导、多企业协调发展的产业格局。支持行业核心企业积极整合、扩展相关产业链上下游资源，开展兼并重组，多元化、集团化发展；兼并重组后企业实施的技术改造、技术创新、"两化"[②] 融合等符合产业政策的项目，政府应积极给予支持、帮扶，落地相关领域的扶持政策，为企业发展提供助力。

---

① "十三五"以来 泉州全社会研发投入增加近一倍［EB/OL］. 泉州网，2020 - 12 - 27，https：//www.qzwb.com/gb/content/2020 - 12/27/content_7071026.htm.

② 两化融合：信息化和工业化的高层次的深度结合，是指以信息化带动工业化、以工业化促进信息化，走新型工业化道路。

三、全面深化改革，优化资源配置

经济发展新常态下，我国经济由高速发展逐步走向中高速发展，要求稳中求进，由将速度放在首位转向兼顾质量与速度，推动经济高质量发展则要求促进产业结构进行转型升级，转变原有的经济发展方式，向更高水平发展模式迈进。与此同时，经济环境也就变得更加复杂。也正是这一个经济发展由求"速"向求"质"转变的大环境，对我国经济发展方式提出了更加严格的要求：由简单粗放型发展转变为结构合理的精细化发展，推动产业结构转型升级，多产业融合发展，真正释放经济潜力。全面深化改革势在必行。改革应分为两部分进行。一是深化科技体制改革，将我国的技术优势、人才优势、制度优势有机结合起来，推动自主创新能力的跨越式提高，通过科技与自主创新能力的提高，为要素的畅通营造有利环境，增加产业链发展的稳定性与持续性。现今，我国在国际供给中处于中低端位置，想要摆脱中低端，就要提高科技能力水平，提高自主创新能力，将核心技术牢牢把握在自己手里，将科技与经济深度融合，提升高端供给能力，让我们从国际产业链和价值链的中低端跃升至高端供给，进而在国际产业链和价值链分工中占据主动地位。建立起安全稳固的产业链与供应链，筑牢构建新发展格局的根基。二是深化供给侧结构性改革，淘汰产能过剩行业、破除低效无效低端供给，让要素资源加快向有效中高端产业，如高科技产业、绿色产业以及新能源等产业聚集，矫正生产要素配置扭曲，扩大有效供给，提高供给结构对需求侧的适用性和灵活性，全面优化调整产业布局，推进结构优化调整，提高创新力、竞争力和综合实力，加快构建新发展格局。

第四节　聚焦县域紧缺岗位，创新人才培养模式

一、强化制度建设，提高县域经济和人才吸引力的匹配度

人才集聚是县域的重要组成部分，是县域竞争力的核心指标之一。人才吸引和集聚与区域经济紧密相连，是共生、共促的关系。一方面，人才集聚促进县域经济发展。新西兰学者切奇曼（Churchman）、伍德豪斯（Woodhouse）和美国学者加尔布雷斯等提出，互联网时代，人才和科技在经济增长中的作用远大于物

质。在国内，县域内人才的数量和质量与区域发展呈正比关系。从国际视角看，美国硅谷等著名区域经济的崛起离不开区域内高校毕业的各大人才的大力支撑。另一方面，县域经济支撑人才集聚。某种程度上，培养和吸引人才是一种"公共产品"，其本身不具有收益，必须依赖财政的支撑和保障。区域经济发达，人才才能得到更大的保障。区域经济发展质量越高，所获得的生源、办学条件导致人才的数量、质量就越好，产学研用水平以及毕业生创业创新和就业质量就越高。这方面可以借鉴珠海经济区的做法。作为经济特区和中国新一轮改革开放的先行区域，中国珠海市始终坚持以创新驱动，重视人才培养管理工作，并制定出了一套专门扶持高科技人才创新创业的政策措施——《中国珠海市人员引入审核方法》，不但破除了户口、土地、学历等限制人员自由流动的壁垒，而且放开了人员引入的限制。① 目前大量人才进入了中国珠海市。其中，超过八成人员聚集于高新技术产业、制造业和小微产业。后面珠海将积极吸纳一大批具备全球能力的技术领先人员和创新型人才，形成全球高端人力资源聚集地。

福建省县域的经济发展与人才吸引力的匹配度不高。以泉州为例，泉州作为海上丝绸之路的起点，拥有高校 18 所，2020 年在校人数超过 17 万人，毕业生数超过 3.5 万人。② 泉州市作为万亿 GDP 城市，其经济规模与人才规模不相匹配。近年来，泉州市的人才发展速度落后于经济发展速度，协同性明显不足，与泉州的建设目标匹配度不高，对于"泉州智造 2025"产业升级要求的针对性不强。站在县域发展层面，福建省须将高校人才培养置于县域产业经济升级规划中，特别是对数字、海洋、绿色、外向型经济升级发展，要强化专业设置和对接，积极整合学科资源，高质量、高标准建设面向福建省县域产业经济升级的品牌专业学科，例如永泰县全县正以供给侧结构性改革为引领，以项目为根本抓手、以产业为最大支撑、以创新为第一动力，全力推进创新发展践行区、"两山"理念试验区、全域旅游示范区、乡村振兴先行区、新兴产业成长区、生态宜居幸福区"六区"建设，努力为省会现代化国际城市建设、福州都市圈发展做出独特贡献，这就需要提升人才的专业结构与区域产业经济升级的匹配度和适用性。积极推进高校与区域经济体的对接，加大互动力度，深入推进人才、技术交流合作，加强制度保障，实现常态互动、深度融合。

① 直接送房，这座城市推最强抢人大招！其他城市惊呆了 [EB/OL]. 人民日报, 2018 - 04 - 27, https：//baijiahao. baidu. com/s?id = 1598898044258434635&wfr = spider&for = pc.

② 刘琛. 高等教育与区域产业经济升级互动研究——以福建省为例 [J]. 国际商务财会, 2021 (18)：87 - 89.

二、强化福利政策和资源配置，推动人才县域经济均衡发展

借鉴珠海经济区模式，在县域内提出福利政策并使用好当地的资源吸引人才入驻，以满足福建省县域产业经济升级的需求。要突出和发挥福州作为省会城市的优势，引领区域内经济发展；发挥厦门对台湾交流的先发优势，深化闽台融合战略，打造闽台融合示范区，吸引台湾人才入闽；发挥华侨文化吸引海外资金，为国外同乡和公司开辟交流途径，打造交流平台，使大家在福建省寻求进一步发展的机会，为福建省全面优质经济发展贡献力量；福清市、闽侯县、闽清县以及长泰县、龙海市应深度融入省会城市和特区建设，享受项目、资金、人才和政策外溢，作为城市扩张的承载腹地，进行连片开发，主动承接产业转移，在此基础上，再根据县域产业经济发展需求，推动高校科研、创新创业等融入地方和产业协同，为县域经济发展提供人才支持，与县域经济协调发展。

三、强化产业升级，带动人才与县域经济长效发展

着力推动民营经济发展的县（市），比如晋江市、石狮市、南安市和南靖县，应通过发扬民营企业家精神，培育爱拼才会赢的竞争氛围，长期扎根实业，发展实体经济，注重品牌创建和打造百年老厂，探索出"晋江经验"等自主发展的县域经济模式。对于纵向延伸产业链、横向拓展多元产业的县（市），比如上杭县，应充分发挥龙头企业的带动作用，纵向延伸金铜产业链条，形成铜加工、稀贵金属、循环经济三条产业链；永安市着力打造汽车及机械加工、纺织、石墨和石墨烯等三大主导产业集群建设，进一步夯实产业基础；惠安县以重化产业为基础，打造石化上下游贯通的产业链。制订符合当地人才需求的人才培养方案，推进教学改革，强化协同创新，加大师资队伍和科研团队建设，培育、引进协同创新、升级发展领军人物，打造高水平研究团队。梳理技能型人才培养方案，以社会发展和行业需求为导向，定期将人才培养方案以及教学大纲与行业企业进行沟通调整，通过"订单式"人才培养模式，推动产学研协同创新。

四、强化创业服务，推动扶持人才战略和县域经济协调发展

以福州市台江区行政服务中心为例，作为全省首个入驻行政服务中心的"人才助理专窗"，由区里的金融、法务党员人才在窗口轮值驻点、开展服务来解答

企业运营中应规避的法律风险问题。在省级扶贫开发重点贫困县——南平市政和县，信用社推出了"普惠金融卡"，在青年创业团体中先筛选出一批诚信意识较强、有一定创业经验的人群，为其办理拥有手续便捷、随还随贷等特点的普惠金融卡，解决了创业青年资金困难的问题。

由于许多毕业生的创业想法经不起市场的考验，同时缺乏商业信用，大学生信用档案没有和社会接轨，导致外部投入资金甚少，大学生对创业的理解还停留在概念上。大学生创业优惠政策为大学生进行创业之路提供许多便捷，落实了扶持政策，努力提高了创业成功率，并延长了企业存活期；缓解了就业压力，避免人才资源浪费；提高了创业者的实践能力，培养其创新精神与创新意识，实现科技创新与成果转化，推动经济的转型升级，增加社会财富的同时还能拉动民间投资，带动地域经济持续稳定发展。

第五节　重视环境承载能力，健全多元可持续发展机制

一、切实践行"两山"理念，推进县域经济可持续发展

"绿水青山就是金山银山。"① 各县域要贯彻落实新发展理念，持续推进生态文明建设，守护好生态保护红线，实现县域经济可持续发展。

首先，各县域要持续推进产业绿色化、无害化建设，减少污染物的排放。县域可以大力兴建绿色建筑，加大科技投入，改进生产工艺，推行绿色施工，优化生产布局，大力推动产业园区绿色化、循环化改造，实现产区环境生态化、生产工艺科学化、资源利用高效化，紧密围绕产业转型发展、创新发展、绿色发展新目标，全方位推动产业绿色转型，实现产业高质量发展。同时，各县域可以积极推广节能门窗、绿色建材、绿色照明，鼓励发展清洁能源，推动公共交通工具和物流配送、市政环卫等车辆电动化，推进生产生活低碳化，减少能源消耗，助力实现碳达峰、碳中和目标。加大对节能低碳节水用品和环保再生产品的宣传力度，减少一次性消费品和包装的用材消耗。其次，各县域要严格环境执法，严把环保审批，加大环境保护常态监管力度，构建水陆统筹、天地一体、责任明确和

---

① "为什么说绿水青山就是金山银山？"［EB/OL］. 人民网，2021 - 11 - 09，https：//baijiahao. baidu. com/s?id =1715924960953578829&wfr = spider&for = pc.

数据共享的生态监测物联网体系，坚决遏制新增违法违规问题，落实区域生态环境空间评价制度和生态环境管控清单准入制，加强中长期环境质量预报能力建设，实施好空间的生态环境属性差异化管控，保障和维护生态安全底线和生命线。最后，各县域要积极开展生态修复工作，打造蓝绿生态空间，规范各类生产生活、开发建设活动，完善县域生态绿地系统，依托山、水、林、田、湖、草等自然基底建设生态绿色廊道，加大对黑臭水体的治理力度，加强河道、水环境修复，全面推进岸边增绿补绿工作，恢复和增强水体自净能力。

二、补齐污染物处理设施短板，赋能县域经济可持续发展

人民群众日益增长的对美好生活和优美生态环境的需要，也要求各县域推进污染物资源化利用，推动减污降碳协同增效，切实提高污染物削减绩效，共建生态县域。一方面，各县域要建立健全垃圾分类收运体系，规范垃圾收集处理体系，补齐垃圾处理能力缺口。鼓励发展垃圾焚烧炉，推进生活垃圾分类投放收集，做好垃圾焚烧全流程恶臭防治，规避传统填埋方式污染周围环境、占用城市土地资源等一系列问题。在燃烧方式、炉排、产品大型化等技术上进行创新，提高燃烧过程的安全性，提升燃烧过程的能量转化率，真正做到有害气体零排放，整个过程清洁、无害。同时，健全县域医疗废弃物收集转运处置体系，合理布局危险废弃物收集和集中利用处置设施，提高县域垃圾处理的综合能力。另一方面，各县域要统筹规划、协同推进污水资源化利用工程、再生水循环利用系统建设，完善老旧城区污水收集管网，增强污水收集处理能力。根据"按需而定、量力而行"原则，搭建与县域经济发展阶段相适应、可持续的污水资源化利用的回收模式，避免污水处理设备运行负荷过低和处理能力过剩等问题。推广环境污染第三方治理，采取市场化竞争方式来帮助政府选择运行维护主体，同时，可以通过市场定价和政府购买、补贴等多种灵活机制，确保污水处理公司能够获得合规的经济收益，助力生态城市建设。

下篇　特色产业篇

福建省县域产业发展现状

福建省县域经济发展快速活跃，无论是土地面积、人口及经济总量都超过全省占比平均数，高达 70%、60% 及 50%[①]，已经成为福建省经济高质量发展、城乡一体化、乡村振兴协调发展的助推器，是福建省高质量发展的强大动力。县域经济的支柱是产业，产业兴则县域强，产业发展的吸引力在特色。应立足县情，利用当地独特的自然资源禀赋，挖掘特有的历史文化蕴意，发挥产品市场优势，打造特色产业，积极赋予产业创新动能，走出科学发展、人无我有、人有我优的高端化差异化的道路，带动区域经济全面高质量发展。

福建省共有九个地市，55 个县（市，不含区）[②]，每个地市都有其自身特色产业，如何结合当地资源禀赋特点制定产业发展战略尤为重要。只有充分了解各地市三大产业发展状况才能准确把握各个地市的优劣势，进行精准定位，构建县域特色产业体系。

第一节　福建省各地市产业布局分析

一、福建省产业发展总体分析

随着福建各地市 2021 年 GDP 的出炉，可以发现各地差异明显。福州和泉州

---

① 2020 年福建省县域经济"十强"、"十佳"榜单揭晓 ｜ 闽商关注 [EB/OL]. 中新网福建，2021 - 01 - 01，http：//www. fj. chinanews. com. cn/news/fj_rmjz/2021/2021 - 01 - 01/478679. html.

② 走进福建 [EB/OL]. 福建省人民政府网站，2021 - 03，https：//fujian. gov. cn/zjfj/.

GDP 均突破 1.1 万亿元，福州实际增速在 8.4% 左右，高于泉州的 8.1%；厦门表现不达预期；宁德则一鸣惊人，GDP 达到 3 151.08 亿元，实际增长 13.3%，以黑马之姿连超三市，从第八位跃居第五位。漳州是 2020 年唯一负增长的城市，2021 年突破 5 000 亿元大关，经济回暖（见图 7 - 1）。而三大产业结构分布中，南平市第一产业占比最高，约为 16.4%，泉州市第二产业占比最高，约为 56.9%，厦门市第三次产业占比最高，约为 58.6%，第二产业比重超 50% 的地市有泉州、宁德、莆田、三明（见图 7 - 2）。第一产业增加值中福州、漳州稳居前二，增速位居前三的分别是福州（6.0%）、南平（5.8%）、三明（5.8%）。第二产业增加值前三位分别是泉州、福州和厦门，其中泉州超 6 000 亿元，领跑全省；增速前三位分别是宁德、龙岩（8.1%）和福州、泉州（并列第三，约为 7.3%），其中宁德高达 19.4%，表现亮眼。第三产业增加值位居前三位的分别是福州、泉州和厦门，其中福州超 6 000 亿元，高居第一；增速前三位的是泉州（9.4%）、福州（9.3%）、厦门（9.0%）、漳州（9.0%）（见图 7 - 3 ~ 图 7 - 5）。

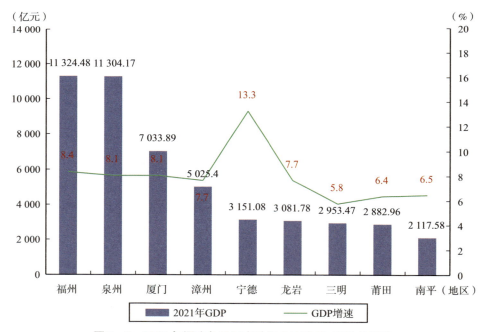

图 7 - 1　2021 年福建各设区市地区生产总值 GDP 核算表

资料来源：根据福建省统计局相关数据整理。

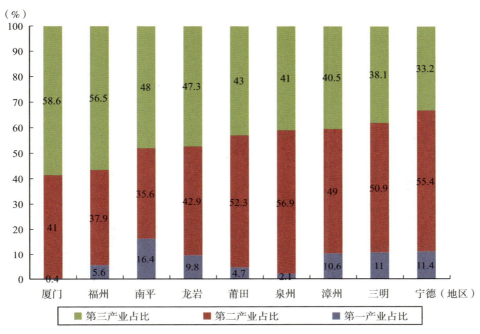

图 7－2　2021 年福建各地市三次产业结构情况

资料来源：根据福建省统计局相关数据整理。

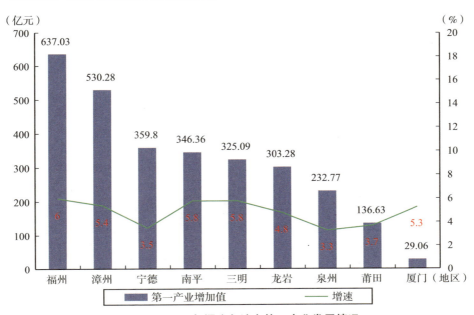

图 7－3　2021 年福建各地市第一产业发展情况

资料来源：根据福建省统计局相关数据整理。

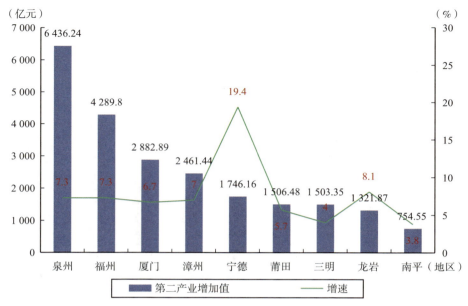

图 7 - 4　2021 年福建各地市第二产业发展情况

资料来源：根据福建省统计局相关数据整理。

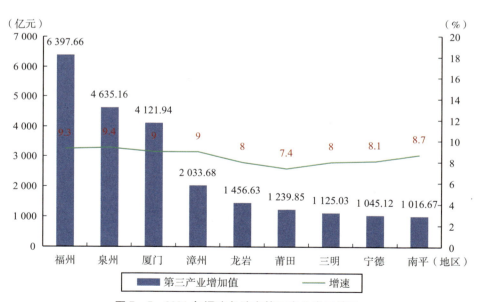

图 7 - 5　2021 年福建各地市第三产业发展情况

资料来源：根据福建省统计局相关数据整理。

二、福建省各地市产业布局分析

（一）福州市产业布局分析

福州市下辖鼓楼、台江、仓山、晋安、马尾、长乐 6 个区，闽侯、连江、罗源、闽清、永泰、平潭 6 个县，以及县级市福清（见图 7-6）。"十三五"期间，福州市经济总量实现了跨越式的突破，2021 年地区生产总值 11 324.48 亿元，年均增长 8.4%，实现破万亿元，首次超过泉州，位居第一，经济体量在全国百强

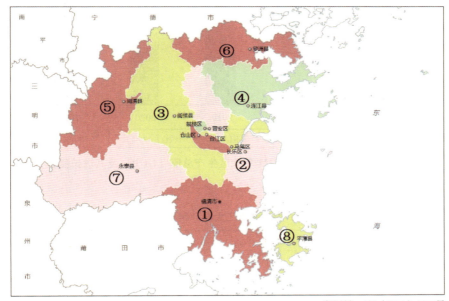

审图号：GS（2022）1873号

图 7-6　福州市主要产业分布图

注：①福清市——电子信息、食品加工、玻璃产业、纺织新纤、生物医药、电力能源；
②长乐区——纺织、冶金、建材；
③闽侯县——汽车产业、机电制造产业、工艺品产业、食品、服装纺织；
④连江县——水产、海运、建筑建材、食品加工、机械电器；
⑤闽清县——陶瓷产业、建筑业；
⑥罗源县——食用菌产业、钢铁产业、海洋产业、新能源产业；
⑦永泰县——建筑业、旅游业、特色农业；
⑧平潭县——旅游文化康体、物流贸易、总部经济。
图中序号按 GDP 大小排序。
资料来源：中华人民共和国民政部网站，http：//xzqh. mca. gov. cn/map.

GDP 城市中排名第 20 位①，保持在中高速发展区间。三大产业增加值分别为 637.03 亿元、4 289.80 亿元、6 397.66 亿元，同比增长分别达到 6.0%、7.3% 和 9.3%，对经济增长贡献率分别为 4.0%、32.5%、63.5%，分别拉动其增长 0.3、2.7、5.3 个百分点（见表 7 - 1）。

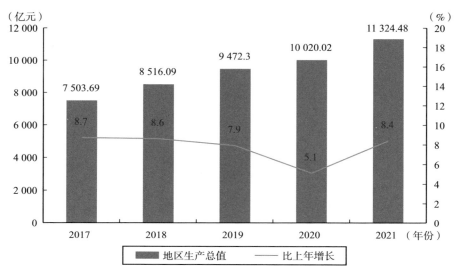

图 7 - 7　福州市 2017 ~ 2021 年地区生产总值（GDP）及其增长速度
资料来源：根据福建省统计局相关数据整理。

表 7 - 1　　　　　　　　　　　2021 年福州市三大产业结构构成

项目	GDP	第一产业	第二产业	第三产业
增加值（亿元）	11 324.48	637.03	4 289.80	6 397.66
同比增长（%）	8.4	6.0	7.3	9.3
GDP 占比	100	5.6	37.9	56.5
经济增长贡献率（%）	100	4.0	32.5	63.5
拉动地方经济增长幅度（%）		0.3	2.7	5.3

资料来源：根据福建省统计局相关数据整理。

　　福州市的各辖区经济发展模式各有千秋，有的着重在高新技术产业，有的致力于发展农业，都初见成效。但是，福州市各县区的经济发展水平也存在明显差

---

　　① GDP100 强城市：江苏 13 市全入围，这些城市为何崛起 | 数读中国［EB/OL］. 第一财经，2022 - 03 - 14，http：//www.fuzhou.gov.cn/zgfzzt/sjxw/zzbz/ghjh/ndjh/202202/t20220207_4304803.htm.

异（见表 7 - 2）。其中鼓楼区的经济总量高居全市县域的首位，以三产占绝对优势，其对 GDP 的贡献率超过 80%；排名第二的福清市是福州市唯一的县级市，规模以上企业完成工业总产值接近两千亿元，是一个典型的工业经济强县。在 13 个县区的产业构成中，二产为主的占 8 个，分别为福清市、长乐区、闽侯县、连江县、闽清县、罗源县和永泰县；三产为主的占 5 个，包括鼓楼区、晋安区、仓山区、台江区、平潭县。

表 7 - 2   2021 年福州市各县（市、区）GDP 产值及主导产业

GDP 排行	区域	2021 年 GDP（亿元）	2020 年 GDP（亿元）	增速（%）	主导（支柱）产业
	福州市	11 324.48	10 020.02	8.4	纺织化纤、轻工食品、机械制造、电子信息、冶金建材等五大千亿产业集群和 16 条产业链
1	福清市	1 414.04	1 228.54	10.6	电子信息、食品加工、玻璃产业、纺织新纤、生物医药、电力能源
2	长乐区	1 143.9	1 003.41	9.4	纺织、冶金、建材
3	闽侯县	881.16	793.04	9.4	汽车产业、机电制造产业、工艺品产业、食品、服装纺织
4	连江县	671.44	594.85	7.2	水产、海运、建筑建材、食品加工、机械电器
5	闽清县	389.78	344.88	6.2	陶瓷产业、建筑业
6	罗源县	359.06	316.61	7.3	食用菌产业、钢铁产业、海洋产业、新能源产业
7	永泰县	339.31	300.31	5.9	建筑业、旅游业、特色农业
8	平潭县	339.2	301.43	5.8	旅游文化康体、物流贸易、总部经济

资料来源：根据福建省统计局相关数据收集整理。

三次产业结构持续优化，2021 年三次产业增加值占地区生产总值的比重为 5.6 : 37.9 : 56.5。农业产业化继续推进，新增两家国家级农业产业化龙头企业，327 家市级以上农业产业化龙头企业年产值首次突破 1 000 亿元，同比增长 13.3%。2019 年福州市工业总量首次突破万亿元，2021 年更是迈上新台阶，总量超 1.2 万亿元，全市规上工业增加值同比增长 9.5%，创 2016 年以来历史新高，在东部沿海省会城市中居首位，26 个全国省会城市中排第 2 位。[①]

---

① 福州市工业和信息化局 2021 年工作总结及 2022 年工作安排 [EB/OL]. 福州市人民政府网站，2022 - 02 - 07，http：//www.fuzhou.gov.cn/zgfzzt/sjxw/zzbz/ghjh/ndjh/202202/t20220207_4304803.htm.

136 家工业龙头企业全年完成产值超 5 700 亿元，比增 26.5%，包括新增的纺织化纤、轻工食品两个超 2 000 亿元产业，目前共 5 家千亿企业，16 家百亿企业，其总数占全省的 1/3，高居榜首。2 700 家规模以上工业企业数，比上年增加 111 家，充分发挥龙头带动作用，产业集聚效应越来越强。第三产业中龙头服务业企业数量进一步突破，规模以上服务业实现营业收入 2 753.26 亿元，比上年增长 28.9%，高于全省平均水平 6.6%。[①] 营收超亿元企业达 367 家，其中 5 家企业超 50 亿元，1 家企业超 100 亿元，实现零的突破。超亿元企业合计实现营业收入 2 142.13 亿元，总量占全市规上服务业的 77.8%；营收同比增长 39.8%，增幅高于全市平均水平 10.9 个百分点，增量贡献率达 98.8%，拉动全市规上服务业增长 28.6%，吸纳就业人数 21.9 万人。[②] 其中商务服务业营业收入达 726.72 亿元，总量位居各行业首位，增长 61.1%，增长贡献率高达 44.6%。

福州市拥有福建省最多的顶级企业，福建省最大的 100 家企业中，福州市占了 45 家。2020 年福建省前 20 位榜单中福州企业高达 12 家（见表 7-3）。虽然福州市的三次产业都取得不同程度的发展，但仍然存在一些问题：产业结构不够优化；"三高"企业（高技术、高附加值、高成长）偏少；规模以上企业总量偏小、数量偏少，规模以上工业企业数仅 2 700 家，只有泉州市企业的一半，规模以上工业增加值率仅 21% 左右，低于全省平均水平约 3 个百分点。

表 7-3　　　　　　　　2020 年福建省 20 强企业榜单

排行	企业名称	属性	地区	营业收入（万元）
1	兴业银行股份有限公司	国有	福州	35 195 200
2	厦门建发集团有限公司	国有	厦门	33 969 015
3	厦门国贸控股集团有限公司	国有	厦门	29 561 335
4	厦门象屿集团有限公司	国有	厦门	28 418 162
5	阳光龙净集团有限公司	民营	福州	24 807 843
6	青拓集团有限公司	民营	宁德	13 675 492

① 福州市政府工作报告（2022 年）［EB/OL］. 福州市人民政府网站，2022-01-12，http://www.fuzhou.gov.cn/zwgk/zfgzbg/202201/t20220118_4293030.htm.
② 2021 年重点企业引领福州服务业高速增长［EB/OL］. 福州市人民政府网站，2022-03-14，http://fuzhou.gov.cn/zgfzzt/qyrz/xxcy/202203/t20220314_4325342.htm.

排行	企业名称	属性	地区	营业收入（万元）
7	紫金矿业集团股份有限公司	国有	龙岩	13 609 798
8	国网福建省电力有限公司	国有	福州	11 526 360
9	融侨集团股份有限公司	民营	福州	8 650 762
10	永辉超市股份有限公司	民营	福州	8 487 696
11	福建省冶金（控股）有限责任公司	国企	福州	8 208 892
12	戴尔（中国）有限公司	外资	厦门	6 173 735
13	福建大东海实业集团有限公司	民营	福州	5 733 625
14	福建联合石油化工有限公司	中外合资	泉州	5 704 659
15	融信（福建）投资集团有限公司	民营	福州	5 164 651
16	恒申控股集团有限公司	民营	福州	5 044 661
17	福建永荣控股集团有限公司	民营	福州	5 013 949
18	福建省农村信用社联合社	国有	福州	4 930 327
19	福建省能源集团有限责任公司	国有	福州	4 881 451
20	中化泉州石化有限公司	国有	泉州	4 879 553

资料来源：根据福建省企业与企业家联合会相关数据整理。

（二）厦门市产业布局分析

厦门市下辖思明区、湖里区、集美区、海沧区、同安区、翔安区 6 个市辖区（见图 7－8）。2021 年地区生产总值（GDP）7 033.89 亿元，首次突破 7 000 亿元大关，比上年同比增长 8.1%，GDP 总量居全省第 3 位，增速居第 3 位（见图 7－9）。以全省 1.4% 的土地面积，创造全省 14.5% 的 GDP、26.2% 的财政收入、近 50% 的外贸进出口。① 其中，三大产业增加值分别为 29.06 亿元、2 882.89 亿元、4 121.94 亿元，同比增长 5.3%、6.7% 和 9.0%（见表 7－4）。

---

① 厦门 GDP 增速蝉联副省级城市第一［N］.厦门晚报，2021－01－29，http：//xm. fjsen. com/2021－01/29/content_30629399. htm.

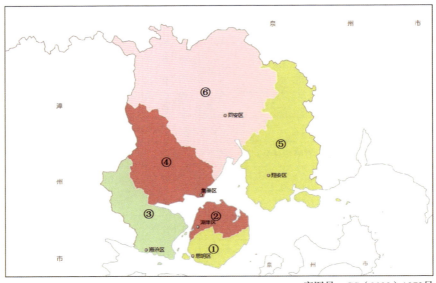

审图号：GS（2022）1873号

图 7 - 8　厦门市各区产业布局图

注：①思明区——软件和信息产业、金融业、文旅经济产业、商贸会展；
②湖里区——高端制造、商贸物流、新兴金融和产业创新产业；
③海沧区——生物医药、集成电路、新材料；
④集美区——机械装备、软件信息和服务、文化创意和旅游、现代物流、新材料、都市现代农业；
⑤翔安区——机械装备、平板显示、半导体和集成电路、新能源新材料；
⑥同安区——新材料、新能源、高端装备制造。
图中序号按 GDP 大小排序。
资料来源：中华人民共和国民政部网站，http：//xzqh.mca.gov.cn/map.

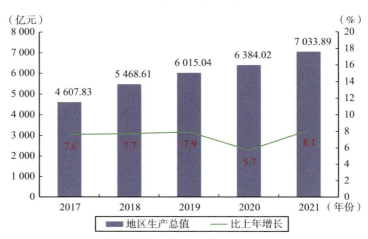

图 7 - 9　厦门市 2017～2021 年地区生产总值（GDP）及其增长速度

资料来源：厦门市统计局，国家统计局厦门调查队编．厦门市 2021 年国民经济和社会发展统计公报
［EB/OL］．2022 - 03 - 22，http：//tjj.xm.gov.cn/zfxxgk/zfxxgkml/tjsjzl/ndgb/202203/t20220322_2636525.htm.

表 7 - 4　　　　　　　　　　2021 年厦门市三大产业结构构成

项目	GDP	第一产业	第二产业	第三产业
增加值（亿元）	7 033. 89	29. 06	2 882. 89	4 121. 94
同比增长（%）	8. 1	5. 3	6. 7	9. 0
GDP 占比（%）	100	0. 4	41. 0	58. 6
经济增长贡献率（%）	100	0. 3	34. 6	65. 1

资料来源：厦门市统计局，国家统计局厦门调查队编. 厦门市 2021 年国民经济和社会发展统计公报 ［EB/OL］. 2022 - 03 - 22，http：//tjj. xm. gov. cn/zfxxgk/zfxxgkml/tjsjzl/ndgb/202203/t20220322_2636525. htm.

　　厦门市产业发展有力支撑着地方经济，三次产业结构在调整中不断优化，从 1978 年的 22. 3∶56. 7∶21. 0 优化为 2021 年的 0. 4∶41. 0∶58. 6，经济由第二产业主导向第三产业主导加快转变，现代服务业、新兴服务业迅猛发展，第三产业已成为经济发展的第一动力，拉动 GDP 增长 3. 1 个百分点。目前规模以上工业企业 2 537 家，工业增加值增长 11. 9%，其中，920 家企业产值超亿元，占比高达 89. 3%。两大支柱行业（电子、机械）共有规模以上工业企业 1 259 家，占比达 49. 6%，工业产值占比达 67. 6%，其中，电子行业产值占 36. 8%，机械行业产值占 30. 8%。服务业中的批发零售业、交通业、金融业、营利性服务业增加值合计对服务业增长的贡献率达 92. 0%，批发零售业销售额、人民币存贷余额分别增长 43. 0% 和 13. 5%，均高于全省平均水平。[①]

　　全市"三高"企业 2 815 家，专精特新"小巨人"企业 79 家。2020 年全年增速超 20% 的工业、服务业、批零业"三高"企业分别达 295、90 和 17 家，强有力支撑经济回暖。电子和机械装备两大支柱产业规模快速扩大，软件和信息服务业从 2016 ~ 2020 年连续五年两位数增长，其中电子信息产业已发展成为第一大支柱产业。2019 年，厦门电子信息规上企业达 561 家，百亿元以上企业 7 家，亿元以上企业 209 家，境内外上市企业 25 家，产业规模近 5 000 亿元。厦门市还是国家光电产业集群唯一试点城市，并有全球最大的触控屏模组研发生产基地。LED 产业链集群全球第一，占全国出口额的近 40%，占全球产量的 1/3。[②]

　　2021 年厦门市发布了《厦门市产业空间布局指引（2021 年本）》，以更好地

---

　　① 厦门市统计局，国家统计局厦门调查队编. 厦门市 2021 年国民经济和社会发展统计公报 ［EB/OL］. 2022 - 03 - 22，http：//tjj. xm. gov. cn/zfxxgk/zfxxgkml/tjsjzl/ndgb/202203/t20220322_2636525. htm.
　　② 2020 年厦门市经济运行情况分析：GDP 同比增长 5. 7%（图）［EB/OL］. 中商情报网，2021 - 02 - 07，https：//www. askci. com/news/data/hongguan/20210207/1127461355089. shtml.

服务重点产业链群建设。该指引确定了先进制造业和现代服务业两个部分、9 类主导产业及两个综合性园区，共 60 个产业功能区，用地总规模达 30 979.7 公顷。其中先进制造业部分主导产业分为电子信息制造、材料与装备制造、生物医药、其他制造业四类。现代服务业部分主导产业分为现代物流、软件和信息服务、金融商务、文化旅游会展、新兴服务业五类。两个综合性园区分别是厦门科学城和厦门海洋高新产业园。目前，厦门市已建成半导体和集成电路、计算机与通信设备、平板显示等千亿产业链 9 家，5G、人工智能、大数据、生物医药、新材料等战略性新兴产业发展迅速（见表 7 – 5）。

表 7 – 5　　2020 年和 2021 年厦门市各县（市、区）GDP 产值及主导产业

GDP 排行	区域	2021 年 GDP（亿元）	2020 年 GDP（亿元）	增速（%）	主导（支柱）产业
	厦门市	7 033.89	6 384.02	8.1	电子信息产业集群、机械装备产业集群、商贸物流产业集群、金融服务产业集群
1	思明区	2 258.1	2 053	8.2	软件和信息产业、金融业、文旅经济产业、商贸会展
2	湖里区	1 539.41	1 395.75	7.2	高端制造、商贸物流、新兴金融和产业创新产业
3	海沧区	938.24	815.75	11.9	生物医药、集成电路、新材料
4	集美区	876	822.41	6.8	机械装备、软件信息和服务、文化创意和旅游、现代物流、新材料、都市现代农业
5	翔安区	781.79	705.87	7.3	机械装备、平板显示、半导体和集成电路、新能源新材料
6	同安区	640.36	591.21	6.8	新材料、新能源、高端装备制造

資料来源：厦门市统计局，国家统计局厦门调查队编. 厦门市 2021 年国民经济和社会发展统计公报 [EB/OL]. 2022 – 03 – 22，http：//tjj. xm. gov. cn/zfxxgk/zfxxgkml/tjsjzl/ndgb/202203/t20220322_2636525. htm.

（三）泉州市产业布局分析

泉州市共辖 13 个县级行政区，包括 4 个市辖区、3 个县级市、4 个县、1 个开发区、1 个投资区，分别是鲤城区、丰泽区、洛江区、泉港区、石狮市、晋江市、南安市、惠安县等 4 个县、泉州经济技术开发区、泉州台商投资区（见图 7 – 10）。2021 年实现地区生产总值（GDP）11 304.17 亿元，比上年同比增长 8.1%，经济总量连续 22 年保持全省第一，但在 2021 年被福州市赶超，位居第二位（见图 7 – 11）。三大产业增加值分别为 232.77 亿元、6 436.24 亿元、

4 635.16 亿元，同比增长 3.3%、7.3% 和 9.4%（见表 7-6）。第一、第二、第三产业对 GDP 增长的贡献率分别为 0.9%、51.3% 和 47.8%，三次产业比例为 2.1 : 56.9 : 41.0。① 泉州市是一座现代化的工贸港口城市，经济社会发展程度处于福建省及全国前列。

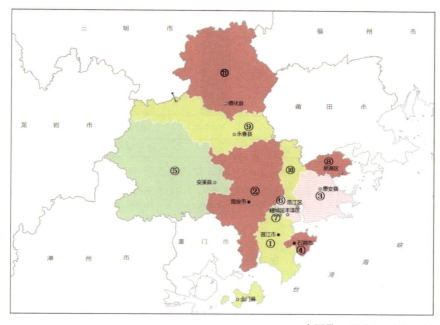

审图号：GS（2022）1873号

图 7-10　泉州市各县区产业布局图

注：①晋江市——鞋服产业、纺织产业、建材产业、食品产业；
②南安市——石材陶瓷业、日用轻工业、机械装备业、电子信息业、水暖厨卫业；
③惠安县——石雕石材、食品饮料、鞋服包袋、五金机械、建筑装饰；
④石狮市——纺织鞋服、机械装备、食品药品；
⑤安溪县——茶产业、藤铁家居工艺产业；
⑥丰泽区——纺织服装业、包袋鞋业、机械制造、树脂工艺品；
⑦鲤城区——纺织服装业、机械汽配业、电子通信；
⑧泉港区——石油化工产业、粮油食品加工、新材料、现代服务业；
⑨永春县——香产业、陶瓷产业、老醋产业；
⑩洛江区——机械装备、纺织鞋服、工艺制品、建筑家居；
⑪德化县——陶瓷业、旅游产业。
图中序号按 GDP 大小排序；图中未包括泉州经济技术开发区、泉州台商投资区。
资料来源：中华人民共和国民政部网站，http://xzqh. mca. gov. cn/map.

---

① 泉州市统计局，国家统计局泉州调查队. 2020 年泉州市国民经济和社会发展统计公报［EB/OL］.泉州市统计局，2022-04-19，http://tjj. quanzhou. gov. cn/tjzl/tjgb/202204/t20220419_2718483. htm.

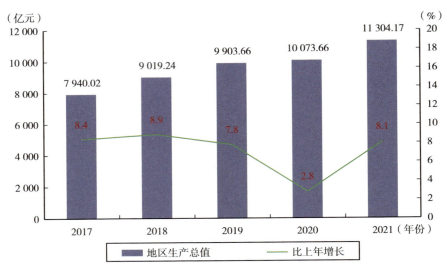

图 7 – 11　泉州市 2017～2021 年地区生产总值统计图

资料来源：泉州市统计局，国家统计局泉州调查队 . 2020 年泉州市国民经济和社会发展统计公报 [EB/OL]. 泉州市统计局，2022 – 04 – 19，http：//tjj. quanzhou. gov. cn/tjzl/tjgb/202204/t20220419_2718483. htm.

表 7 – 6　　　　　　　　　2021 年泉州市三大产业结构构成

项目	GDP	第一产业	第二产业	第三产业
增加值（亿元）	11 304.17	232.77	6 436.24	4 635.16
同比增长（%）	8.1	3.3	7.3	9.4
GDP 占比（%）	100	2.1	56.9	41.0
对经济贡献率（%）	100	0.9	51.3	47.8

资料来源：泉州市统计局，国家统计局泉州调查队 . 2020 年泉州市国民经济和社会发展统计公报 [EB/OL]. 泉州市统计局，2022 – 04 – 19，http：//tjj. quanzhou. gov. cn/tjzl/tjgb/202204/t20220419_2718483. htm.

　　从三大产业结构在 GDP 中的占比可以看出，泉州市制造业实力雄厚，第二产业占比较大，是 GDP 收入的主要来源，也是我国著名的制造业名城。泉州九大（纺织服装、鞋业、石油化工、装备制造、建材家居、食品饮料、工艺制品、纸业印刷、电子信息）千亿产业集群中，除电子信息产业外，其余八大支柱产业绝大部分都是传统制造业，尤以纺织服装、鞋业、食品饮料等传统轻工业为主（见表 7 –7）。2021 年工业对经济增长的贡献率达 51.8%，规模以上工业增加值增长 9.1%。年末全市拥有年产值超亿元工业企业 3 091 家，比上年增加 241 家，其中超 10 亿元企业 430 家，较去年增加 76 家。① 九大千亿产业集群占泉州市规模以上工业产值 90% 以上，是经济发展的核心支撑。

表 7-7　　　　　　　泉州九大千亿产业集群主导产业发展分析

产业	2019 年			2020 年			
	企业单位数（个）	工业总产值（万元）	工业增加值可比增长（%）	企业单位数（个）	工业总产值（万元）	增加净值	工业增加值可比增长（%）
主导产业	4 149	143 252 634	8.5	4 376	148 266 476.2	5 013 842.19	3.50
纺织鞋服	1 962	57 734 917	5.4	2 067	55 540 990.15	-2 193 926.846	-3.80
纺织服装	1 367	34 720 739	4.4	1 465	34 061 044.96	-659 694.041	-1.90
鞋业	595	23 014 178	7	602	21 495 242.25	-1 518 935.748	-6.60
石油化工	373	29 731 465	10	400	34 042 527.43	4 311 062.425	14.50
机械装备	707	21 425 268	5.7	767	21 746 647.02	321 379.02	1.50
建材家居	1 373	42 425 361	11.1	1428	45 267 860.19	2 842 499.187	6.70
特色产业	881	34 867 114	11	914	35 180 918.03	313 804.026	0.90
食品饮料	264	12 944 076	6	278	13 138 237.14	194 161.14	1.50
工艺制品	418	12 555 265	13.2	414	12 279 049.17	-276 215.83	-2.20
纸业印刷	199	9 367 773	15.1	222	9 808 058.331	440 285.331	4.70

民营实体经济是泉州 GDP 的支撑，2020 年民营经济贡献了全市 81% 的税收、82.1% 的 GDP、93% 的研发投入、96% 的城镇就业、95% 的企业数。2020年，泉州纺织服装产量占全国的 10%；鞋业产业方面，运动鞋产量占全国的40%、全球的 20%；石油化工产业方面，泉州市列入国家九大炼油基地之一；建材家居产业中，石材出口量占全国的 35%；食品饮料产业中，糖果产量约占全国的 1/4；工艺制品产业中，工艺陶瓷出口量占全国的 65%（见图 7-12）。② 近几年来，泉州市以新技术、新设备、新工艺和新标准"四新"积极转型升级，围

① 泉州市统计局，国家统计局泉州调查队. 2021 年泉州市国民经济和社会发展统计公报［EB/OL］. 泉州市统计局，2022-04-19，http://tjj.quanzhou.gov.cn/zwgk/zfxxgk/fdzdgknr/tjxx/tjgb/202204/t20220419_2718482.htm.

② 万亿新泉州：民营经济与制造业成就城市奇迹［EB/OL］. 证券时报，2021-04-20，https://baijiahao.baidu.com/s?id=1697518031615635827&wfr=spider&for=pc.

绕产业链布局创新链，实现"泉州制造"转向"泉州智造"，2021 年数据显示，泉州 55% 的规上企业已完成关键环节数控化改造、2 500 多家规上企业参与智能化改造，建成了超 100 间智能车间、近 1 000 条智能生产线、超 1 万台工业机器人。企业减少用工近 20%，效率提高 50%。①

纺织服装产量占全国的10%
糖果产量占全国的20%
石材进出口量占全国的60%
运动鞋产量占全国的40%
运动鞋产量占全球的20%

图 7-12　2020 年泉州市九大产业集群

资料来源：根据证券时报网相关数据整理。

2021 年，泉州市共有晋江市、南安市、惠安县和石狮市 4 个区县 GDP 突破千亿元，其中石狮市 GDP 首次突破千亿元大关。晋江市增速达到 10.5%，是泉州市和福建省经济实力最强的县区，常住人口超过 206 万人②，也是泉州市和福建省人口最多的区县（见表 7-8），稳定保持福建第一县的地位。洛江区是泉州市 GDP 增速最快的地区，增幅明显快于其他地区；泉港区增速最慢，但也逐渐开始扭负为正。③ 纵观泉州经济，主要以县域经济为主，GDP 分布呈现出了明显的县强区弱、中心城区偏弱的趋势，自 2021 年起，4 个市辖区的常住人口加起来才 160 万左右，这与全国绝大多数城市区强县弱的表现正好相反，一方面原因在于泉州高度发达的民营经济大力促进县或县级市经济发展；另一方面，与人口数量呈现一定的正相关，泉州经济实力最强的 3 个区县同时也是常住人口最多的 3 个区县，经济实力最弱的 2 个区县也是常住人口最少的 2 个区县。泉州城市建设与其经济实力很不相称，大量知名企业的总部扎堆厦门。有些地方甚至停留在县

---

①　规模连续两年保持两位数增长 数字经济赋能"泉州智造"［N］. 泉州晚报，2021-09-28，http：//www. quanzhou. gov. cn/zfb/xxgk/zfxxgkzl/qzdt/qzyw/202109/t20210928_2626313. htm.

②　详见《晋江市 2021 年国民经济和社会发展统计公报》。

③　泉州市各区县国民经济主要指标［EB/OL］. 泉州市各区县人民政府网站，2022-04-09，http：//tjj. quanzhou. gov. cn/zwgk/zfxxgk/fdzdgknr/tjxx/tjgb/202204/t20220419_2718482. htm.

城的水平，第三产业欠发达等，都有待完善。

表 7-8 2021 年泉州市各县（市、区）GDP 产值及主导产业

GDP 排行	区域	2021 年 GDP（亿元）	2020 年 GDP（亿元）	增速（%）	主导（支柱）产业
	泉州市	11 304.17	10 158.66	8.1	纺织鞋服产业、石化产业、机械装备产业、建材家居产业、电子信息产业、健康食品产业等九大产业集群
1	晋江市	2 986.41	2 616.1	10.5	鞋服产业、纺织产业、建材产业、食品产业
2	南安市	1 536.36	1 352.72	9.8	石材陶瓷业、日用轻工业、机械装备业、电子信息业、水暖厨卫业
3	惠安县	1 491.13	1 317.71	9	石雕石材、食品饮料、鞋服包袋、五金机械、建筑装饰
4	石狮市	1 072.51	937.15	10.4	纺织鞋服、机械装备、食品药品
5	安溪县	845.61	747.6	10.5	茶产业、藤铁家居工艺产业
6	丰泽区	807.48	763.9	6	纺织服装业、包袋鞋业、机械制造、树脂工艺品
7	鲤城区	705.01	622	9.9	纺织服装业、机械汽配业、电子通信
8	泉港区	657.8	734.4	-9.9	石油化工产业、粮油食品加工、新材料、现代服务业
9	永春县	541.23	494.5	6.1	香产业、陶瓷产业、老醋产业
10	洛江区	333.13	284.9	13.9	机械装备、纺织鞋服、工艺制品、建筑家居
11	德化县	327.48	287.7	11.6	陶瓷业、旅游产业

资料来源：根据泉州市各区县 2021 年统计公报整理。

（四）漳州市产业布局分析

漳州市下辖 4 个市辖区、7 个县，包括芗城区、龙文区、龙海市、长泰县、漳浦县、云霄县、诏安县、东山县、南靖县、平和县和华安县（见图 7-13）。2021 年实现地区生产总值 5 025.40 亿元，同比增速 7.7%，低于全国同期平均增速（8.10%），全国排名第 53 位，同比排名下降了 3 位，跌出全国经济 50 强。2020 年发展遭遇低谷，GDP 下降了 141.22 亿元，经济增速为 -3.9%，罕见出现"开倒车"现象，是福建省唯一负增长的城市，但 2021 年开始复苏（见图 7-14）。其中，第一产业增加值 530.28 亿元，第二产业增加值 2 461.44 亿元，第三产业增加值 2 033.68 亿元，同比增长 5.4%、7.0% 和 9.0%。三次产业比例由上年的 10.9∶48.2∶40.9 调整为 10.5∶49.0∶40.5（见表 7-9）。

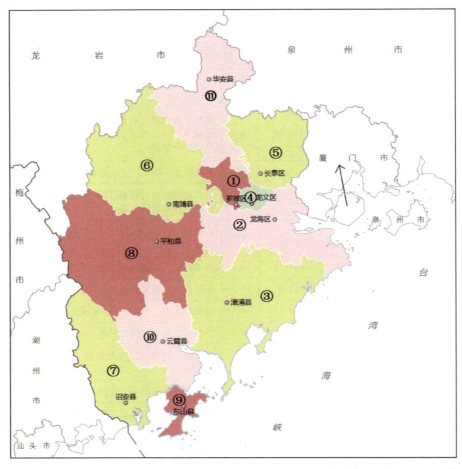

审图号：GS（2022）1873号

图 7 - 13 漳州市各县区产业布局图

注：①芗城区——食品加工、绿色钢铁深加工、高端装备制造和电子信息；
②龙海区——食品加工、汽车汽配、电力能源；
③漳浦县——食品医药、家居建材；
④龙文区——食品饮料业、精密机械装备、钟表产业；
⑤长泰区——新材料、智能制造、电子信息；
⑥南靖县——电子信息、机械装备制造、食品健康、新能源新材；
⑦诏安县——食品加工业、婴童用品业、海洋生物水产品加工、新能源；
⑧平和县——生态木业、新型建材、健康食品、机械制造；
⑨东山县——水产加工产业、玻璃建材产业；
⑩云霄县——清洁能源、电子信息、食品制造；
⑪华安县——茶业、食品、家具先进装备制造、智能家具家居。
图中序号按 GDP 大小排序。2021 年漳州龙海市撤市设立漳州市龙海区，长泰县撤县设立漳州市长泰区。
资料来源：中华人民共和国民政部网站，http：//xzqh. mca. gov. cn/map.

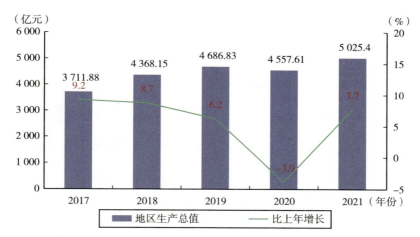

图 7 – 14　2017～2021 年漳州市地区生产总值及其增长速度

资料来源：漳州市统计局，国家统计局漳州调查队编．漳州统计年鉴（2019）［EB/OL］．2021 – 12 – 09，http：//tjj. zhangzhou. gov. cn/cms/infopublic/publicInfo. shtml?id = 830547164791930004&siteId = 530418360992730000.

表 7 – 9　　　　　　　　　2021 年漳州市三大产业结构构成

项目	GDP	第一产业	第二产业	第三产业
增加值（亿元）	5 025. 40	530. 28	2 461. 44	2 033. 68
同比增长（%）	7.7	5.4	7.0	9.0
GDP 占比（%）	100	10.5	49.0	40.5

资料来源：漳州市统计局，国家统计局漳州调查队编．漳州统计年鉴（2019）［EB/OL］．2021 – 12 – 09，http：//tjj. zhangzhou. gov. cn/cms/infopublic/publicInfo. shtml?id = 830547164791930004&siteId = 530418360992730000.

　　漳州市经济属于外向型经济，较为依赖外贸，2020 年受全球新冠肺炎疫情的影响，出口减少，经济下行压力增大，部分经济指标增长乏力，增速排名全省垫底。以南靖、龙海辖区为界，漳州北部各区县 GDP 总和达到 3 077. 91 亿元，南部各区县 GDP 总和只有 1 467. 71 亿元，南北比为 67.7：32.3，北部是南部的两倍多（见表 7 – 10）。从人均 GDP 收入来看，漳州各区县的人均 GDP 呈现由北向南递降的现象，即越往北人均 GDP 越高，越往南人均 GDP 越低。漳州北部各区县的人均 GDP 达到 123 665 元，南部各区县人均 GDP 只有 62 460 元，北部将近是南部的 2 倍。① 由此可见，漳州北部的县区，由于靠近厦门，依托厦泉两大经济发达

———————————

　　① 2020 漳州各区县人均 GDP 排名，南北差距较大 ［EB/OL］. 谈成论经，2022 – 01 – 03，https：//baijiahao. baidu. com/s?id = 1720927857231212139&wfr = spider&for = pc.

区，其经济发展水平越发达。

表 7-10　　　2021 年漳州各县（市、区）GDP 产值及主导产业

GDP 排行	区域	2021 年 GDP（亿元）	2020 年 GDP（亿元）	增速（%）	主导（支柱）产业
	漳州市	5 025.40	4 545.61	7.7	食品加工产业、钢铁产业、装备制造业、石化产业
1	芗城区	780.19	752.46	7.8	食品加工、绿色钢铁深加工、高端装备制造和电子信息
2	龙海市	656.68	1 115.75	8.0	食品加工、汽车汽配、电力能源
3	漳浦县	453.60	495.61	7.7	食品医药、家居建材
4	龙文区	375.89	349.07	9.1	食品饮料业、精密机械装备、钟表产业
5	长泰县	375.23	344.54	7.5	新材料、智能制造、电子信息
6	南靖县	343.84	345.33	4.5	电子信息、机械装备制造、食品健康、新能源新材
7	诏安县	328.27	287.63	8.5	食品加工业、婴童用品业、海洋生物水产品加工、新能源
8	平和县	271.49	254.57	6.1	生态木业、新型建材、健康食品、机械制造
9	东山县	204.40	198.25	3.5	水产加工产业、玻璃建材产业
10	云霄县	199.97	231.65	0.1	清洁能源、电子信息、食品制造
11	华安县	190.74	170.76	8.1	茶业、食品、家具先进装备制造、智能家具家居

资料来源：根据漳州市各区县统计公报整理。

漳州平原是福建最大的平原，也是著名的"鱼米花果之乡"，20 世纪 90 年代开始立足发展现代化农业，现已成为全国农业最发达的地区之一。积极创办台资农业项目，利用台资农业项目位居全国设区市第一位，是国家外向型农业示范区。至 2021 年底，全市产值亿元以上工业企业超 1 000 家，产值百亿元以上工业企业超 5 家；培育新增新上规模工业企业 220 家以上。全年全部工业增加值1 953.30 亿元，同比增长 7.6%。规模以上工业增加值增长 10.9%（见图 7-15）。"十三五"以来，漳州市重点培育发展的产业主要是食品、装备制造、钢铁、石化、电子信息、钟表、造纸、汽车汽配、生物医药等。食品产业是漳州的优势产业，也是漳州的支柱产业。2021 年，全市有食品规模工业企业 607 家，占全市规模工业企业的 1/4；规模工业产值约 1 400 亿元，约占全省食品产业产值的 1/4，在全省集约化程度最高、产业规模最大。未来漳州市继续实施"千百

亿产业培育行动计划"，力争培育食品加工、石油化工、海洋经济、装备制造、建材家居、冶金新材料、建筑业、文旅康养、特色现代农业9个千亿级产业集群和电子信息、绿色纸业、医药健康、新能源、数字服务5个五百亿以上产业集群，从而成为福建省内继福州、厦门、泉州后，第四个步入四千亿行列的地级市。[①]

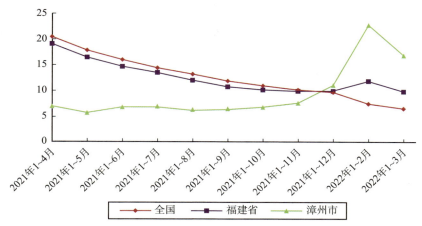

图7-15　规模以上工业增加值增速走势图

资料来源：根据国家统计局、福建省统计局、漳州市统计局相关资料整理。

（五）宁德市产业布局分析

宁德市下辖蕉城区、福安市、福鼎市、古田县、霞浦县、周宁县、寿宁县、屏南县、柘荣县9个县（市、区）（见图7-16）。2021年实现地区生产总值3 151.08亿元，首次突破3 000亿元大关，比上年增长13.3%，排名跃升全省第5位，增幅连续三年位居全省首位。[②] 其中，三大产业增加值分别为359.80亿元、1 746.16亿元、1 045.12亿元；同比增长3.5%、19.4%、8.1%，宁德市产业结构由"三一二"调整优化为"二三一"，三次产业占比由2000年的32.5∶28.8∶38.7调整为2021年的11.4∶55.4∶33.2（见表7-11）。

---

① 这次，漳州16个地区集体亮相！［N］.闽南日报，2022-01-10，https：//www.sohu.com/a/515405968_121123747.

② 宁德经济总量跃升全省第五位 人均GDP突破10万元［EB/OL］.人民资讯，2022-01-26，https：//baijiahao.baidu.com/s?id=1723015474162915964&wfr=spider&for=pc.

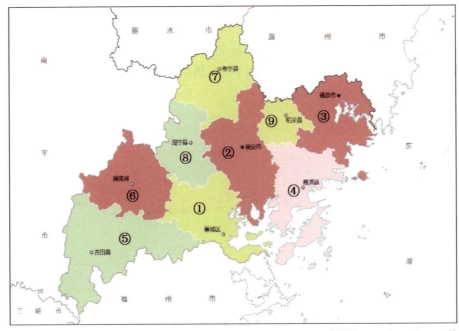

审图号：GS（2022）1873号

图 7 – 16　宁德市各县区产业布局图

注：①蕉城区——锂电新能源、新能源汽车、铜材料产业；
②福安市——食品加工、电机电器、船舶修造；
③福鼎市——茶产业、餐饮旅游、机械汽车零部件加工；
④霞浦县——海洋渔业产业、滨海旅游业；
⑤古田县——食用菌产业、水果产业；
⑥屏南县——花卉苗木产业、高山农业、旅游业；
⑦寿宁县——茶叶、工业新材料、汽摩装备、文旅康养；
⑧周宁县——高山生态产业、茶叶、不锈钢产业；
⑨柘荣县——生物医药、不锈钢产业、钢铁产业。
图中序号按 GDP 大小排序。
资料来源：中华人民共和国民政部网站，http：//xzqh. mca. gov. cn/map.

表 7 – 11　　　　　　　　　2021 年宁德市三大产业结构构成

项目	GDP	第一产业	第二产业	第三产业
增加值（亿元）	3 151.08	359.80	1 746.16	1 045.12
同比增长（%）	13.3	3.5	19.4	8.1
GDP 占比（%）	100	11.4	55.4	33.2
经济增长贡献率（%）	100	3.4	78.3	18.3

资料来源：根据福建省统计局相关数据整理。

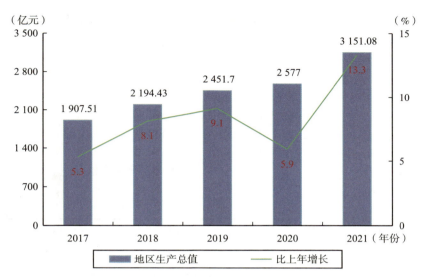

图 7 – 17　2017～2021 年宁德市地区生产总值及其增长速度

资料来源：根据福建省统计局相关数据整理。

　　受益于锂电新能源、不锈钢新材料、铜材料、新能源汽车四大主导产业增加值快速增长，2021 年宁德市的经济增速达 13.3%，分别高于全国和全省平均水平 5.2 个和 5.3 个百分点，增幅保持全省各设区市第一位（见图 7 – 18）。工业主导作用明显，实现工业增加值 1 500.88 亿元，同比增长 24.9%，工业增加值占 GDP 的比重达 47.6%[①]，比上年提高 5.9 个百分点，继续 4 年位居全省各设区市首位。四大主导产业增加值同比增长 59.1%，对全市规模以上工业增加值的贡献率为 107.7%，拉动全市增长 35 个百分点；占全市规模以上工业增加值的比重达 78.3%，形成由两个千亿产值和两个 200 亿产值产业构成的产业集群。[②] 规工以上高技术产业增加值同比增长 79.8%，占比 49.9%，贡献率达 89.9%。民营工业表现抢眼，总产值排名前十企业中民营企业有 6 家，超百亿企业共 11 家，规模以上民营工业占比为 65.1%，增加值同比增长 45.2%[③]，贡献率达 75.9%，高于全市平均增速 15.7 个百分点，产值亿元以上企业共计 261 家，其中十亿以

---

①　2021 年宁德市国民经济和社会发展统计公报［EB/OL］. 宁德市统计局，2022 – 03 – 24，http：//www. ningde. gov. cn/zwgk/tjxx/tjgb/202203/t20220324_1606931. htm.

②　37 个普通地市人均 GDP 超 10 万，主要分布在这些省份［EB/OL］. 第一财经，2022 – 08 – 08，https：//news. cctv. com/2022/08/08/ARTI3 AbiSyn7HzVOEJlsa783220808. shtml.

③　2021 年宁德市国民经济和社会发展统计公报［EB/OL］. 宁德市统计局，2022 – 03 – 24，http：//www. ningde. gov. cn/zwgk/tjxx/tjgb/202203/t20220324_1606931. htm.

上企业 32 家。工业用电量 188.49 亿千瓦时, 工业用电总量仅次于泉州和福州, 居全省第三, 但增幅保持全省首位, 同比增长 25.3%。①

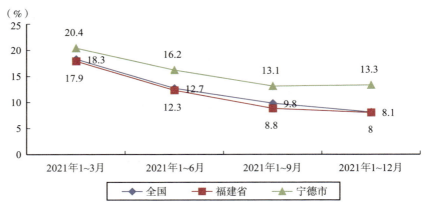

图 7－18　2021 年宁德市 GDP 增速与全国、全省对比情况

资料来源: 2021 年宁德市国民经济和社会发展统计公报 [EB/OL]. 宁德市统计局, 2022－03－24, http://www.ningde.gov.cn/zwgk/tjxx/tjgb/202203/t20220324_1606931.htm.

近几年, 以宁德时代为代表的新能源产业发展迅速, 但宁德县域经济发展出现分化, 2021 年全市 9 县 (市、区) 中只有蕉城区、屏南县和周宁县 3 个县 (区) GDP 增幅超过全市增幅, 其中蕉城区一骑绝尘, 经济总量达 1 098.59 亿元, 增长 29.8%, 在全市中的占比高达 34.9%; 对全市经济增长的贡献率达 67.5%②, 连续四年居全省县域首位, 成为首个千亿县域经济体。其余 6 个县 (市) GDP 增幅低于全市平均水平。福安市人均 GDP 水平达到了 9.86 万元, 远超过全国人均 GDP 水平。此外沿海、山区总量差距明显。2021 年沿海四县 (市、区) 累计实现生产总值 2 543.47 亿元, 占全市 GDP 的比重为 80.7%, 比重比上年提高 14.8 个百分点; 山区五县累计实现生产总值 607.61 亿元, 占全市 GDP 的比重为 19.3%, 同比增长 7.6%, 增速慢于沿海 7.2 个百分点, 差距较大。各县市产业发展各有侧重点, 部分行业发展低迷。全市建筑业增加值呈负增长, 同比下降 5.4%。服务业增加值增幅逐季走低, 其中营利性服务业增加值 146.63 亿元, 同比增长 4.2%; 非营利性服务业增加值 249.01 亿元, 同比增

---

① 2021 年宁德市主要统计数据情况 [EB/OL]. 宁德市统计局, 2022－01－25, https://tjj.ningde.gov.cn/xxgk/gzdt/gzdt_11690/tjyw/202201/t20220125_1586923.htm.

② 蕉城区 GDP 增速实现全闽 "四连冠" 成为宁德市首个千亿县域经济体 [EB/OL]. 人民资讯, 2022－02－09, https://baijiahao.baidu.com/s?id=1724267018628827031&wfr=spider&for=pc.

长 4.0%①（见表 7 - 12）。

表 7 - 12　　2021 年宁德市各县（市、区）GDP 排名产值及主导产业

GDP 排行	区域	2021 年 GDP（亿元）	2020 年 GDP（亿元）	增速（%）	主导（支柱）产业
	宁德市	3 151.08	2 619	13.3	锂电新能源、不锈钢新材料、铜材料、新能源汽车
1	蕉城区	1 098.59	782.81	29.8	锂电新能源、新能源汽车、铜材料产业
2	福安市	680.41	600.16	6.2	食品加工、电机电器、船舶修造
3	福鼎市	454.24	418.69	0.5	茶产业、餐饮旅游、机械汽车零部件加工
4	霞浦县	310.22	264.48	12.8	海洋渔业产业、滨海旅游业
5	古田县	223.43	204.97	6.4	食用菌产业、水果产业
6	屏南县	105.51	91.84	13.5	花卉苗木产业、高山农业、旅游业
7	寿宁县	110.75	104.68	5.1	茶叶、工业新材料、汽摩装备。文旅康养
8	周宁县	90.12	76.16	14.3	高山生态产业、茶叶、不锈钢产业
9	柘荣县	77.82	75.23	0.5	生物医药、不锈钢产业、钢铁产业

资料来源：根据宁德市统计局相关数据整理。

（六）龙岩市产业布局分析

龙岩市辖 2 个市辖区、4 个县，代管 1 个县级市，分别是新罗区、永定区、长汀县、上杭县、武平县、连城县、漳平市（见图 7 - 19）。2021 年实现地区生产总值 3 081.78 亿元，比上年增长 7.7%，增速达 7.35%，双双低于全国同期平均增速水平，全国内地城市排名第 101 位，下降 4 个位次，被挤出百强城市。其中，三大产业增加值分别为 303.28 亿元、1 321.87 亿元、1 456.63 亿元，同比增长 4.8%、8.1% 和 8.0%。三次产业结构由 2020 年的 11.1∶44.0∶44.9 调整为 2021 年的 9.8∶42.9∶47.3②（见表 7 - 13）。龙岩市新罗区继 2020 年 GDP 首

① 福建 9 市 2021 年经济成绩单：福州 GDP 全省第一，宁德增速亮眼，人均 GDP 均超 1 万美元［EB/OL］. 人民融媒体，2022 - 04 - 18，https：//baijiahao. baidu. com/s?id = 1730444738325929233&wfr = spider&for = pc.

② 2020 年龙岩市国民经济和社会发展统计公报［EB/OL］. 龙岩市统计局网站，2021 - 03 - 15，http：//lytjj. longyan. gov. cn/xxgk/tjgb/202103/t20210315_1770309. htm.

次突破千亿元大关后，2021 年经济总量实现 1 109.03 亿元，增速达到 7%，继续保持第一名优势。漳平市名义增速达 8.5%，地区生产总值从 274.7 亿元增长到 295.03 亿元（见图 7 - 20）是全市中增速最快的地区，人均地区生产总值从 7.7 万元增长到 12.4 万元。上杭县经济总量不断壮大，经济活力不断增强，人均地区生产总值 12.5 万元。①

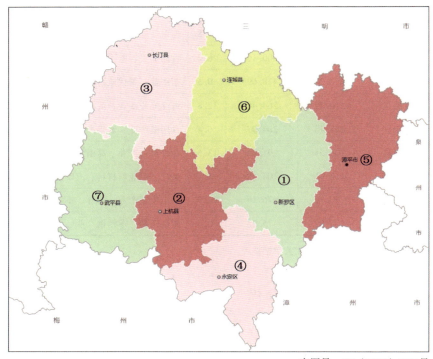

审图号：GS（2022）1873号

图 7 - 19　龙岩市各县区产业布局图

注：①新罗区——机械装备、建材、能源精化、农副产品加工；
②上杭县——金铜、新材料、建筑；
③长汀县——稀土、纺织服装、文旅康养；
④永定区——文旅康养、建材、光电信息；
⑤漳平市——钢铁机械制造、木竹、新材料、建材；
⑥连城县——新型建材产业、稀土稀有产业、精细化工产业；
⑦武平县——信息产业、不锈钢家居、机械装备制造、矿产品精深加工、农林产品精深加工。
图中序号按 GDP 大小排序。
资料来源：中华人民共和国民政部网站，http：//xzqh. mca. gov. cn/map.

---

① 2020 年龙岩市国民经济和社会发展统计公报［EB/OL］. 龙岩市统计局网站，2021 - 03 - 15，ht-tp：//lytjj. longyan. gov. cn/xxgk/tjgb/202103/t20210315_1770309. htm.

图 7 - 20　龙岩市 2017～2021 年地区生产总值及其增长速度

资料来源：根据福建省统计局相关数据整理。

表 7 - 13　　　　　　　　　2021 年龙岩市三大产业结构构成

项目	GDP	第一产业	第二产业	第三产业
增加值（亿元）	3 081.78	303.28	1 321.87	1 456.63
同比增长（%）	7.7	4.8	8.1	8.0
GDP 占比（%）	100	9.8	42.9	47.3

资料来源：根据福建省统计局相关数据整理。

　　2021 年，规模以上工业增加值同比增长 8.4%，高于全省年均增速 0.8 个百分点。全市规模以上工业产值超亿元企业有 545 家，比上年增加 35 家，实现增加值占规模以上工业增加值的 92.0%，对全市规上工业增加值增长的贡献率达 124.5%。九大重点产业增加值增长 9.2%，高于全市平均水平 0.8%，其中，建材产业增速和拉动力均居各重点产业之首，增加值增长 18.1%，拉动规上工业增加值增长 3.0 个百分点。①

――――――――――

　　① 2021 年规模以上工业平稳运行 [EB/OL]. 龙岩市统计局网站，2022 - 01 - 24，http：//lytjj. longyan. gov. cn/xxgk/tjfx/202201/t20220124_1867652. htm.

近年来，龙岩市立足闽西特色农业优势，深入挖掘产业发展潜能，依托国家农业产业强镇建设，聚焦产业发展"六新"①，示范引领乡村产业高质量发展。截至 2021 年 8 月，全市共创建国家农业产业强镇 7 个，占全省总数的 18.9%，数量居全省首位。积极推动乡村产业发展，形成畜禽、蔬菜、水果、茶叶、薯业、林竹、花卉苗木七大特色产业，全产业链产值从 2018 年的 689 亿元增加至 2020 年 834 亿元，年均增长 10.5%。2020 年，全市实施特色现代农业重点项目 53 个，完成投资 17.5 亿元。2021 年，龙岩市七大特色现代农业产业实现全产业链产值 955.3 亿元，完成年度目标任务的 100.56%，比增 11.81%；龙岩市特色现代农业重点项目 60 个，完成投资 24.88 亿元，占年度目标任务的 101.41%；实施福建省现代农业建设项目 116 个，完成投资 50.07 亿元，完成年度目标任务的 116.44%。② 龙岩市是福建省重要的矿区，拥有全省约 7 成的矿产资源，14 种矿产探明储量居全省首位。目前，龙岩已初步形成机械制造、有色金属、文化旅游等优势产业和汽车、环保、光电与新材料等潜力产业。其中，机械装备产业是龙岩市主导产业之一，经过多年发展已形成优势集群雏形。2021 年第一季度，机械装备产业产值同比增长 30.8%，增加值同比增长 27.1%。③ 目前，全市规模以上机械企业发展到 303 家，是全国重要的工程机械生产基地之一，龙工装载机产销量稳居同行业首位；现有环保装备制造及配套企业在除尘、干法脱硫、环卫装备等方面的生产技术居国内领先地位；汽车及专用车产业被授予"中国专用汽车名城"称号，拥有整车企业 1 家、公告内专用车生产企业 17 家，配件企业 100 多家。重视第三产业发展，通过制定实施《龙岩市人民政府关于加快现代服务业发展十五条政策措施（修订）的通知》等政策措施，大力培育服务业新增长点，现代物流、文化创意、电子商务、金融服务等现代服务业领域发展亮眼，服务业结构不断优化（见表 7 - 14）。

---

① "六新"指产业发展"新格局"、写好"一村一品""新篇章"、发展农业产业"新业态"、增添产业发展"新动能"、建立利益共享"新模式"、打开特色产业高质量发展"新局面"。

② 奋勇向前绘宏图——福建龙岩市推动革命老区高质量发展示范区建设综述 [EB/OL]. 闽南网龙岩官方账号，2022 - 04 - 19，https：//baijiahao. baidu. com/s?id = 1730521618593407849&wfr = spider&for = pc.

③ 龙岩市机械装备产业持续发力，首季产值增速超 30%——打造"智"造高点 [EB/OL]. 福建省工业和信息化厅，2021 - 05 - 21，https：//gxt. fujian. gov. cn/zwgk/ztjj/jscx/cxysts/202105/t20210521_5599418. htm.

表 7－14　　　　2021 年龙岩市各县（市、区）GDP 产值及主导产业

GDP 排行	区域	2021 年 GDP （亿元）	2020 年 GDP （亿元）	增速 （％）	主导（支柱）产业
	龙岩市	3 081.78	2 870.91	7.7	有色金属、机械装备、建筑业、文旅康养、特色现代农业
1	新罗区	1 109.03	1 018.81	7	机械装备、建材、能源精化、农副产品加工
2	上杭县	466.36	431.87	9.4	金铜、新材料、建筑
3	长汀县	318.16	309.77	7	稀土、纺织服装、文旅康养
4	永定区	312.1	285.83	8.2	文旅康养、建材、光电信息
5	漳平市	295.03	274.7	8.5	钢铁机械制造、木竹、新材料、建材
6	连城县	294.358	276.55	8	新型建材产业、稀土稀有产业、精细化工产业
7	武平县	286.76	273.38	6.4	信息产业、不锈钢家居、机械装备制造、矿产品精深加工、农林产品精深加工

资料来源：根据福建省统计局相关数据整理。

（七）三明市产业布局分析

三明市辖 2 个区（三元区、沙县）、1 个县级市（永安市）、8 个县（明溪县、清流县、宁化县、建宁县、泰宁县、将乐县、尤溪县、大田县）（见图 7－21）。2021 年 2 月，三明市梅列区与三元区合并，设立新的三元区。2021 年实现地区生产总值 2 953.47 亿元，比上年增长 5.8%（见图 7－22）。其中，三大产业增加值分别为 325.09 亿元、1 503.35 亿元、1 125.03 亿元，同比增长 5.8%、4.0%、8.0%，产业结构进一步优化，一、二产比重下降，三产比重上升，三次产业结构由 2015 年的 13.3：54.2：32.5 调整为 2021 年 11.0：50.9：38.1（见表 7－15）。

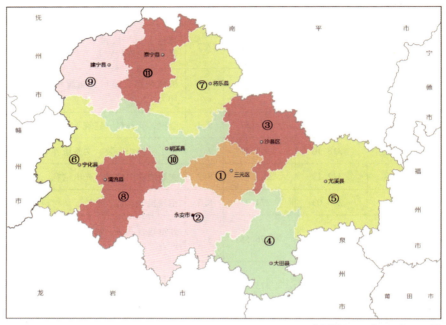

审图号：GS（2022）1873号

图 7 - 21　三明市各县区产业布局图

注：①三元区——钢铁及高端装备制造、氟硅新材料、稀土新能源、资源循环利用、生物医药、食品加工；

②永安市——石墨和石墨烯、汽车及机械加工、纺织新材料、建材、化工、林竹产业；

③沙县区——高端机械装备、硅及化工新材料、食品加工及生物医药；

④大田县——铸造和装备制造、茶叶；

⑤尤溪县——纺织、林产、矿产、茶叶；

⑥宁化县——矿产加工、智慧家电、精细化工、新兴产业；

⑦将乐县——轻合金、森林康养、特色农业、精细化工；

⑧清流县——文旅康养、氟新材料、特色现代农业、精细化工；

⑨建宁县——莲产业、特色水果、种子产业；

⑩明溪县——新材料、新医药、新能源；

⑪泰宁县——特色农业种养产业、旅游业。

图中序号按 GDP 大小排序。2021 年，三明市撤并原梅列、三元两区，设立新三元区；沙县撤县设立三明市沙县区。

资料来源：中华人民共和国民政部网站，http：//xzqh. mca. gov. cn/map.

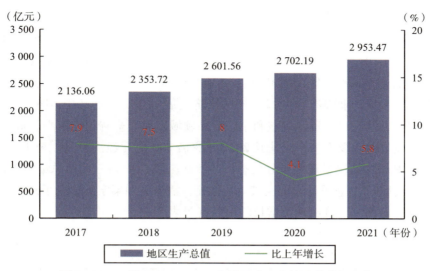

图 7 - 22　三明市 2017～2021 年地区生产总值及其增长速度

资料来源：根据福建省统计局相关数据整理。

表 7 - 15　　　　　　　　　2021 年三明市三大产业结构构成

项目	GDP	第一产业	第二产业	第三产业
增加值（亿元）	2 953.47	325.09	1 503.35	1 125.03
同比增长（%）	5.8	5.8	4.0	8.0
在 GDP 占比（%）	100	11.0	50.9	38.1

资料来源：根据福建省统计局相关数据整理。

　　2021 年三明市第一产业持续增长，增幅创 15 年新高，居全省第 4 位。全市规模以上工业增加值同比增长 3.6%，低于全省 6.3 个百分点，居全省末位，非高耗能行业在规上工业企业中，增加值同比增长 4.0%，增长贡献率达 81.9%。服务业实现增加值 1 125.03 亿元，增长 8.0%，低于全省平均水平，居全省第 7 位。①

　　三明市既是一座钢铁工业城市，三明钢铁企业坐落于此，境内拥有 79 种金属和非金属矿；也是我国绿色城市，活立木蓄积量超过 1 亿立方米，地区经济发展水平越来越高，产业结构不断优化升级。行政区划调整后的三元区大展拳脚，

————————————————

　　① 2021 年三明市经济运行情况分析［EB/OL］. 三明市发展和改革委员会, http://fgw. sm. gov. cn/xxgk/jjyx/202205/t20220509_1784501. htm.

形成了以机械铸造、木竹加工、精细化工、生物医药、矿产品加工为主的工业产业体系，此外还被列为省级工业开发区，汇集了众多知名企业，明显推动区域经济增长，是 GDP 总量排名最后一位的泰宁县的 6 倍。排名第二的永安市，资源丰富，是福建省水泥、能源和化纤主产地。机械汽车、纺织、化学、建材、林产、旅游等主导产业强有力支撑了该区经济发展。在所有县区中 GDP 增速较快的是大田县，其在矿产资源领域和小宗商品领域发展居全省领先水平，成为地区经济高速发展的重要引擎。宁化县 2020 年突破 200 亿元经济总量。全市 12 个区县市，GDP 增速情况呈现两极分化态势，沙溪流域 GDP 占三明市总量的近 50%，而有 5 个县域 GDP 总量还未能突破 200 亿元，清流县和泰宁县出现了经济下滑趋势，是仅有的两个经济出现负增长的地区（见表 7 - 16）。

表 7 - 16　　　　2021 年三明市各县（市、区）GDP 产值及主导产业

GDP 排行	区域	2021 年 GDP（亿元）	2020 年 GDP（亿元）	增速（%）	主导（支柱）产业
	三明市	2 953.47	2 702.19	5.8	钢铁产业、装备制造业、纺织产业、建材产业、新材料产业、林产品加工业
1	三元区	674.39	247.43	7.1	钢铁及高端装备制造、氟硅新材料、稀土新能源、资源循环利用、生物医药、食品加工
2	永安市	487.99	446.26	6.3	石墨和石墨烯、汽车及机械加工、纺织新材料、建材、化工、林竹产业
3	沙县	354.44	323.87	6.5	高端机械装备、硅及化工新材料、食品加工及生物医药
4	大田县	249.38	228.72	6.6	铸造和装备制造、茶叶
5	尤溪县	248.02	223.87	7.6	纺织、林产、矿产、茶叶
6	宁化县	226.64	201.97	7.3	矿产加工、智慧家电、精细化工、新兴产业
7	将乐县	180.48	165.31	5.5	轻合金、森林康养、特色农林、精细化工
8	清流县	156.95	154.58	-1.2	文旅康养、氟新材料、特色现代农业、精细化工
9	建宁县	151.18	140.29	4.4	莲产业、特色水果、种子产业
10	明溪县	121.85	111.00	6.2	新材料、新医药、新能源
11	泰宁县	102.16	103.07	-3.8	特色农业种养产业、旅游业

资料来源：根据福建省统计局相关数据整理。

（八）莆田市产业布局分析

莆田市现辖四区一县（荔城区、城厢区、涵江区、秀屿区、仙游县）（见图 7 – 23）。2021 年实现地区生产总值 2 882.96 亿元，比上年增长 6.4%（见图 7 – 24）。三大产业增加值分别为 136.63 亿元、1 506.48 亿元、1 239.85 亿元，同比增长 3.7%、5.7%、7.4%。三次产业增加值占地区生产总值的比重为 4.7∶52.3∶43.0（见表 7 – 17）。

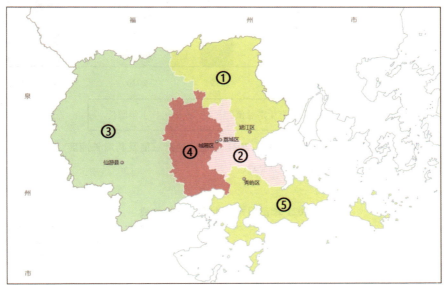

审图号：GS（2022）1873 号

图 7 – 23　莆田市各县区产业布局图

注：①涵江区——电子信息、食品加工、高端装备产业；
②荔城区——鞋革服装、食品加工、平台经济、工艺美术；
③仙游县——工艺美术、鞋服纺织、机械设备、电子信息；
④城厢区——商贸服务业、食品加工、鞋服产业、电子信息产业；
⑤秀屿区——新型功能材料产业、纺织新面料产业、风电新能源产业、旅游业。
图中序号按 GDP 大小排序。
资料来源：中华人民共和国民政部网站，http：//xzqh.mca.gov.cn/map.

图 7 – 24　莆田市 2017～2021 年地区生产总值及其增长速度

资料来源：根据福建省统计局相关数据整理。

表 7 – 17　　　　　　　　　　　**2021 年莆田市三大产业结构构成**

项目	GDP	第一产业	第二产业	第三产业
增加值（亿元）	2 882.96	136.63	1 506.48	1 239.85
同比增长（%）	6.4	3.7	5.7	7.4
GDP 占比（%）	100	4.7	52.3	43.0
经济增长贡献率（%）	100	2.8	46.9	50.3

资料来源：根据福建省统计局相关数据整理。

　　第二产业仍然是莆田市的支柱产业。近年来，莆田市重新定位全市产业体系，形成了"343"重点产业发展格局：鞋服、工艺美术、食品 3 个传统支柱产业，新型功能材料、电子信息、高端装备、新能源 4 个战略性新兴产业，数字经济、平台经济、生命健康 3 个未来产业。2021 年，全市"343"工业重点产业工业增加值增长 7.7%，对规模以上工业经济增长的贡献率为 100.5%，拉动规模以上工业增加值增长 7 个百分点，传统优势产业工业增加值增长

6.1%，对规上工业增加值增长的贡献率为51.5%，拉动规上工业增加值增长3.6个百分点。①

　　莆田市下辖各区县整体经济实力很接近，发展均衡。其中涵江区常住人口为47.96万人，是莆田市常住人口最少的区县，但却是莆田市经济实力最强的区县，2021年GDP总量最高，为639.42亿元，增速为6.4%；电子信息、高端装备、食品加工为该区三大主导产业，目前产业集群规模不断扩大，工业产品销售稳定，很大程度上推动了地区经济发展。荔城区是莆田市面积最小的区县，也是人口最多的市辖区，GDP总量位居第2，为618.81亿元，增速为8.2%，全市最高，也是莆田市政治、经济、文化中心，该区机械化工、食品医药、工艺美术等产业发展保持高位运行态势。仙游县是莆田市面积最大、人口最多的区县，但经济体量小于涵江区、荔城区。秀屿区经济总量和经济增速都排在全市垫底位置（见表7-18）。

　　2021年，全市规模以上工业增加值增长7.0%，同比增长4.8%。全市工业园区共有642家规模以上工业企业，占全市全部规模以上工业企业数的55.2%，工业增加值增长3.4%，总量占全市规上工业增加值总量的67.9%，对规模以上工业经济增长的贡献率为107.0%，拉动规模以上工业增加值增长2.4个百分点，成为莆田市工业经济增长的主力军。② 工业战略性新兴产业增加值增长12.3%，占规工增加值的23.8%。高技术制造业增加值增长0.8%，占规模以上工业增加值的比重为7.6%。装备制造业增加值增长14.5%，占规模以上工业增加值的比重为17.2%。③ 但是2021年，受国内外疫情影响，全市停、减产面达31.2%，共拉低规模以上工业增加值4.2%。其中停产企业208家，拉低规模以上工业增加值2.8%；减产企业145家，拉低规模以上工业增加值1.4%。工业投资不乐观，全市下降1.5%，比全省平均水平（11.6%）低13.1个百分点。④ 多数经济指标增长缓慢，位次靠后。第一产业增加值位居全省第9位；规模工业增加值、公路总周转量、零售业商品销售额增长额、餐饮业营业额增长等都是位居全省第8位。虽然第二产业占比超过50%，工业比较发达，但莆田市2016～2020年近

---

① 经济运行总体平稳 新动能加快集聚——2021年莆田市经济运行情况分析［EB/OL］. 莆田市人民政府网站，2021-01-21，https：//www. putian. gov. cn/zwgk/tjxx/tjfx/202201/t20220126_1702115. htm.

② 2020年莆田市规模以上工业运行分析_统计分析_［EB/OL］. 莆田市人民政府网站，https：//www. putian. gov. cn/zwgk/tjxx/tjfx/202101/t20210125_1569858. htm.

③ 2021年莆田市国民经济和社会发展统计公报［EB/OL］. http：//szb. ptxw. com/pc/content/202204/15/content_92372. html.

④ 经济运行总体平稳 新动能加快集聚——2021年莆田市经济运行情况分析［EB/OL］. 莆田市人民政府网站，https：//www. putian. gov. cn/zwgk/tjxx/tjfx/202201/t20220126_1702115. htm.

五年第三产业占比都在平稳增长，产业结构优化正在逐步实现，经济效益也在渐渐提高。① 工业是全市经济的主要支柱行业，要引导产业集聚区集约化、个性化发展，丰富产业结构层次，通过创新推动产业链提质增效，为莆田工业经济持续发展提供增量。

表 7 – 18　　　　　　2021 年莆田市各县（市、区）GDP 产值及主导产业

GDP 排行	区域	2021 年 GDP（亿元）	2020 年 GDP（亿元）	增速（%）	主导（支柱）产业
	莆田市	2 882.96	2 643.97	6.4	健康医疗、木材产业、工艺美术、加油站、鞋服、食品加工
1	涵江区	639.42	591.12	6	电子信息、食品加工、高端装备产业
2	荔城区	618.81	548.01	8.2	鞋革服装、食品加工、平台经济、工艺美术
3	仙游县	558.34	521.49	6	工艺美术、鞋服纺织、机械设备、电子信息
4	城厢区	538.76	485.85	7.7	商贸服务业、食品加工、鞋服产业、电子信息产业
5	秀屿区	527.63	381.78	3.8	新型功能材料产业、纺织新面料产业、风电新能源产业、旅游业

资料来源：根据福建省统计局相关数据整理。

（九）南平市产业布局分析

南平是全省国土面积最大的设市，但常住人口却排名第 7 位，典型的地广人稀，南平市辖 2 个市辖区（建阳区、延平区）、3 个县级市（邵武市、武夷山市、建瓯市）、5 个县（顺昌县、蒲城县、光泽县、松溪县、政和县）（见图 7 – 25）。2021 年实现地区生产总值 2 117.58 亿元，比上年增长 6.5%（见图 7 – 26）。三大产业增加值分别为 346.36 亿元、754.55 亿元、1 016.67 亿元，同比增长 5.8%、3.8%、8.7%。三次产业增加值占地区生产总值的比重为 16.4∶35.6∶48.0（表 7 – 19）。

---

① 2020 年莆田市生产总值（GDP）及人口情况分析［EB/OL］. 中国产业信息网，https：//www. chyxx. com/shuju/202108/969060. html.

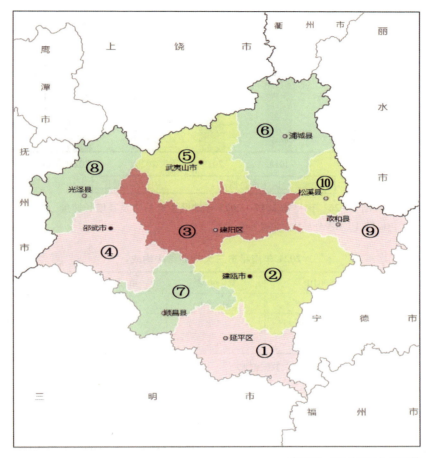

审图号：GS（2022）1873号

图7-25　南平市各县区产业布局图

注：①延平区——乳制品产业、电池产业、林业加工业、电缆产业；
②建瓯市——食品加工、林产工业；
③建阳区——精细化工、林产加工、纺织服装；
④邵武市——林产加工、纺织家居、氟新材料；
⑤武夷山市——旅游业、茶产业；
⑥浦城县——食品加工，轻纺轻工，生物制药；
⑦顺昌县——氟新材料、新型建材、竹木生态加工、光电机械、食品加工；
⑧光泽县——食品加工、林产工业、生物医药；
⑨政和县——食品加工、机电制造、现代农业；
⑩松溪县——竹蔗产业、新型轻纺、机电制造。
图中序号按该地区GDP大小排序。
资料来源：中华人民共和国民政部网站，http：//xzqh. mca. gov. cn/map.

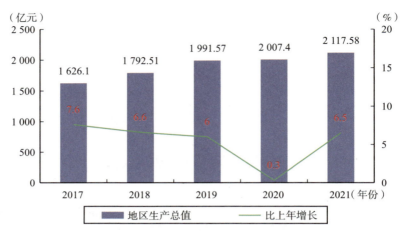

图 7 – 26　南平市 2017～2021 年地区生产总值及其增长速度

资料来源：根据福建省统计局相关数据整理。

表 7 – 19　　　　　　　　　2021 年南平市三大产业结构构成

项目	GDP	第一产业	第二产业	第三产业
增加值（亿元）	2 117.58	346.36	754.55	1 016.67
同比增长（%）	6.5	5.8	3.8	8.7
GDP 占比（%）	100	16.4	35.6	48.0

资料来源：根据福建省统计局相关数据整理。

　　南平市的二三产业结构倒挂，表明南平的工业发展比较落后，工业在 GDP 中的占比为 35.6%，是福建所有设市中最低的，产业结构呈现出非均衡性。近年来，依托竹木加工、食品加工、新型轻纺、氟新材料、小电池、生物医药、新能源汽车等重点产业，实施了产业基础再造和产业链提升工程，梳理出氟新材料、木质活性炭、茶、笋竹等 14 条重点产业链。部分企业在工业细分领域走在全国乃至世界前列，福建圣农集团有限公司在白羽肉鸡行业中，位居全球第 7、亚洲第 1、中国第 1；福能南纺是国家纺织行业大型企业，是全国规模领先、品种齐全、技术一流的产业用纺织品供应商，综合实力位居国内同行前列；南平铝业是中国铝工业排头兵企业；南孚电池已发展成为在中国碱性锌锰电池行业中较具影响力、拥有现代化先进生产装备、具有雄厚科技力量支撑的企业；福建巨电新能源股份有限公司获电力储能用锂离子电池国家标准认证。① 南平最大的特色是绿

――――――――――

① 南平工业，走出了别具特色的发展新路 ［EB/OL］. 中国工业新闻网，2020 – 08 – 03，http：// www. cinn. cn/dfgy/202008/t20200803_231700. html.

色，最具竞争力的优势是生态。南平市提出大力发展现代绿色农业、旅游、健康养生、生物、数字信息、先进制造、文化创意七大绿色产业，打造南平绿色产业升级版。推进绿色工厂、绿色园区、绿色设计产品、绿色供应链的创建工作。圣农发展股份有限公司①等 8 家企业入选 2020 年省级第三批绿色工厂，太阳电缆、双羿竹木等 3 家企业入选 2020 年福建省第三批绿色供应链，福建光泽工业园区、福建浦城工业园区 2 个园区入选 2020 年福建省第三批绿色园区。

南平市各县区发展差异较大，延平区实现地区生产总值 438.69 亿元，位居榜首，较大幅度领先其他区县。其充分发挥产业和资源禀赋优势，拓展头部"链主"企业的产业链条，有针对性谋划大项目、好项目，实现产业能级提升。② 建瓯市通过融合数字化经济发展强化竹产业、白酒业、制茶业等产业升级。浦城县、顺昌县、光泽县等区县的地区生产总值都在 200 亿元以下，松溪县（85.54 亿元）在全市经济总量中处于垫底位置，各区县之间的经济总量差距较为明显，各区县的经济总量规模较小，在省内的经济发展水平处在相对落后的态势（见表 7－20）。

表 7－20　　　　2021 年南平市各县（市、区）GDP 产值及主导产业

GDP 排行	区域	2021 年 GDP （亿元）	2020 年 GDP （亿元）	增速 （%）	主导（支柱）产业
	南平市	2 117.58	2 007.4	6.5	装备制造、食品加工、林产加工、纺织服装、冶金建材等
1	延平区	438.69	415.82	4.4	乳制品产业、电池产业、林业加工业、电缆产业
2	建瓯市	295.62	280.29	5.2	食品加工、林产工业
3	建阳区	268.68	261.94	6.2	精细化工、林产加工、纺织服装
4	邵武市	257.04	241.66	7.8	林产加工、纺织家居、氟新材料
5	武夷山市	224.68	208.05	7.6	旅游业、茶产业
6	浦城县	181.74	175.54	6.6	食品加工、轻纺轻工、生物制药
7	顺昌县	140.62	128.33	10	氟新材料、新型建材、竹木生态加工、光电机械、食品加工
8	光泽县	120.47	117.29	8	食品加工、林产工业、生物医药
9	政和县	104.5	98.32	7.9	食品加工、机电制造、现代农业
10	松溪县	85.54	80.16	5.8	竹蔗产业、新型轻纺、机电制造

资料来源：根据福建省统计局相关数据整理。

---

① 福建圣农集团有限公司旗下三大白羽鸡养殖公司之一。
② 延平以大抓项目、大抓基层为导向，打造南平市域经济中心［N］. 闽北日报，2021－11－10，https：//weibo. com/ttarticle/p/show？id=2309404701928113438946.

第二节　福建省县域产业的演变过程

产业兴则县域强，县域产业的构建需要根据各县资源禀赋条件因地制宜，指导分类。从县域层面使用产业指标法和产业排序法研究及划分产业类型，可以为产业融合及产业升级提供数据来源，对构建特色产业具有指导意义，有利于县域经济高质量发展。

一、福建省县域产业发展类型的演变

为了进一步研究福建省闽东南与闽西北经济发展水平的区域差异，本书选取福建省 55 个县域单位为研究样本，剔除城市化水平较高的市辖区以及数据缺失的金门县，保留县改区的沙县、长泰县和龙海市，剔除了长乐区、永定区和建阳区。以 2000 年、2005 年、2010 年、2015 年、2020 年 5 个时间节点的产业发展数据统计为划分依据，对福建县域产业发展类型和产业结构的连续性和继起性特征进行分析，构建反映福建省县域经济整体发展状况的空间数据库，以期为制定县域特色产业政策分类提供参考借鉴。

入选样本的福建省 55 个县分别是：福州市 7 个，为福清市、闽侯县、连江县、罗源县、闽清县、永泰县、平潭县；泉州市 7 个，为石狮市、晋江市、南安市、惠安县、安溪县、永春县、德化县；漳州市 9 个，为龙海市、长泰县、云霄县、漳浦县、诏安县、东山县、南靖县、平和县、华安县；三明市 10 个，为沙县、永安市、明溪县、清流县、宁化县、大田县、尤溪县、将乐县、泰宁县、建宁县；宁德市 8 个，为福安市、福鼎市、霞浦县、古田县、屏南县、寿宁县、周宁县、拓荣县；龙岩市 5 个，为漳平市、长汀县、上杭县、武平县、连城县；莆田市 1 个，为仙游县；南平市 8 个，为邵武市、武夷山市、建瓯市、顺昌县、浦城县、光泽县、松溪县、政和县。[①]

通常而言，区域产业是整合各种物质要素的综合体现，从而表现出不同的产业发展类型，区域产业状况也体现了当地的经济发展水平和就业结构。采用产业指标法对目标区域内样本县域第一产业、第二产业、第三产业各占地区生产总值

（GDP）百分比的平均值和标准差进行计算，以各产业平均值与标准差之和作为产业类型划分的指标取值，以此确定该区域主导产业及其产业发展类型。据此，本书选取福建省 55 个县域 5 个主要年份的地区生产总值、第一产业生产总值和第二产业生产总值等数据，经过统计方法获得划分指标取值，并将福建省县域乡村发展类型划分为农业主导、工业主导、商贸服务主导和均衡发展 4 种类型（见表 7－21）。

表 7－21　　　　　　　福建省主要年份县域产业发展类型划分指标取值

年份	产业结构	平均值	标准差	平均值 + 标准差
2000	第一产业	0.2969	0.1086	0.4055
	第二产业	0.3654	0.1092	0.4746
	第三产业	0.3378	0.0546	0.3924
2005	第一产业	0.2846	0.1150	0.3996
	第二产业	0.3632	0.1335	0.4967
	第三产业	0.3522	0.0608	0.4130
2010	第一产业	0.2109	0.0922	0.3031
	第二产业	0.4488	0.1084	0.5572
	第三产业	0.3403	0.0563	0.3967
2015	第一产业	0.1796	0.0857	0.2653
	第二产业	0.4885	0.0932	0.5817
	第三产业	0.3319	0.0540	0.3859
2020	第一产业	0.1415	0.0691	0.2106
	第二产业	0.4548	0.1118	0.5666
	第三产业	0.4037	0.0819	0.4856

资料来源：根据福建省统计局相关数据整理。

如表 7－21 所示，福建省县域产业近 2000～2020 年的农业产值在三次产业结构中的占比不断降低，农业对地区经济的基础性影响作用减弱，农业发展水平相对均衡；工业产值的比重不断提升，但发展差距大，位置集中于经济水平较高区域；第三产业的占比也在逐年提高，对县域经济发展支撑力越来越明显（见图 7－27）。

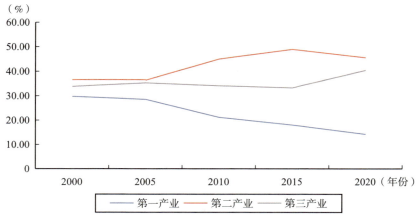

图 7 – 27　2000～2020 年福建省县域产业占比

资料来源：根据福建省统计局相关数据整理。

二、福建省县域产业类型的数量演变

结果表明，2000～2020 年福建省县域产业发展类型发生了较大的变化。其中，农业主导型产业发展类型的变化呈现逐步降低的趋势；工业主导型的县域产业发展类型呈现先升后降趋势，总体稳定；商旅服务型呈先小幅上升后保持稳定的趋势；而各年份均衡发展型的县域数量均占全省面积的一半以上，说明福建省产业发展类型以均衡发展型为主（见表 7 – 22）。

表 7 – 22　　　　　　主要年份福建省县域产业发展类型的数量及分布

发展类型	年份	数量（个）	占比（%）	县区名称
农业主导	2000	8	13.8	永泰县、清流县、宁化县、尤溪县、建宁县、浦城县、长汀县、霞浦县
	2005	10	17.2	连江县、永泰县、清流县、宁化县、尤溪县、建宁县、云霄县、诏安县、平和县、华安县
	2010	9	15.1	连江县、永泰县、明溪县、尤溪县、诏安县、平和县、光泽县、松溪县、政和县
	2015	7	12.1	连江县、永泰县、平和县、光泽县、松溪县、政和县、霞浦县
	2020	7	12.1	连江县、尤溪县、南靖县、浦城县、光泽县、霞浦县、古田县

发展类型	年份	数量（个）	占比（%）	县区名称
工业主导	2000	11	20.7	福清市、闽侯县、罗源县、闽清县、石狮市、晋江市、南安市、惠安县、安溪县、德化县、龙海市
	2005	11	20.7	福清市、闽侯县、罗源县、闽清县、石狮市、晋江市、南安市、惠安县、安溪县、德化县、龙海市
	2010	12	22.4	闽侯县、罗源县、闽清县、永安市、石狮市、晋江市、南安市、惠安县、安溪县、德化县、龙海市、长泰县
	2015	10	19.0	闽侯县、罗源县、永安市、晋江市、南安市、惠安县、德化县、长泰县、福安市、福鼎市
	2020	10	19.0	永安市、沙县、晋江市、南安市、惠安县、永春县、德化县、龙海市、长泰县、福安市
商旅服务主导	2000	6	10.3	平潭县、永安县、永春县、武夷山市、建瓯市、漳平市
	2005	6	10.3	平潭县、永安县、邵武市、武夷山市、漳平市、霞浦县
	2010	7	12.1	平潭县、仙游县、永春县、武夷山市、顺昌县、漳平市、霞浦县
	2015	7	12.1	平潭县、仙游县、石狮市、漳浦县、武夷山市、顺昌县、漳平市
	2020	7	12.1	平潭县、石狮市、漳浦县、平和县、武夷山市、屏南县、周宁县
均衡发展	2000	30	55.2	其他
	2005	28	51.7	其他
	2010	27	50	其他
	2015	31	56.9	其他
	2020	31	56.9	其他

资料来源：根据福建省统计局相关数据整理。

（一）农业主导型

从空间分布来看，农业主导型县域主要集中于闽西和闽北山区。早期由于这些地区基础设施薄弱，吸引力弱，以传统的农业为主，产业结构比较单一。后期随着乡村振兴战略的推进，城镇化水平不断提高，闽西北地区利用有利的自然环境优势，加大基础设施建设，发展乡村特色旅游，完善农产品产业链，部分县域类型转变成均衡发展型，如闽西北的建宁县、松溪县等。而部分县市依托便利的交通条件，积极发展特色产业，如宁德地区的霞浦发展特色海洋渔业、古田的山区发展食用菌菇产业，县域类型转变为农业主导型。

（二）工业主导型

在 5 个研究时点中，工业主导型的县域数量保持稳定，基本分布在福州、泉州和漳州这些经济发达地区，受益于显著的区位优势、完善的基础设施、丰富的劳动力资源，这些地区工业化水平较高，是全省乃至全国的工业重镇。生产经营活动以制造和加工为主，经济动力发展强劲，对周边的区域产生了辐射带动作用。有的县市通过产业转型升级，积极发展服务业，转变为均衡发展型，产业布局趋向合理，如安溪市。而有些县域则充分发展产业优势，积极发展特色产业，形成产业集群，规模效应显著，转变为工业主导型，如宁德地区的福安市，支柱产业——电机电器产业是福建省的重点集群产业。据统计，2019 年全市拥有各类电机电器及配套企业近千家，其中规模以上企业 124 家，亿元产值企业 18 家，从业人员超过 5 万人，电机电器及配套产业年总产值约占全省同行业的 20%，中小型电机产量及出口量约占全国的 1/5，占全省的近60%。①

（三）商旅服务主导型

商旅服务型的县城总体数量有所增加，但相对数量少且分散。武夷山、平潭、漳平三地旅游资源丰富，以此类型为主导。而随着生态旅游的兴起，自然景观优美的县市也得到大力开发，从而转变为商贸服务型，如宁德地区的屏南县较为典型。其加大资金和基础设施投入，发展地方特色旅游，打造旅游品牌，先后入选省全域旅游示范县、国家绿色旅游示范基地、首批"国家全域旅游示范区"创建名单等系列试点示范县。②

（四）均衡发展型

均衡发展型是福建省最主要的县域类型，但各个县域会随着经济布局的变化和产业结构的调整，类型发生变化，如沙县通过工业园区的发展转变为工业

---

① 福安电机电器产业：走出"高质提升"之路［EB/OL］. 海峡网，2019 - 06 - 12，http：// www. hxnews. com/news/fj/nd/201906/12/1762885. shtml.
② 绿色屏南全域旅游的崛起 中共福建屏南县委书记吴允明［EB/OL］. 中国经济网，2017 - 04 - 10，http：//district. ce. cn/newarea/roll/201704/10/t20170410_21852232. shtml.

主导型，而有些地区则通过发展特色农业转变为农业主导型，如上述的古田县；还有一些县域通过合理布局，转变为均衡发展型，如原来的工业重镇安溪市。

综上所述，福建省产业发展类型的特点是：东部经济发达地区比较稳定，闽西北地区变化大，而有些县域利用特色产业助力乡村振兴，如宁德地区变化显著，探索出运用地理标志证明商标精准扶贫的乡村振兴特色之路。短短数年，宁德地区地理标志证明商标产品基本覆盖了水产、茶叶、食用菌等重点农业领域，惠及人口近300万，占全市总人口的89%。全市农民收入的53%来自地理标志证明商标产品，地理标志证明商标产品已成为宁德地区农民的主要收入来源。截至2019年底，宁德市共有有效注册商标52 022件，增长率居全省第2位；驰名商标46件，居全省设区市第4位；地理标志证明商标79件，列设区市第2位。其中，地理标志证明商标驰名商标8件，居全国设区市前列。① 由此可见，各县域可以通过自然资源禀赋，因地制宜发挥优势，合理布局，打造特色产业集群，从而实现县域经济高质量发展（见图7-28）。

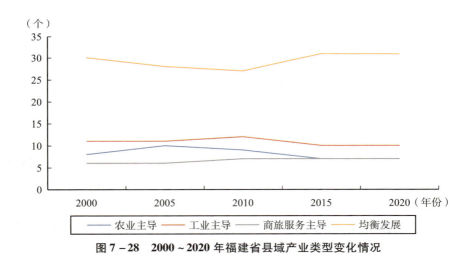

图7-28　2000~2020年福建省县域产业类型变化情况

三、福建省县域产业结构类型的演变

如表7-23所示，福建省县域产业结构不断优化，向高级化、合理化发展，

---

① 福建省宁德市发挥地标作用助力乡村产业振兴工作纪实［EB/OL］. 中国质量新闻网，2020 - 06 - 16，https：//www. cqn. com. cn/zgzlb/content/2020 - 06/16/content_8610843. htm.

以第一产业为主的县域数量在逐步下降，第二、第三产业为主的县域数量不断增加，而且第三产业占主导的县域数量在增加，占比由 2000 年的 17.2% 增加到 2020 年的 41.4%，说明县域产业结构转型升级成效明显。

表 7 - 23　　　　　　　　　主要年份福建县域产业结构类型数量与分布

产业结构	2000 年		2005 年		2010 年		2015 年		2020 年	
	数量（个）	占比（%）	数量（个）	占比（%）	数量（个）	占比（%）	数量（个）	占比（%）	数量（个）	占比（%）
123	7.0	12.7	2.0	3.6	2.0	3.6	1.0	1.8	1.0	1.8
132	14.0	25.5	15.0	27.3	2.0	3.6	0.0	0.0	0.0	0.0
213	2.0	3.6	3.0	5.5	4.0	7.3	2.0	3.6	0.0	0.0
231	22.0	40.0	19.0	34.5	34.0	61.8	47.0	85.5	32.0	58.2
312	4.0	7.3	8.0	14.5	2.0	3.6	0.0	0.0	1.0	1.8
321	6.0	10.9	8.0	14.5	11.0	20.0	5.0	9.1	21.0	38.2

资料来源：根据福建省统计局相关数据整理。

　　产业结构体系又呈现出连续性和继起性。连续性是指在不同时间节点上某县域产业发展类型是一样的；继起性则表现为不同时序产业发展类型发生变化。据统计，2000～2020 年产业结构呈现连续性的县域一共有 18 个，其中工业主导型的有 4 个，主要集中在泉州地区，都是典型的制造业为主的县域，包括晋江市、南安市、惠安县和德化县；商旅服务主导型的有 2 个，主要是平潭县和武夷山市，这是典型的以旅游业为主导的县域；均衡发展型的县域共 9个，包括大田县、将乐县、泰宁县、东山县、武平县、上杭县、连城县、寿宁县、柘荣县。呈现继起性特征的县域有 40 个，其中有 6 个转变为农业主导型，包括连江县、尤溪县、南靖县、光泽县、霞浦县、古田县，这些县域都依托自然资源优势，发展现代化特色农业。5 个转变为工业主导型，包括永安市、沙县、永春县、龙海市、长泰县，这些县域工业化进程加快，工业产业发展迅速。5 个转变为商旅服务主导型，包括石狮市、漳浦县、平和县、屏南县、周宁县，这些县域商贸旅游产业迅速崛起，成为主导型。而各类型转变为均衡发展型的有 24 个，占了一半以上，说明各县域产业结构凸显出产业聚集特征（见图 7 - 29）。

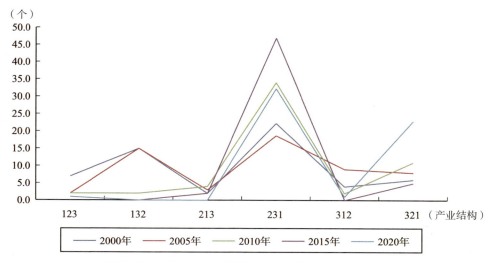

图 7 - 29　2000～2020 年福建省县域产业结构类型变化

资料来源：根据福建省统计局相关数据整理。

第三节　福建省县域产业竞争力分析

一、县域产业竞争力含义及影响因素

（一）县域产业竞争力的含义

产业是指具有某类特性的企业的集合或系统，属于中观经济。县域经济竞争力的强弱可以通过产业内或者产业之间展现出的综合能力强弱来反映。受制于地理环境、资源、人口和市场等条件，再结合中国县域发展的实际情况，一般认为县域经济产业竞争力受到两个因素的影响：产业结构因素和产业集群因素。

（二）县域产业竞争力的影响因素

1. 产业结构因素

随着经济的发展及资源的有效配置，产业结构也会随之优化调整，该区域的产业结构会往合理化和高度化方向发展，进而整个县域经济的竞争力增强；相反，如果产业结构调整不及时、不到位，将影响地方产业转型升级，最终原有的产业优势将会逐渐丧失，致使该区域的竞争力削减。

2. 产业集群因素

产业集群是一种产业空间聚集和扩散，通过提升产业集中度后又扩大产业整体规模，更能提升区域内产业的综合竞争力。其有显著的规模经济效益，集群内的企业通过产品媒介，把上下游产业链紧密结合在一起，资源信息共享，降低生产成本，扩大生产规模，大幅提升经济效益。产业集群的发展也会促使产业结构的优化升级。集群内的企业通过专业化分工，提高生产效率，实现技术升级；产业外的企业由于优胜劣汰具有危机意识而不断自我创新，最终推进整个县域产业结构的调整进程。

二、福建省县域产业竞争力实证分析

产业竞争力强则县域竞争力强，研究县域竞争力的关键在于研究产业竞争力，通过采用偏离—份额分析模型对福建省县域经济产业竞争力进行实证研究，为福建省未来县域经济发展提供基础性研究依据。

（一）数据来源

以《福建统计年鉴》及《各县市统计年鉴》为基础，选取福建省所属九地市 2000～2020 年总产值和三次产业产值等数据。在确定所研究地区的参照系和时间段 t 的基础上，应用偏离—份额分析法来分析地区产业结构的演变趋势。据此本书参照系以福建省为研究大区，时间段 t 一般取 5 年，共 4 个时间段。数据 2000 年为基期，2020 为报告期，综合 20 年数据进行实证分析。

（二）模型的构建

偏离—份额分析法一开始由美国学者丹尼尔和克雷默提出，把地区经济的演变视为一个动态的过程。由于综合性强，能够反映区域内各部门结构变化的成因，以此确定该地区未来的发展方向，因此在地区经济结构的研究中已经获得广泛应用。

1. 基本原理

以所在地区或所在国为参照系，将地区某段时期的经济变化分解为三个部分，即份额分量 N、结构偏离分量 P 以及竞争力偏离分量 D，此来分析地区经济结构的合理性和竞争力的强弱，发现该地区具有相对竞争优势的产业部门，说明区域经济增长和衰退的原因，最终分析地区经济未来发展和产业结构调整的方向。

2. 模型的推导

假定某区域在一段时间 [0，t] 后，该区域和所研究大区的经济总量与结构均发生变化。假设基期该区域经济总量为 B_0，末期经济总量为 B_t。同时，把该区域经济体系划分为 n 个产业部门，B_{jo}，B_{jt}（j = 1，2，……n）分别表示为该区域内第 j 个产业部门在初始期和末期的产值。同理，以 B_0、B_t 表示所在大区在该时间段基期和末期产值，以 B_{j0} 与 B_{jt} 表示所在大区基期和末期第 j 个产业部门的产值。

则该区域第 j 个产业部门在这段时间内的增长率为：

$$r_j = \frac{b_{j,t} - b_{j,o}}{b_{j,o}} \quad (j = 1，2，……n)$$

所在大区第 j 个产业部门在这段时间内的增长率为：

$$R_j = \frac{B_{j,t} - B_{j,o}}{B_{j,o}} \quad (j = 1，2，……n)$$

以该大区 j 产业部门所占比例将区域内各产业部门产值标准化得：

$$b_j = b_{j,o} \times \frac{B_{j,o}}{B_o} (j = 1，2，……n)$$

设在这段时间内该区域 j 产业部门的增长量为 G_j，则

$$G_j = N_j + P_j + D_j$$

其中：
$$N_j = b_j \times R_j$$
$$P_j = (b_{j,o} - b_j) \times R_j$$
$$D_j = b_{j,o} \times (r_j - R_j)$$
$$G_{j,t} = b_{j,t} - b_{j,o}$$

N_j 表示份额分量（全国或所在大区的增长效应），指该域标准化的 j 产业部门按所在大区平均增长率增长后的变化量。

P_j 表示结构偏离分量（产业结构效应），指区域 j 产业部门占比与所在大区 j 部门占比的差别导致 j 部门增长相比于所在大区所产生的偏离，同时假设该地区增长率与所在大区平均增长率相同，以此单独研究产业部门的结构对该地区经济增长的贡献。P_j 越大，则表明产业部门的结构对经济增长的贡献越大。

D_j 表示竞争力偏离分量（区位份额效应），指该地区与所在大区 j 部门由于增长率的差异而导致的偏离，表明该地区相比于所在大区的竞争力，D_j 越大，则表明区域内 j 部门的竞争力对经济增长的贡献就越大。

3. 数据处理和分析

以每 5 年为一个时间节点，利用偏离—份额分析法将原始数据带入模型中计

算得到以福建省作为研究大区时，福建县域产业的份额分量、产业结构偏离分量、竞争力偏离分量（见表 7-24~表 7-27）。

表 7-24　　　　　　2000~2005 年福建省县域产业偏离—份额分析表　　　　单位：亿元

产业	偏离份额	福州市	厦门市	莆田市	三明市	泉州市	漳州市	南平市	龙岩市	宁德市
第一产业	N_j	7.04	1.11	1.91	3.66	4.20	5.92	3.19	2.90	3.43
	P_j	38.58	6.06	10.49	20.06	23.03	32.44	17.49	15.87	18.81
	D_j	-6.03	-7.45	2.28	3.89	-10.04	2.83	11.21	7.58	-4.26
第二产业	N_j	142.89	81.13	29.60	30.97	171.32	57.73	23.73	28.61	23.23
	P_j	165.15	93.78	34.21	35.80	198.02	66.73	27.43	33.07	26.85
	D_j	-80.84	112.36	31.51	-17.62	10.52	-57.80	-8.42	17.20	-6.91
第三产业	N_j	90.16	48.43	14.61	18.76	90.92	39.34	18.87	17.44	17.28
	P_j	146.00	78.43	23.66	30.38	147.24	63.71	30.56	28.24	27.99
	D_j	-29.90	90.86	13.18	11.94	-53.99	-59.71	1.15	8.03	18.44
	总 N_j	240.08	130.67	46.12	53.40	266.45	102.99	45.79	48.95	43.95
	总 P_j	349.73	178.27	68.35	86.25	368.29	162.87	75.47	77.18	73.65
	总 D_j	-116.77	195.77	46.97	-1.79	-53.52	-114.69	3.94	32.81	7.27

资料来源：福建省统计局，国家统计局福建调查总队编．福建统计年鉴（2000-2005）［M］．北京：中国统计出版社，2000-2005．

表 7-25　　　　　　2006~2010 年福建省县域产业偏离—份额分析表　　　　单位：亿元

产业	偏离份额	福州市	厦门市	莆田市	三明市	泉州市	漳州市	南平市	龙岩市	宁德市
第一产业	N_j	13.76	1.65	4.05	7.71	7.71	12.19	7.33	6.45	6.60
	P_j	91.71	11.00	26.98	51.37	51.36	81.25	48.89	42.99	44.02
	D_j	2.48	-10.55	5.41	11.28	-24.77	6.41	10.14	-2.48	2.08
第二产业	N_j	436.95	347.76	120.90	94.65	591.56	160.70	75.72	108.53	74.95
	P_j	461.28	367.13	127.63	99.92	624.51	169.65	79.93	114.57	79.12
	D_j	-190.24	-242.67	36.57	135.32	-10.69	66.46	28.89	132.23	44.12
第三产业	N_j	299.98	213.94	57.51	71.40	290.77	107.86	66.44	64.84	69.45
	P_j	483.08	344.52	92.61	114.98	468.23	173.68	106.99	104.42	111.84
	D_j	48.09	20.71	18.74	-4.38	-60.01	23.97	-43.67	33.72	-37.18

续表

产业	偏离份额	福州市	厦门市	莆田市	三明市	泉州市	漳州市	南平市	龙岩市	宁德市
	总 N_j	750.69	563.35	182.46	173.76	890.03	280.75	149.49	179.82	151.00
	总 P_j	1 036.07	722.64	247.23	266.27	1 144.10	424.59	235.81	261.99	234.99
	总 D_j	− 139.67	− 232.50	60.73	142.23	− 95.46	96.84	− 4.64	163.46	9.02

资料来源：福建省统计局，国家统计局福建调查总队编 . 福建统计年鉴（2006 – 2010）［M］. 北京：中国统计出版社，2006 – 2010.

表 7 – 26　　　　2011 ~ 2015 年福建省县域产业偏离—份额分析表　　　　单位：亿元

产业	偏离份额	福州市	厦门市	莆田市	三明市	泉州市	漳州市	南平市	龙岩市	宁德市
第一产业	N_j	14.55	1.19	4.52	8.66	6.80	13.11	8.21	6.63	7.03
	P_j	138.62	11.31	43.08	82.50	64.81	124.88	78.22	63.19	66.98
	D_j	− 1.21	− 11.62	− 20.34	− 7.34	− 25.33	− 21.81	43.27	1.90	42.47
第二产业	N_j	555.49	405.94	189.04	190.28	849.86	258.36	120.77	209.09	125.69
	P_j	540.49	394.98	183.94	185.14	826.91	251.38	117.51	203.44	122.30
	D_j	− 48.34	− 314.16	99.21	19.52	− 141.94	181.34	35.03	− 25.40	194.75
第三产业	N_j	495.96	349.02	98.37	112.59	443.96	180.62	91.12	115.24	98.17
	P_j	749.65	527.55	148.68	170.18	671.06	273.01	137.73	174.19	148.38
	D_j	49.47	41.75	58.79	− 23.59	− 123.40	75.76	− 21.06	− 0.71	− 57.02
	总 N_j	1 065.99	756.15	291.93	311.53	1 300.63	452.08	220.09	330.96	230.89
	总 P_j	1 428.75	933.84	375.70	437.82	1 562.78	649.27	333.45	440.83	337.66
	总 D_j	− 0.08	− 284.03	137.66	− 11.41	− 290.67	235.29	57.24	− 24.20	180.20

资料来源：福建省统计局，国家统计局福建调查总队编 . 福建统计年鉴（2011 – 2015）［M］. 北京：中国统计出版社，2011 – 2015.

表 7 – 27　　　　2016 ~ 2020 年福建省县域产业偏离—份额分析表　　　　单位：亿元

产业	偏离份额	福州市	厦门市	莆田市	三明市	泉州市	漳州市	南平市	龙岩市	宁德市
第一产业	N_j	10.27	0.57	2.72	5.96	4.22	8.76	6.83	4.74	5.98
	P_j	115.42	6.35	30.57	66.93	47.39	98.48	76.80	53.27	67.20
	D_j	0.32	− 1.96	− 22.75	− 10.40	− 3.46	20.60	− 43.10	61.10	− 0.35
第二产业	N_j	687.08	423.90	266.27	245.48	1 032.13	376.74	162.15	256.60	213.16
	P_j	676.62	417.45	262.22	241.74	1 016.42	371.00	159.68	252.69	209.92
	D_j	27.51	167.19	− 115.45	39.52	79.89	− 34.07	− 140.50	− 160.75	136.65

产业	偏离份额	福州市	厦门市	莆田市	三明市	泉州市	漳州市	南平市	龙岩市	宁德市
第三产业	N_j	1 069.88	755.62	231.36	229.25	892.10	412.23	184.76	243.83	185.62
	P_j	1 511.51	1 067.54	326.87	323.88	1 260.35	582.40	261.03	344.48	262.24
	D_j	303.33	81.31	6.54	−153.22	−308.08	−57.88	0.32	76.44	51.23
总 N_j		1 767.23	1 180.09	500.35	480.68	1 928.45	797.73	353.74	505.17	404.76
总 P_j		2 303.56	1 491.34	619.65	632.56	2 324.15	1 051.87	497.51	650.44	539.36
总 D_j		331.16	246.55	−131.65	−124.09	−231.66	−71.34	−183.28	−23.21	187.52

资料来源：福建省统计局，国家统计局福建调查总队编．福建统计年鉴（2016－2020）［M］．北京：中国统计出版社，2016－2020.

4. 结论分析

（1）福建省县域产业竞争力分析。

第一产业对经济推动的分析。福建省各市第一产业的份额分量和结构偏离分量都为正值，有效带动了福建省经济发展，然而相较于份额分量，结构偏离分量数值高出很多，是份额分量的 5～11 倍，表明第一产业在各市中占有重要的经济地位。具体来看，厦门市相对于其他城市而言，其数值相对偏低，最大的时候也仅有 11.31 亿元。福州市和漳州市表现比较突出，存在破百亿的时刻。其余城市之间相差不大，发展相对均衡。2000～2005 年、2006～2010 年、2011～2015 年三个不同的时间段中，各市的份额分量和结构偏离分量都在增长且增幅较为明显，但在 2016～2020 年除宁德市外，其余各市都或多或少有所下降，即使是宁德市增长水平也较低，表明第一产业在福建省发展中遇到"瓶颈"，增量有所下降。份额分量和结构偏离分量有效带动了经济增长，然而在竞争力偏离分量上，各市在四个时间段中至少都有一个时间段为负值，不存在某个城市竞争力特别具有优势的情况。值得关注的是，厦门和泉州两市在四个时间段中全为负值，可见厦门和泉州两市第一产业不是其优势产业，与其他城市之间在竞争力上存在一定的差距，竞争劣势较为明显，给两市带来了一定的经济损失。

第二产业对经济推动的分析。福建省各市第二产业的份额分量和结构偏离分量均大于零且两者之间没有明显的差距，对福建省各市的产业发展有着重要的推动作用。具体来说，泉州市第二产业的发展势头强劲，与其他各市的差距明显，更是在最后一个时间段里份额分量和结构分量双双突破千亿，分别为 1 032.12 亿元、1 016.42 亿元。福州市在这两项数据上的表现也同样亮眼，但与泉州市之间还有一定差距。值得注意的是相对于 2000～2005 年，2006～2010 年福建省各市的份额分量和结构分量都有着巨大的增长，涨幅都在 2～4 倍之间，哪怕是净增量也几乎高于其他相邻时段的净增量，后面三个时间段中增长速度相对放缓，但仍有不小的增长，可见第二产业在福建省各市的发展中稳中有进，对各市的经济增长起到重要的促进作用。在竞争力偏离分量上，各个城市或多或少都有一个时间段为负值，说明各个城市在第二产业上都有着自己的竞争优势。然而总的来看各市的竞争优势关系比较微妙，不同城市之间存在一定的竞争力差距，诸如福州市在四个时间段内最高值仅有 27.51 亿元，而最低值却有 -190.24 亿元，哪怕在相同的时间段内其也与宁德市存在着一定的差距，从某种程度上来说福州市相对于宁德市在第二产业上的竞争力略显不足。

第三产业对经济推动的分析。福建省各市第三产业的份额分量和结构偏离分量远大于零，同时，各个时间段间也保持较高的增长速度，说明第三产业在福建省各市的经济发展中起到了极大的推动作用，在带动福建省整体经济水平高速发展中起到了很重要的作用。虽然第三产业在福建省经济发展中起到了很重要的作用，但因竞争优势不同区域差异也比较大，在四个时间段里，厦门市和莆田市一直保持着竞争分量为正，然而泉州市则是一直为负值，说明不同区域的竞争优势差距明显。哪怕是同为正值，不同城市间的差距也很明显。以 2016～2020 年的数据为例，最高值的福州市约是同为正值南平市的 948 倍，两者之间的差距巨大，即使是位列第二的厦门市和第三的龙岩市也有着大约 254 倍与 239 倍的差距，因此从第三产业角度来讲，南平市相对于福州市等没有任何竞争优势。

综上所述，福建省各市三次产业的增长率都有着较高的水平，结构效用都对经济的增长起到了很重要的促进作用，两者都是第三产业增长最为明显，第一产业相对偏弱，但是在总量上不同城市的差距也是比较明显的，尤其是第二产业和第三产业，像南平、宁德市远远低于泉州、福州、厦门市，区域之间发展不均衡。各市的竞争力发展也同样存在着不均衡，这种不均衡在第三产业上最为突出。

（2）福建省部分地市产业竞争力分析。

泉州市的第一产业份额分量和结构分量均为正值，有效推动了泉州经济的持续发展，但在总量上第一产业的份额分量和结构分量跟第二产业和第三产业间存在着明显的差距，其产值占比更是从 2000 年的 7.72% 逐步下降到 2020 年的 2.23%[①]，其在增长速度和对经济的推动效应方面都不如第二产业和第三产业。

---

① 2020 年泉州市国民经济和社会发展统计公报［EB/OL］. 泉州市统计局网站，2021 - 03 - 26，ht-tp：//tjj. quanzhou. gov. cn/zwgk/zfxxgk/fdzdgknr/tjxx/tjgb/202103/t20210326_2532215. htm.

泉州市第二产业的份额份量始终处于三次产业中的最高位，结构分量也仅有2016~2020年低于第三产业。同时第二产业在五个时间点的产值占比从未低于50%，产值在福建省内也处于领先地位，可见第二产业是泉州增长速度最快、发展势头最为强劲、对地区经济增长贡献最大的产业。泉州市的第三产业份额分量和结构分量也很亮眼，在五个时间点的产值占比均超过35%，也是泉州地区经济持续发展的重要支柱。在竞争分量方面，泉州市的第一产业和第三产业在四个时间段里均为负值，第二产业有两个时间段为正值，说明泉州地区的竞争优势主要集中在第二产业，第二产业的竞争力是三次产业中最大的。

福州市的第一产业份额分量和结构分量明显低于第二产业和第三产业，产值占比更是从2000年的13.47%下降到2020年的5.6%①，可见第一产业在福州的发展势头不如第二产业和第三产业。在四个时间段内第一产业的竞争分量有一半为正、一半为负，数值相对偏小且波动幅度相对不大，说明第一产业具有一定的竞争优势但相对偏弱。福州市的第二产业有较大的发展，产值从2000年的466.73亿元增长到2020年的3 840.77亿元②，然而竞争分量却有三个时间段为负数，在2006~2010年竞争分量更是达到-190.24亿元，也说明第二产业处于竞争劣势地位，竞争力不足。福州市的第三产业表现则是相当亮眼，份额分量在最后一个时间段内达到了1 069.88亿元，相较于前一个时间段更是翻了一倍有余，其结构分量从第二个时间段开始就一直高于第二产业且差距不断扩大，产值占比更是从2000年的40.01%扩张到2020年的56.07%③，可见第三产业成为带动福州经济增长的主力军，对福建的经济发展有重大的推动作用。整体来看第三产业竞争分量在后三个时间段均大于零，竞争优势集中，竞争实力强劲。

南平市在四个时间段内，第一产业的份额分量始终低于第二产业和第三产业，且差距较大，最大仅有8.21亿元，其产值占比也在逐年下降，从2000年的27.51%降至2020年的16.43%④，表明了第一产业在三次产业中的增长速度是相对较慢的，对经济增长的推动有限。与此同时，南平市第二产业的份额分量在前三个时间段内高于第三产业，产值占比从2000年的34.79%上升至2015年的43.16%⑤，但在2016~2020年这个时间段内其份额分量低于第三产业，产值占

---

①②③ 2020年福州市国民经济和社会发展统计公报［EB/OL］. 福州市统计局网站，2021-04-21，http://tjj.fuzhou.gov.cn/zz/zwgk/tjzl/ndbg/202104/t20210421_4081424.htm.

④⑤ 2020年南平市国民经济和社会发展统计公报［EB/OL］. 南平市人民政府网站，2021-03-31，https://www.np.gov.cn/cms/html/npszf/2021-03-31/1193522253.html.

比下滑到了 37.83%。在结构分量上，三次产业在四个时间段里均保持着第三产业最大、第二产业次之、第一产业最小，第三产业产值占比也升至 2020 年的 45.74%[①]，可见第三产业的结构效益最强，对当地经济增长的贡献也最为突出。但是第二产业和第三产业不管是份额分量还是结构分量，其数值相对于福建省的其他市还是偏小的，整体经济增长幅度有限。至于竞争分量，对四个时间段的数值求和，只有第一产业为正值，同时第一产业有三个时间段为正值，次数也比第二产业和第三产业多，说明南平市的第一产业相较于第二产业和第三产业更加具有竞争力。

综上所述，泉州市凭借着第二产业，福州市则依靠第三产业实现了经济高速发展，在 2020 年 GDP 均突破万亿元。南平市在第一产业上具备一定的优势，然而在第二产业、第三产业上劣势明显，经济增速缓慢，GDP 也逐渐被莆田市和宁德市赶超。

---

① 2020 年南平市国民经济和社会发展统计公报 ［EB/OL］. 南平市人民政府网站，2021 – 03 – 31，https：//www. np. gov. cn/cms/html/npszf/2021 – 03 – 31/1193522253. html.

第八章

福建省县域特色产业发展分析

第一节　特色产业内涵及其发展对县域经济增长的影响

一、特色产业的内涵

产业是区域经济发展的驱动力，构建合理高效的产业链是解决当地就业，带动当地医疗、教育、服务全面提升的有效途径。受限于资源优势、政策条件、交通运输、人力资源等方面的因素，县域经济远逊色于中心省市地区，因此应因地制宜地依托当地资源禀赋，统筹规划产业布局，形成特色产业链条是县域经济发展的未来之路。在特色产业基础上由龙头产业加强主导，辐射周边，带动相关联产业共同发展，凸显规模效应，产业聚集，最终形成产业集群，奠定市场核心竞争力，充分体现特色产业对县域经济的推动作用。例如，以地域命名的"晋江经验""宁德模式"等都是特色产业推动县域经济发展的成功典例。

顾名思义，特色产业就是特色化产业的简称，其核心在"特"。各地通过自然资源禀赋、区位优势、基础设施、技术水平、政府管理能力等竞争优势，做到"人无我有、人有我优、人优我新"的三大特色。由于其他地区无法比拟、无法超越，特色产业核心竞争力强劲，具有显著的地缘性、规模性以及效益性的特征。在目前复杂多变的环境下，突出地域优势，找准产业特色项目，是缩短城乡差距、实现县域经济全方位、高质量发展的新思路。

二、特色产业发展对县域经济增长的影响

产业生产活动的目的是满足社会需求，供给和需求是相适应的，区域经济增长的实质是产业结构的优化，两者之间存在密不可分的关系。产业结构的升级优化会推动区域经济增长，而区域经济增长反过来会促进产业结构继续调整优化。产业的发展变动轨迹与区域经济发展是相辅相成的动态平衡过程。

创造性地培育特色产业可以依托本地的资源禀赋，最大限度地集中财力、物力和人力，有效促成产业不同部门之间要素的整合与转移，将比较优势转化为竞争优势，确定自己在市场中的位置，同时也可以避免进入盲目跟风发展的误区，找准当地经济发展突破口，形成规模经济，振兴地区经济。特色产业实质是运用科技手段实现产业专业化，这与产业结构调整的努力方向是一致的。产业结构优化促进县域经济增长，而县域经济的快速增长也会反哺产业升级高效化（见图8-1）。通过自身产业链与上下游关联产业的发展，特色产业既充分利用了当地的资源禀赋又跳出了区域限制，在更大的空间里实现经济一体化增长，从而有效解决产业布局不科学、经济结构不合理等困扰。各县域发展特色产业，就是发挥区域优势、打破地域界限，取长补短，形成统一市场协同发展，增强经济可持续发展能力。因此，做大做强特色产业，既是县域经济发展的重要内核，也是扩大市场、提高农民收入、增强地区的经济实力，实现跨越式高质量发展的关键途径。

图8-1 特色产业优化与县域经济增长交互影响关系

第二节 福建省县域特色产业发展现状分析

一、福建省县域特色产业发展现状

（一）特色产业促进县域经济实力提升，结构进一步优化

"十三五"以来，福建省县域经济有了长足发展，产业规模持续壮大，三次产业结构持续优化，非农经济成为发展主体，三大产业对经济增长的贡献率由2010年的1.8%、68%、30.2%调整为2020年5.7%、37.7%、56.6%[①]，县域经济对全省经济发展的贡献率逐年增大，整体的实力和竞争力大幅提升。专业化、区域化的产业集群遍地开花，通过延伸产业价值链，成功打造了一批具有核心竞争力、产值超百亿元的特色支柱产业，特色全产业链集群形成，如泉州的鞋服箱包、古田食用菌、武夷山茶叶、福安的电子电机产品、南安的石材和五金水暖、宁德的新能源产业等产业群，产业结构进一步改善，县域经济综合实力不断提升。

（二）特色产业推进城镇化进程，人民生活水平显著提高

随着产业结构的调整及城镇户籍制度的改革，农民进城门槛大幅降低，农村富余人口不断向城镇转移，带动农村劳动力就地转移就业。城镇化水平不同程度地提高以及城镇化的集聚和辐射推动了县域经济的快速发展。

各地市特色支柱全产业链由于参与人数多、受益面大、创造价值高，对县域经济社会发展产生深远影响，是"三产"深度融合的典范，也是乡村振兴的必由之路。例如，宁德地区的古田县70%的农户从事食用菌产销活动，创造了70%的农业总产值及70%的农民现金收入。平和县是全国最大的柚类商品生产基地和出口基地，种植面积超过65万亩，产量约130万吨，解决了90%的农业人口就业问题，产品远销东南亚、欧盟、俄罗斯、美国等40多个国家和地区。[②] 人民生活水平显著提高，如图8-2所示，福建省城镇居民人均可支配收入由2010年的21 781元增至2020年的47 160元，增长116.5%；农村居民可支配收入由

---

①② 福建打造特色支柱全产业链振兴乡村［EB/OL］. 新华网，2021-10-22，http：//www. news. cn/mrdx/2021-10/22/c_1310261721. htm.

2010 年的 7 427 元增至 2020 年的 20 880 元，增长 181.1%，县域产业已成为改善居民生活水平的重要载体（见表 8−1）。

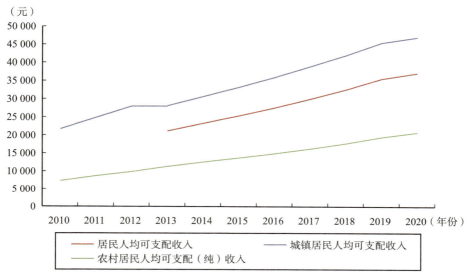

图 8−2　2010～2020 年福建省居民人均可支配收入

注：2012 年及以前是老口径数据没有测算"居民人均可支配收入"这一经济指标。

表 8−1　　　　　　　　　　福建省城乡居民家庭人均收入　　　　　　　　　　单位：元

年份	居民人均可支配收入			城镇居民人均可支配收入			农村居民人均可支配（纯）收入		
	数值	比上年增长（%）		数值	比上年增长（%）		数值	比上年增长（%）	
		名义	实际		名义	实际		名义	实际
2010				21 781	11.3	8.0	7 427	11.2	7.5
2011				24 907	14.4	8.7	8 779	18.2	12.3
2012				28 055	12.6	10.0	9 967	13.5	10.8
2013	21 218			28 174	9.8	7.0	11 405	12.2	9.7
2014	23 331	10.0	7.8	30 722	9.0	6.8	12 650	10.9	8.8
2015	25 404	8.9	7.1	33 275	8.3	6.5	13 793	9.0	7.2
2016	27 608	8.7	6.9	36 014	8.2	6.3	14 999	8.7	7.1
2017	30 048	8.8	7.5	39 001	8.3	6.9	16 335	8.9	8.0
2018	32 644	8.6	7.0	42 121	8.0	6.4	17 821	9.1	7.5
2019	35 616	9.1	6.3	45 620	8.3	5.6	19 568	9.8	6.9
2020	37 202	4.5	2.2	47 160	3.4	1.1	20 880	6.7	4.5

注：2012 年及以前为老口径数据。

二、福建省特色产业集群发展现状

（一）产业集聚与产业集群的差异

产业集聚是指同一产业在某个特定地理区域内高度集中，产业资本要素在空间范围内不断汇聚的一个过程。该理论最早始于马歇尔对产业集聚经济现象的研究，此后，出现了较多流派，如韦伯的区位集聚论、熊彼特的创新产业集聚论、E.M.胡佛的产业集聚最佳规模论、波特的企业竞争优势与钻石模型等。

产业集群是指在特定区域中，具有竞争与合作关系，且在地理上集中，有交互关联性的企业、专业化供应商、服务供应商、金融机构、相关产业的厂商及其他相关机构等组成的产业网络组织。

产业集聚与产业集群两者之间性质不同、类型不同，特点也不同。产业集聚强调的是同一产业内各企业的集聚，属于指向性和经济联系的集聚；而产业集群强调的是不同产业之间的相互配合与分工协作，其代表了新的空间经济组织形式，更加的复杂和纵深，属于资源型和创新型产业集群。

（二）福建省特色产业集群化趋势凸显

1. 产业转型的迫切性

随着工业化进程的加快，我国工业革命向纵深发展，产业集聚区遍地开花，全国出现了各类型的产业示范基地、国家级的工业园区。但发展方式的粗放化、地区的不平衡性矛盾依然突出，严重不适应新时期经济高质量发展的要求，产业集聚向集群的转型发展已迫在眉睫。

欧洲、美国、日本等发达制造强国纷纷出台政策措施，转向支持产业集群发展，产业集群作为经济发展的基本空间框架，已成为全球新一轮科技竞争的必争之地。科技革命和产业变革蓄势待发，培育创新能力强、开放程度高、竞争力突出的特色产业集群，既是解决地区同质恶性竞争难题的有效途径，也是推动县域产业高质量发展的必经之路。培育特色产业集群的核心是技术创新和组织变革，通过做大做强做好主导产业集群规模，构建产业生态系统和集群网络，推动产业集群融入县域经济发展、加强区域交流合作，增强集群内生动力和发展活力，助推区域经济高质量发展。

2. 产业集群的带动性

产业集群可以有效整合产业链上下游的企业，形成规模成本优势，是地方政府招商的重要目的。通过特色产业集群建设，可以推动地方产业形态由"小特产"向"大产业"转变，空间布局由"面"向"立体"转变，主体关系由"同质竞争"向"合作共赢"转变。

2020年宁德地区以30%的经济增速惊艳了世人，其中宁德时代功不可没，新能源汽车市场的发展推动动力电池需求增长，在巨大的产能配套需求拉动下，围绕动力电池巨头布局的上下游产业链企业纷纷跟进，产业需求叠加产业政策支持，全球汽车电动化势不可挡，宁德时代的龙头地位稳固，动力电池行业产业集群效应和规模效应也在迅速凸显。据统计，2021年上半年，全球动力电池使用量为114.1亿瓦时（GWh），同比增长155.1%，宁德时代、LG化学、松下电器分别排名前三，全球前十动力电池企业使用量占比高达91.3%。2017～2021年，宁德时代动力电池使用量继续保持全球第一地位，以49.7%的份额遥遥领先，比亚迪以15.6%、中航锂电以6.6%紧随其后。① 在宁德时代、宁德新能源科技有限公司两家龙头企业的带动下，宁德地区已引进落地锂电新能源产业链配套项目38个，加速形成锂电新能源产业集群。通过"龙头招龙头"的方式，宁德地区培育形成锂电新能源、新能源汽车、不锈钢新材料、铜材料四个具有国际竞争力的主导产业集群。四大主导产业的虹吸效应开始显现，杉杉锂电池负极材料项目落户古田大甲、周宁不锈钢产业园进展顺利、柘荣乍洋不锈钢产业园稳步推进、霞浦时代一汽主厂房全面动工……以宁德时代为牵头的四大主导产业布局完全改变了以往宁德地区发展不平衡的局面，产业链已延伸布局到福鼎、霞浦、柘荣、周宁、屏南、寿宁、古田，实现全市县域全覆盖。宁德时代的实践证明，依托主导产业中的龙头企业形成产业集群并做大做强产业链是完全行之有效的。

3. 人口就业的吸引性

福建省独具特色的产业集群、发达的民营经济，吸引了大量的就业人员。在第七次全国人口普查中，其中梳理了福建省51个县域的数据（不包括设区），发现人口排名前十位的都集中在泉州和福州地区，而泉州占了半壁江山，其中晋江、石狮、福清和安溪这4个县域的人口突破百万，特别是人口规模第一的晋江，是福建省唯一一个人口突破200万人的县域，仅次于江苏的昆山（见

---

① 宁德时代加码扩产龙头地位稳固 两大区域产业集群效应凸显［BE/OL］. 投资者网，2021 - 09 - 23，https：//baijiahao. baidu. com/s?id =1711646792517785061&wfr = spider&for = pc.

表 8 - 2）。泉州之所以聚集了大量的外来劳工，正是由于其下辖的几个县域都形成了非常突出完整的主打产业链，如晋江的鞋服、食品，南安的石材、水暖，石狮的服装，惠安的石雕石材、食品饮料等强大的产业集群形成，规模效应显现。2020 年，晋江市 GDP 实现 2 616.11 亿元，比上年增长 4.2%，总量分别占全省、泉州市的 6% 和 25.8%；晋江市地区生产总值连续 27 年居福建省首位。[①] 而南安市常住人口为 151.75 万人，位居福建省县域人口第二位。GDP 也位列福建省第二位。其拥有超亿元企业 507 家，其中超 10 亿元企业 58 家。排名第三的福清市这些年产业发展很快，有著名的福耀玻璃等制造业。[②] 但同时福建有 14 个县人口低于 20 万，主要位于山区。其中，明溪县和柘荣县均低于 10 万人（见表 8 - 3、图 8 - 3）。

表 8 - 2   2020 年福建省超 50 万人口县域

县（市）	人口数	2010～2020 年十年变化情况
晋江市	2 061 551	75 104
南安市	1 517 514	99 063
福清市	1 390 487	155 649
安溪县	1 003 599	26 167
闽侯县	988 200	326 082
仙游县	906 068	80 361
漳浦县	847 535	44 584
惠安县	781 397	65 173
石狮市	685 930	49 230
连江县	639 498	78 008
福安市	609 779	48 139
诏安县	560 969	− 36 829
福鼎市	553 132	23 598

资料来源：根据福建省统计局相关数据整理。

---

① 晋江市 2020 年国民经济和社会发展统计公报［EB/OL］. 晋江市人民政府网站，2021 - 04 - 01，http：//www. jinjiang. gov. cn/xxgk/tjxx/tjgb/202104/t20210401_2536465. htm.

② 福建县域人口大数据 产业集群吸引了大量就业人员［EB/OL］. 环球周刊网，2021 - 08 - 20，http：//zhoukan. cc/guanzhu/2021/0820/40335. html.

表 8 - 3   2020 年福建省低于 20 万人口县域

县域	人口数	2010～2020 年十年变化情况
政和县	179 413	7 688
顺昌县	179 084	- 12 524
寿宁县	177 880	2 086
周宁县	149 587	38 866
将乐县	144 943	- 3 924
屏南县	139 815	2 091
华安县	134 276	- 24 876
松溪县	130 867	5 395
光泽县	130 294	- 3 819
清流县	118 029	- 18 219
建宁县	114 400	- 5 579
泰宁县	104 071	- 6 207
明溪县	98 930	- 3 737
柘荣县	92 989	4 602

资料来源：根据福建省统计局相关数据整理。

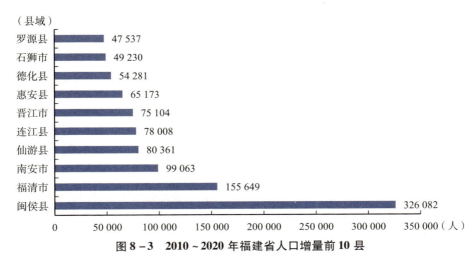

图 8 - 3　2010～2020 年福建省人口增量前 10 县

资料来源：笔者根据各地统计局和公开数据整理。

据统计，2020 年福建省 76 个产业集群中，区域分别差异明显，以福州市、厦门市和泉州市为主，分别达到 12 个、17 个和 24 个，总数合计占 70% 以上，其他地市相对较少（见表 8 - 4）。2019 年福建省已有 19 个产值超千亿元产业集群，较 2015 年新增 10 个；新兴产业增加值占规上工业比重同比由 18% 提高到 23.8%，总量是 2015 年的 2 倍。根据福建省发展规划，力争到 2022 年打造 8 个超千亿元园区、20 个以上产值规模超千亿元的产业集群。① 福建省应根据经济发展需要，结合产业基础、配套设施等情况，优选一批成长性好、特色明显的产业集群，重点培育和发展。截至 2020 年，约有 27 家产业集群产值达到千亿元以上，初步形成结构合理、特色突出、布局均衡的产业集群发展格局（见表 8 - 5）。

表 8 - 4 福建省 76 个产业集群区域分布

地市	数量（个）	主要行业
福州市	12	新材料、纺织、服装、光电行业、计算机及网络产品、金属深加工、汽车及零部件、塑胶、船舶、输变电设备、LED
泉州市	24	纺织、服装、陶瓷、鞋、水暖卫浴、通信、箱包、建筑建材、食品饮料、茶叶、机械装备、石油化工、体育用品、伞具
厦门市	17	电子信息、海洋与生命科学、航空、化工、软件与信息服务业、机械、生物医药、电子产品、新材料、光电行业、半导体照明、汽车及零部件、电控设备、工程机械、船舶、食品加工、移动通信
漳州市	3	食品饮料、石化、家电
宁德市	5	电机电器、电机、船舶、新材料、新能源
莆田市	3	新材料、鞋、食品饮料
龙岩市	2	新材料，新能源、专用设备
三明市	2	钢铁、林产品加工
南平市	2	茶叶、林业加工
泉州市、莆田市	1	石化（湄洲湾石化产业集群）
厦门市、漳州市	2	厦漳数字视听产品产业、搬运机械产业
其他	3	闽西水泥产业、闽南石材加工产业、厦漳闽台合作农产品加工产业

资料来源：根据中商产业研究院数据整理。

---

① 《建设现代产业体系培育千亿产业集群推进计划（2018 - 2020 年）》的通知［EB/OL］. 福建省发展和改革委员会网站，2018 - 09 - 30，https：//fgw. fujian. gov. cn/zfxxgkzl/zfxxgkml/bwgfxwj/201809/t20180930_4523096. htm.

表 8 − 5　　　　　　　　　　　　福建省千亿产业集群一览

名称	区域	依托开发区/产业园	2020 年产值（亿元）
集成电路和光电产业集群	闽东北协同发展区以福州为中心，带动莆田、宁德、平潭和南平等地区	福州经济技术开发区、福清融侨经济技术开发区、莆田高新区等产业集中区	1 500
	闽西南协同发展区以厦门为中心，带动泉州、漳州、三明和龙岩等地区	厦门火炬高新区、海沧信息产业园、泉州芯谷和泉州高新区等产业集中区	2 500
计算机和网络通信产业集群	以福州、厦门为中心	福州经济技术开发区、福清融侨经济技术开发区、厦门火炬高新区、泉州高新区、仙游仙港工业园等产业集中区	2 500
高端装备产业集群	以福州、厦门、泉州为中心	厦门航空工业区、厦门（集美）机械工业集中区、闽江口船舶集中区、泉州台商投资区、泉州经济技术开发区、晋江经济开发区、南安经济开发区、南安滨江机械装备制造基地、洛江经济开发区、莆田高新区、三明高新区、龙岩经济技术开发区、闽台（南靖）精密机械产业园等产业集中区	2 200
电工电器产业集群	闽东北协同发展区以宁德电机电器产业基地、福州输配电及控制设备制造基地和南平电线电缆产业基地为重点	福安工业经济开发区、漳湾工业集中区、政和机电产业园等产业集中区	1 500
	闽西南协同发展区以厦门输配电及控制设备制造基地和漳州、泉州电工电器产业基地为重点	厦门火炬高新区、漳州台商投资区等产业集中区	1 400
汽车产业集群	闽东北协同发展区以福州、莆田、宁德汽车及配套零部件生产基地为重点	福州闽侯青口汽车工业园区、莆田涵江高新区、宁德蕉城三屿工业区、南平高新技术产业园区等产业集中区	1 500
	闽西南协同发展区以厦门为中心，推动泉州、漳州、三明、龙岩等地区协同发展	厦门（集美）机械工业集中区、龙岩经济技术开发区、三明埔岭汽车工业园等产业集中区	1 000
石化一体化产业集群（湄洲湾和古雷）	以湄洲湾石化产业基地和漳州古雷石化基地为中心	泉港石化工业园区、泉惠石化工业园区、古雷港经济开发区等主要产业集中区	2 640
化工新材料产业集群	以福清江阴化工新材料专区为中心	石门澳化工新材料产业园、仙游枫亭化工新材料产业园和连江可门经济开发区等产业集中区	1 000

名称	区域	依托开发区/产业园	2020 年产值（亿元）
动力电池和稀土石墨烯新材料产业集群	以宁德、漳州、厦门、龙岩为中心，带动全省共同发展	依托东侨经济技术开发区、龙岩稀土工业园、三明稀土产业园、厦门火炬高新区、永安石墨和石墨烯产业园、晋江石墨烯产业园等产业集中区和厦门大学石墨烯工程与产业研究院	1 100
生物与医药产业集群	发挥福州、厦门核心带动作用，加大引导企业兼并重组、整合资源，推进闽东北、闽西南两大协同发展区生物医药业协同发展	厦门海沧生物医药港、福州江阴原料药集中区、永春生物医药产业园、石狮海洋生物医药产业园、龙岩长汀医疗器械产业园、德润医疗产业园、三明生物医药产业园和荆东工业园、宁德闽东药城、诏安金都海洋生物产业园、邵武金塘工业园区、南平浦潭生物专业园、福建（光泽）中药产业园等产业集中区	1 000
数字经济（软件和信息技术服务）产业集群	闽东北协同发展区以福州软件园、马尾物联网产业基地为重点	数字福建（长乐）产业园、南平武夷智谷软件园等产业集中区	1 740
	闽西南协同发展区	厦门软件园、泉州软件园、中国国际信息技术（福建）产业园、漳州华为芯谷产业园、龙岩软件园等产业集中区	1 940
电力工业产业集群	优化电源结构和电源布局，电力装机稳步增长，清洁能源比重持续提升，形成"全省环网、沿海双廊"500 千伏超高压骨干网架	—	1 115
建材产业集群（泉州）	晋江南安建陶、南安石材、南安水暖厨卫为主导	南安经济开发区、南安水暖厨卫产业基地、南安水头石材产业基地等主要产业集中区	2 000
	现代钢铁产业以三明、漳州、泉州、福州地区现代钢铁产业为中心	三明钢铁及加工区、漳州钢铁及加工区、福州钢铁集中区等产业集中区	1 300
	不锈钢产业以宁德、福州、漳州地区不锈钢产业为中心	宁德不锈钢工业集中区、福州不锈钢工业集中区、漳州不锈钢工业集中区、武平不锈钢产业园区等	1 500
	金铜铝产业以龙岩黄金产业、龙岩和宁德铜产业、南平福州厦门铝加工产业为中心	福州铝加工集群、上杭蛟洋循环经济产业园等产业集中区	1 350

续表

名称	区域	依托开发区/产业园	2020 年产值（亿元）
纺织化纤产业集群（福州）	—	打造具有全球较强竞争力的纺织化纤生产基地	3 550
纺织服装产业集群（泉州）	以晋江、石狮等地的纺织服装产业为中心	—	3 100
纺织鞋服产业集群（莆田）	促进鞋业供应链服务平台建设，打造个性化定制莆田鞋服区域品牌	仙港经济开发区、荔城经济开发区、华林经济开发区、涵江区新涵工业集中区等产业集中区	1 200
制鞋产业集群（泉州）	以晋江、石狮、南安、泉州开发区、惠安城南工业园区、台商投资区制鞋产业为中心	泉州开发区、惠安城南工业园区、台商投资区	1 900
纸及纸制品产业集群	—	泉州台商投资区纸及纸制品产业园、漳州台商投资区纸及纸制品产业园、三明青州纸及纸制品产业园等产业集中区	1 300
工艺美术产业集群	加快福州、泉州、莆田等地工艺美术产业园建设，促进企业集中连片发展	德化城东陶瓷园、惠安雕艺文化创意产业园、国际陶瓷艺术城、中国茶具城、永春香都产业园、莆田工艺美术城、仙游工艺产业园等产业集中区	1 800
农副产品精深加工产业集群	以闽东南果蔬加工、沿海食用植物油加工、闽西北笋竹加工、闽西北畜禽产品加工、闽北乳品加工产业集群为中心	厦门市同安轻工食品工业区、漳州食品名城、南安官桥中国粮食城、晋江五里工业集中区、光泽中国生态食品城、湄洲湾北岸东吴食品工业集中区、兴化湾南岸（涵江）食品产业园、太湖工业集中区、三明市三元荆东工业集中区等产业集中区	2 700
水产品精深加工产业集群	—	福猗元洪国际食品产业园区、连江经济开发区、东山经济开发区、诏安水产品加工区、宁德福鼎工业园区、东吴临港产业园、兴化湾南岸食品园等食品加工产业园区	1 600
休闲食品产业集群	—	同安轻工食品工业园、同安工业集中区（思明、湖里园），龙海东园工业区、龙海海澄工业集中区、晋江五里工业集中区、龙岩市经济开发区（东肖）、龙州县工业集中区等产业集中区	1 330

续表

名称	区域	依托开发区/产业园	2020 年产值（亿元）
茶产业集群	—	闽南乌龙茶区、闽北乌龙茶区、闽东北白（红）茶区	1 200
物流产业集群	以厦门前场物流园、象屿保税物流园、福港综合物流园、漳龙物流园等为龙头	重点建设厦门、福州、泉州等国家物流园区布局城市以及一批现代化综合物流园区、物流配送中心和共同配送末端网点	7 000
旅游产业集群	大力推进全域生态旅游和优质旅游，国绕全国生态旅游先行区、海峡两岸旅游交流合作先行区和 21 世纪海上丝绸之路旅游核心区建设	重点扶持发展福泉漳海上丝绸之路文化、厦门全域旅游示范区、大武夷、福建土楼和平潭国际旅游岛等五大产业集聚区	7 000

资料来源：《建设现代产业体系培育千亿产业集群推进计划（2018 - 2020 年）》的通知［EB/OL］. 福建省发展和改革委员会网站，2018 - 09 - 30，https：//fgw. fujian. gov. cn/zfxxgkzl/zfxxgkml/bwgfxwj/201809/t20180930_4523096. htm.

第三节 福建省县域特色产业发展存在的问题及原因分析

近年来，福建省的县域特色产业都有了长足的发展，但无论是从产业的地区分布还是产业的产品特色来看，仍然存在发展不平衡、不充分的矛盾，而且产值较高的产业多集中于传统行业，高新技术产业和战略性产业的发展与东部沿海发达省份相比，差距还比较大。如表 8 - 6 所示，在已公布的 2021 年度全国综合实力百强县市榜单中，位列前十名的江苏省占 6 个（昆山市、江阴市、张家港市、常熟市、太仓市、宜兴市）、浙江省 2 个（慈溪市、义乌市）、湖南省 1 个（长沙市）、福建省 1 个（晋江市）。而全国百强县名单中江苏省独占 25 席，浙江省和山东省分别占 17 席和 13 席，福建省只占 6 席，分别是晋江市、石狮市、福清市、南安市、惠安县、安溪县，绝大部分集中在泉州地区。在绿色发展和科技创新百强县市榜单中福建省依然只有 6 席，而且排名都比较靠后，而投资潜力排名中只有三个县市上榜。这些充分说明福建省县域经济整体实力较弱且发展不平衡，主要原因在于县域产业发展滞后、结构单一、特色不鲜明、创新能力不强、产品附加值低，规模效益不明显。

表 8 - 6   2021 年福建省入选全国百强县市情况

入围县市	综合实力排名	绿色发展排名	投资潜力排名	科技创新排名
晋江市	8	25	2	8
石狮市	15	62		27
福清市	17	18		13
南安市	29	80	9	28
惠安县	35	27		72
安溪县	57	52	18	75

资料来源：笔者根据中商产业研究院数据整理。

一、福建省特色产业发展存在问题内因分析

（一）产业特色不鲜明、创新性不强

1. 传统产业占主导地位

福建省县域产业仍然以石化、服装纺织、机械设备等传统产业为主导，在统计的 10 个 GDP 在千亿级的县（市、区）当中，有 7 个县（市、区）以传统产业发展为重点。2021 年上半年，晋江市全市规上工业产值完成 3 189.63 亿元，同比增长 15.9%，纺织产业、鞋服、装备制造业、建材制品产业上半年规上产值比增分别达 25.4%、16.1%、16.1%、14.7%，产值超亿元企业达 1 025 家。2020年，南安市规模以上工业产值完成 2 804.04 亿元，同比增长 6.7%；规模以上工业增加值同比增长 6.2%，居泉州各县（市、区）首位[①]；南安市的石材陶瓷业、水暖厨卫业、机械装备业分别完成规上产值 935.09 亿元、226.7 亿元、665.76亿元[②]。惠安县的规模以上工业产值以重工业为主，产值占比高达 63%，是全国百强县中第二产业占比超过 70% 的三县市（神木市、府谷县、惠安县）之一。而在已公布的科技创新百强县的排名[③]中，福建仅 6 个县域上榜，且前 20 名仅 2

---

① 上半年我市规上工业产值超 3 千亿元 [EB/OL]. 晋江市人民政府网站，2021 - 07 - 09，http：//www. jinjiang. gov. cn/xxgk/tjxx/sjjd/202107/t20210709_2585531. htm.

② 南安统计信息（第十九期）[EB/OL]. 南安市人民政府网站，2021 - 08 - 19，http：//www. nanan. gov. cn/zwgk/zfxxgkzl/bmzfxxgk/tjj/zfxxgkml/202108/t20210819_2606280. htm.

③ 详见赛迪顾问县域经济研究中心发布的 2021 中国科技创新百强市、县、区排行榜。

个，这个数据与江苏省、浙江省、山东省等沿海省份相比差距较大，说明在产业创新能力方面福建省没有竞争优势。企业创新能力不强，如规模以上纺织企业中技术开发资金在销售总值中的占比仅为约1%，科技研发力量薄弱，有关纺织服装的研究机构、开设相关的专业与院校及技术开发基地中心等数量都很少，行业技术力量单薄且分布不平衡。与此同时，中小型企业在创新机制建立、科技成果转化、人才培训等方面也存在较大的困难。

2. 特色资源挖掘深度不够

福建省各县域在实际发展过程中没有充分挖掘资源禀赋要素的比较优势，特色资源挖掘深度有待加强。在第一产业资源挖掘方面，宣传推介力度不大，一些特色产品的知名度、美誉度不高，产品以粗加工为主，附加值低；畜牧产品和林产品没有深度融合，无法有效实现生态畜牧、绿色畜牧，天然、环保理念不突出，经济效益不高。在第二产业资源挖掘方面，许多县域传统产业龙头不多或带动性不强，新兴产业支撑作用弱，新旧动能转换的步子缓慢；资源要素"瓶颈"问题突出，各特色产业发展缺失规划。在第三产业资源挖掘方面，没形成具有明显地域特色的商贸旅游产业，基础设施不健全，配套的服务、管理跟不上，景点特色不鲜明，旅游业的吸引力和可持续性弱。

（二）实体经济活力不足，应变能力弱

1. 实体经济以民营经济为主，受市场波动影响大

福建省县域的实体经济以民营经济为主，作为省会的福州地区由于区位因素，国企进入意愿不强，但大量的侨资涌入，使民营经济占比高达77.4%。2021年福建省民营经济增加值3.38万亿元、增长9.6%，占全省地区生产总值的69.3%，对经济增长的贡献率达82%。[①]

2020年福建省民营企业100强榜单中，福州入围的企业达到35家，为全省最多。福建省排名前10的民营企业中，福州包揽了8席；新认定的国家高新技术企业数量为609家，占福建全省的49.4%。其次经济总量始终居于前列的泉州地区，民营经济占比达82.4%，贡献了全市81%的税收、82.1%的GDP、93%的研发投入、96%的城镇就业、95%的企业数。[②] 2020年，泉州规模以上民营

---

① 【奋进新征程 建功新时代·非凡十年】福建以创新引领产业转型再上台阶 [EB/OL]. 光明网，2022 – 07 – 23，https：//m. gmw. cn/baijia/2022 – 07/23/35904188. html.
② 3个民营经济比重最高的城市！福建占了2个，北上广无一上榜 [EB/OL]. 金投网，2021 – 12 – 02，https：//baijiahao. baidu. com/s?id = 1718025674959217596&wfr = spider&for = pc.

（扣除国有控股和集体控股）工业企业 5 029 家，占全市规模以上工业企业的比重达 98.5%，民营经济已经成为泉州经济的中坚力量。① 但是在 2021 年福建省百强民营企业中，有 37 家来自厦门，36 家来自福州（含平潭综合实验区 2 家），12 家来自泉州，其余 6 个地级市的上榜民营企业数量均低于 5 家。与上一年相比，厦门增加了 11 家，福州增加了 1 家，泉州减少了 10 家，漳州也由 5 家减少至 2 家。② 2022 年福建省民营企业 100 强主要集中在厦门市（38 家）、福州市（31 家）和泉州市（17 家），宁德市 4 家，其他地市各 2 家，厦福泉三地无论在企业数量、营业收入和资产规模等指标上都处于明显优势，其中，福州市入围企业营业收入总额达 7 410.5 亿元、资产总额达 10 204.8 亿元，均位居第一③。福建百强民营企业的分布不均衡性加剧。特别是泉州地区由于受到疫情的影响，百强民营企业数量减半，说明其受环境影响非常大，对外依赖性强。主要原因在于虽然泉州产业的龙头企业数量在不断增加，但总体还是少数，规模大、带动力强的产业化龙头企业较少，大部分民营企业规模小，生产方式粗放且效率低，以家族式的经营模式占主导，转型升级限制多，创新能力不足，当遇到市场波动时企业受到的影响骤增（见表 8 - 7）。

表 8 - 7　　　　　福建省民营企业 100 强营业收入和资产的地区分布情况

地区	入围企业（家）	与上一年相比（家）	营收总额（亿元）	占比（%）	与上一年相比（亿元）	资产总额（亿元）	占比（%）	与上一年相比（亿元）
厦门市	38	+1	4 269.2	23.1	+739.8	5 491.2	23.9	351.9
福州市	31	-5	7 410.5	40.0	+899.3	10 204.8	44.4	893.7
泉州市	17	5	2 249.1	12.2	+542.9	2 822.8	12.3	604.9
宁德市	4	0	3 200.0	17.3	+1 216.1	3 554.0	15.5	1 429.2
漳州市	2	0	582.8	3.1	+212.6	306.6	1.3	56.1
南平市	2	-1	403.5	2.2	+93.9	243.6	1.1	27.5

---

① 【数说巨变：泉州 1921—2021】百年砥砺前行 工业谱写新篇［EB/OL］. 泉州新闻门户网站，2021 - 07 - 05，https：//www. qzwb. com/gb/content/2021 - 07/05/content_7095630. htm.

② 2021 福建省民营企业 100 强榜单揭晓［EB/OL］. 福建省工业和信息化厅网站，2021 - 10 - 15，http：//gxt. fujian. gov. cn/zwgk/xw/tpxw/202110/t20211015_5732623. htm.

③ 2022 年福建省民企 100 强发布 三家企业营业收入超千亿元［EB/OL］. 东南网，https：// baijiahao. baidu. com/s?id = 1745077594751282817&wfr = spider&for = pc.

续表

地区	入围企业（家）	与上一年相比（家）	营收总额（亿元）	占比（%）	与上一年相比（亿元）	资产总额（亿元）	占比（%）	与上一年相比（亿元）
莆田市	2	-1	197.8	1.1	-20.7	149.8	0.7	33.4
龙岩市	2	0	108.8	0.6	+4.1	130.8	0.6	11.5
三明市	2	+1	88.8	0.5	+18.4	82.4	0.4	11.9

注："+"表示增加，"-"表示减少，"-"表示持平。

资料来源：2020 年福建省国民经济和社会发展统计公报［EB/OL］. 福建省人民政府网站，http：// www. fujian. gov. cn/zwgk/sjfb/tjgb/202103/t20210301_5542668. htm.

2. 生产和经营模式较为传统，成本居高不下

福建省是全国数字经济发展高地，是数字经济领域出台的政策体系最完备的省份之一。数字技术引领实体经济加速发展，新技术、新模式和新业态不断涌现，多项指标位居全国前列。数字经济规模高达 2 万亿元以上，占地区生产总值比重超过 40%。[①] 但现有集群企业中，除少数实力较强的行业领军型企业之外，大部分企业仍处在以电气化和自动化为主的工业 2.0 向以信息化为主的工业 3.0 过渡阶段，数字技术与实体经济融合不深，新型基础设施有效供给不足，数字经济发展支撑作用不强，产业数字化转型困难，数字赋能的企业管理领域仍有较大提升空间。

随着特色产业集群发展规模的扩大，其对高端服务和公共配套的要求在同步提升，而目前大部分县域先进制造业与现代服务业融合进程缓慢，工业企业的服务净利润的贡献率不高。据不完全统计，约 78% 的企业的服务收入占总营业收入的比重不足 10%，只有 6% 的企业服务收入占总营收的比重超过 20%；就净利润而言，81% 的企业服务净利润贡献率不足 10%，相比之下，一些世界先进制造业公司服务收入占总销售收入的平均值为 26%，服务净利润贡献率平均值高达 46%。目前对民营企业而言，成本增长压力依然是面临的主要问题，分别有 56.7% 和48.2% 的民营企业的成长增长压力来自原材料成本和用工成本（见图 8-4）。此外，产品库存率高、融资难度大等问题依然突出（见图 8-5）[②]。

---

① 2020 年福建省数字经济规模突破 2 万亿元 福州、厦门持续领跑［EB/OL］. 人民网，2021-04-23，http：//fj. people. com. cn/n2/2021/0423/c181466-34691250. html.

② 福建省工商联 2021 四季度调研报告：民营企业发展步稳疾蹄｜闽商观察［EB/OL］. 中新网福建，2022-02-08，http：//www. fj. chinanews. com. cn/news/fj_rmjz/2022/2022-02-08/497317. html.

（成本类型）

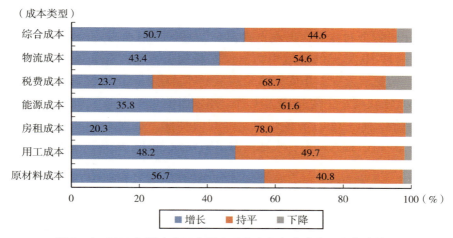

图 8-4 2021 年福建省四个季度民营企业各类成本环比变动情况

资料来源：福建省工商联 2021 四季度调研报告：民营企业发展步稳疾蹄｜闽商观察 ［EB/OL］. 中新网福建，2022-02-08，http：//www.fj.chinanews.com.cn/news/fj_rmjz/2022/2022-02-08/497317.html.

图 8-5 企业感觉制造业贷款获得感弱的主要原因

资料来源：福建省工商联 2021 四季度调研报告：民营企业发展步稳疾蹄｜闽商观察 ［EB/OL］. 中新网福建，2022-02-08，http：//www.fj.chinanews.com.cn/news/fj_rmjz/2022/2022-02-08/497317.html.

二、福建省特色产业发展存在问题外因分析

（一）产业集聚程度较低，同质竞争普遍

1. 缺乏要素保障，产业链融合深度浅

福建省产业集群发展的地区差异非常明显，两极分化现象严重。一方面，

东部沿海地区下辖的县域经济发达，产业集群发展迅速，龙头作用显著，吸引大量的人才、资金和技术，形成良性循环，进一步推动当地经济发展。例如，人均GDP超过10万元的县域中，不仅有石狮、晋江、惠安这些沿海发达县域，还包括清流、永安、华安、建宁、上杭等福建内陆山区县市。而龙岩和三明人均GDP比较高，主要是因为上杭、永安都有龙头企业、资源型产业带动县域经济发展，如上杭的紫金矿业，永安的林业、水泥、汽车等产业较为突出。还有一些山区县人口少，人地资源禀赋比较理想、均衡，林下经济、特色产业发展较好。

另一方面，部分山区县市受制于人才、土地、资金、技术等要素匮乏，吸引力不强，专业化分工水平低、配套协作能力差、品牌竞争力弱，县市产业链企业"群"而不"聚"，产业链条延伸不够，特色产业集群缺乏，集聚效应有待加强，容易陷入价值链"低端锁定"困局。这些县市经济实力弱，工业多处于"微笑曲线"中低端，吸引力也弱，资金、技术与人员留不住，陷入恶性循环，产业发展缺少强有力的要素保障。企业人数少、规模小，难以形成支柱产业。产业内部缺乏必要的资源整合，难以形成产前、产中、产后有效衔接的产业链条。闽南地区的漳州虽然也处沿海地区，但其下辖的几个县域人均GDP比较低，远低于周边的泉州和厦门，尤其是西南边的云霄、诏安、平和等地，由于缺乏大工业带动及主打产业，人均GDP在全省处于较低水平。据福建省统计局数据，2021年福建省83个县（市、区）中，最发达地区的福州市鼓楼区，人均GDP高达35.18万元，福州市马尾区（21.76万元）、厦门市思明区（21.14万元）、泉州市泉港区（18.42万元）、宁德市蕉城区（17.47万元）紧随其后；而最低的漳州市云霄县，人均GDP只有5.75万元，全省排名靠后的还有南平市的政和县（5.85万元）、漳州市的诏安县（5.86万元）、漳州市的平和县（5.99万元）、宁德市的周宁县（6.05万元）。排名在44位的福清市人均GDP刚刚达到10万元以上，还有近一半的县（市、区）人均GDP在10万元以下，其中靠后的5个县中漳州市占了3个，如果剔除市辖区，人均GDP最高的泉州地区的石狮市（15.60万元）约是最低的云霄县的3倍，各县域的人均GDP差距很大。①

2. 同质竞争普遍，集聚合力效应差

福建省各县市的产业布局存在一定程度的重复和同质化，如纺织工业是福建

---

① 福建省统计局、国家统计局福建调查总队编．福建统计年鉴（2022）［EB/OL］．https：//tjj. fujian. gov. cn/tongjinianjian/dz2022/index. htm.

省传统的优势产业，依托化纤、服装、纺织三大产业支撑，形成了完整的纺织产业链。2013 年，长乐市纺织企业当年实现产值 1 140 亿元，这也是福建首个实现千亿元产值的产业集群。纺织服装业作为晋江市第一大产业，2016 年首次突破千亿元大关，实现总产值 1 105 亿元①。目前已授予长乐、晋江和永安三个县市中国纺织基地市的名号。福建省正逐步打造产业布局合理、区域特色突出、结构明显优化的产业集群发展格局。但整体上看，福建省企业最大的特点就是原料和产品位于产业两端，既不具有采购成本优势，也不具备销售优势，企业只能在加工过程、产品质量上取胜。这种低成本加工、廉价的劳动力和加工量的优势，导致产品单一、附加值低，同质化严重，中低档的重复产品较多，生产过剩导致残酷的价格竞争，进一步引起无序竞争，产业创新、研发设计和终端消费品市场拓展能力不强，结构性矛盾突出。

而在发展形态方面，各特色产业往往在布局上较为分散，空间集聚和企业协同发展水平较低。例如，纺织工业产业链延伸配套不紧密，上游化纤材料和新型纤维开发与下游纺织品深加工需求结合不够紧密：化纤差别化和特殊功能纤维的创新还不能满足后道纺纱、织造、染整以及服装、家纺、产业用纺织品的深加工需求，行业综合竞争力和经济效益较低。虽然福建省化纤规模已居国内第三位，但新技术、功能性纤维等的比重较低，差别化比例还不足 50%：产业结构调整缓慢，化纤、纱线、面料等常规产品居多，产业用纺织品深加工水平较低，目前衣着、装饰（家纺）、产业用纺织品的使用比例大约在 70∶17∶13，远低于国内的 50∶31∶19 以及国际平均水平 35∶35∶30。②

（二）产业人才紧缺，人才培养供需脱节

1. 产业人才供需不匹配

据统计，我国技能劳动者超过 2 亿人，仅占就业人口总量的 26%，其中高技能人才超过 5 000 万人，占技能人才总量的 28%，占就业人员总量的比例仍不足 6%，技术技能人才的求人倍率超过 2，而西方发达国家高级技工在劳动者中的比例已经提高到 40%，日本高级技工占比为 40%，德国则是 50%，与发达国家相比，差距较大（见图 8 - 6）。③

---

① 福建省纺织产业的昨天、今天和明天 ［EB/OL］. 中国纺织经济信息网，2019 - 06 - 05，http：//news. ctei. cn/domestic/gnzx/201906/t20190605_3884916. htm.

② 程春生. 许云，增长极视角下福建纺织业竞争力的培育 ［J］. 金融经济，2012（3）：20 - 22.

③ 福建省人力资源市场 2021 年第三季度职业供求状况分析 ［EB/OL］. 福建省人保厅官网，2021 - 10 - 12，http：//rst. fujian. gov. cn/zw/tjxx/tjfx/202110/t20211012_5703458. htm.

据福建省人力资源和社会保障厅统计，福建省劳动力需求人数为 540 228 人，求职人数为 411 363 人，2021 年第三季度求人倍率为 1.22，同比上升 0.03，环比上升 0.04。① 其中九大设区市中仅泉州市同比下降，厦门市和三明市保持不变，其他各设市均同比增长（见表 8 - 8）。福建省技能人才总量达 664 万人，其中专业技术人才总量达 291 万人。2021 年第三季度，有技能要求的熟练工供求总量为 9.58 万人次，其中岗位需求 6.65 人次，求职登记 2.93 万人次，市场求人倍率为 2.27，同比上升 0.01，环比上升 0.04。无技能要求的一般劳动供求总量为 58.25 万人次，其中岗位需求 28.56 万人次，求职登记 29.70 万人次，市场求人倍率为 1.040，同比下降 0.016，环比上升 0.004。② 由此可见，福建省对技能人才要求的缺口还是比较大的。

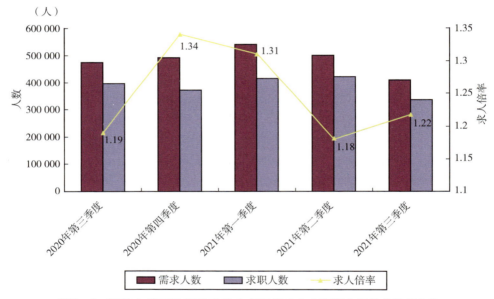

图 8 - 6　2020 年第三季度至 2021 年第三季度人力资源市场供求状况变化

资料来源：福建省人力资源市场 2021 年第三季度职业供求状况分析［EB/OL］.福建省人力资源和社会保障厅网站，2021 - 10 - 12，http://rst.fujian.gov.cn/zw/tjxx/tjfx/202110/t20211012_5703458.htm.

①② 福建省人力资源市场 2021 年第三季度职业供求状况分析［EB/OL］.福建省人力资源和社会保障厅网站，2021 - 10 - 12，http://rst.fujian.gov.cn/zw/tjxx/tjfx/202110/t20211012_5703458.htm.

表 8－8　　　各设区市 **2021** 年与 **2020** 年第三季度求人倍率同比增长情况

地区	2020 年第三季度求人倍率	2021 年第三季度求人倍率	同比增长
福州市	1.11	1.21	0.1
厦门市	1.18	1.18	0
漳州市	1.22	1.29	0.07
泉州市	1.29	1.18	－ 0.11
三明市	1.08	1.08	0
莆田市	1.09	1.12	0.03
南平市	1.27	1.30	0.03
龙岩市	1.25	1.48	0.23
宁德市	1.22	1.27	0.05

注：求人倍率 = 需求人数÷求职人数。

资料来源：福建省人力资源市场 2021 年第三季度职业供求状况分析［EB/OL］. 福建省人力资源和社会保障厅网站，2021 － 10 － 12，http：//rst. fujian. gov. cn/zw/tjxx/tjfx/202110/t20211012_5703458. htm.

　　从三大产业用工需求情况来看，第一产业用工需求比例为 8.58%，同比上升 1.35%，第二产业用工需求比例为 46.22%，同比下降 4.51%，第三产业用工需求比例为 45.20%，同比下降 5.86%（见表 8－9）。其中"制造业""农林牧渔业""居民服务、修理和其他服务业"占据着各行业中用工量的前三位。"制造业"占比 41.9% 排在第一位，"农林牧渔业"占比 8.8% 位居第二位，"居民服务、修理和其他服务业"占比 8.42% 排在第三位（见图 8－7），说明福建省制造业人才紧缺。福建省的企业主要是民营企业，所以内资企业需求占比达 77.1%，约需 31.36 万人次。从类别上看，用工需求量前三位的用人单位分别是私营企业（42.64%）、有限责任公司（15.78%）和股份有限公司（7.23%），民营企业依然是人才需求大户（见表 8－10 和图 8－8）。

表 8－9　　　　　　　　　福建省三大产业用工需求情况

产业	需求人数（人）	所占比重（%）	增长情况（%）
第一产业	34 898	8.58	1.35
第二产业	187 990	46.22	－ 4.51
第三产业	183 854	45.20	－ 5.86
合计	406 742	100.00	

资料来源：福建省人力资源市场 2021 年第三季度职业供求状况分析［EB/OL］. 福建省人力资源和社会保障厅网站，2021 － 10 － 12，http：//rst. fujian. gov. cn/zw/tjxx/tjfx/202110/t20211012_5703458. htm.

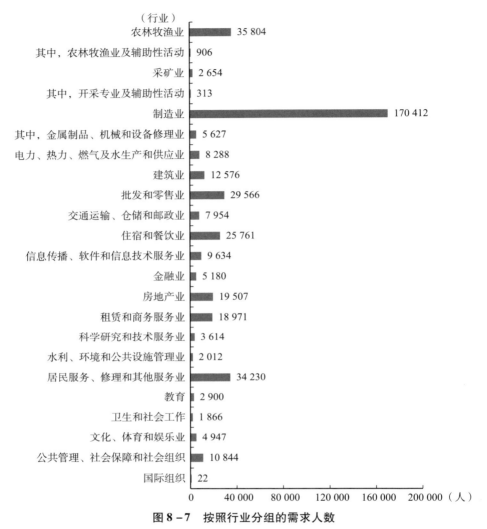

图8-7 按照行业分组的需求人数

资料来源：福建省人力资源市场2021年第三季度职业供求状况分析［EB/OL］. 福建省人力资源和社会保障厅网站，2021-10-12，http：//rst. fujian. gov. cn/zw/tjxx/tjfx/202110/t20211012_5703458. htm.

表8-10   按用人单位性质分组的需求人数情况

单位性质	需求人数（人）	所占比重（%）
企　业	396 149	97.40
其中：内资企业	313 612	77.10
国有企业	11 579	2.85
集体企业	3 660	0.90

续表

单位性质	需求人数（人）	所占比重（%）
股份合作企业	6 001	1.48
联营企业	4 824	1.19
有限责任公司	64 187	15.78
股份有限公司	29 420	7.23
私营企业	173 441	42.64
其他企业	20 500	5.04
港澳台商投资企业	43 361	10.66
外商投资企业	19 993	4.92
个体经营	19 183	4.72
事业	1 703	0.42
机关	259	0.06
其他	8 631	2.12
合计	406 742	100.00

注：合计 = 企业 + 事业 + 机关 + 其他；企业 = 内资企业 + 港澳台商投资企业 + 外商投资企业 + 个体营业。

资料来源：福建省人力资源市场 2021 年第三季度职业供求状况分析［EB/OL］. 福建省人力资源和社会保障厅网站，2021 - 10 - 12，http：//rst. fujian. gov. cn/zw/tjxx/tjfx/202110/t20211012_5703458. htm.

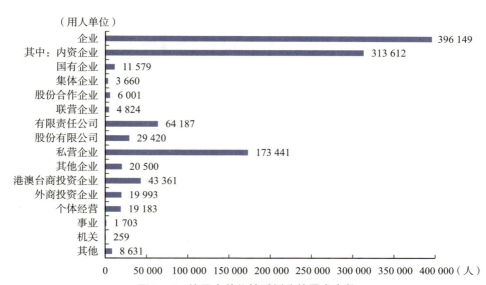

图 8 - 8　按用人单位性质划分的需求人数

资料来源：福建省人力资源市场 2021 年第三季度职业供求状况分析［EB/OL］. 福建省人力资源和社会保障厅网站，2021 - 10 - 12，http：//rst. fujian. gov. cn/zw/tjxx/tjfx/202110/t20211012_5703458. htm.

按照各职业分组的供求人数情况来看，福建省各职业都存在人才缺口，劳动力市场呈现供不应求情况，而且有些职业缺口较大，如生产制造、缝纫工、包装工等人才都严重紧缺；但是，部分岗位却出现供过于求的局面，人才结构性失衡（见表8-11、表8-12）。

表8-11　　　　需求大于求职缺口最大的前20个职业（职业小类）

项目	代码	需求大于求职缺口最大的前20个职业			
		需求人数（人）	求职人数（人）	缺口数（人）	求人倍率（人）
家政服务员	1	9 285	3 946	5 339	2.35
保洁员	2	6 040	2 727	3 313	2.21
快递员	3	4 668	2 530	2 138	1.85
缝纫工	4	3 188	1 119	2 069	2.85
营销员	5	3 830	1 905	1 925	2.01
育婴员	6	2 071	167	1 904	12.40
其他生产制造及有关人员	7	10 844	8 993	1 851	1.21
婴幼儿发展引导员	8	2 000	151	1 849	13.25
电工	9	2 301	512	1 789	4.49
制鞋工	10	4 212	2 430	1 782	1.73
包装工	11	3 585	1 873	1 712	1.91
餐厅服务员	12	3 231	1 617	1 614	2.00
电子专用设备装调工	13	3 619	2 061	1 558	1.76
不便分类的其他从业人员	14	7 932	6 436	1 496	1.23
道路客运汽车驾驶员	15	1 550	184	1 366	8.42
车工	16	2 491	1 338	1 153	1.86
纺纱工	17	1 662	525	1 137	3.17
渔业船员	18	3 110	1 991	1 119	1.56
其他机械制造基础加工人员	19	3 286	2 222	1 064	1.48
焊工	20	2 033	1 070	963	1.90

资料来源：福建省人力资源市场2021年第三季度职业供求状况分析［EB/OL］. 福建省人力资源和社会保障厅网站，2021-10-12，http：//rst. fujian. gov. cn/zw/tjxx/tjfx/202110/t20211012_5703458. htm.

表 8 – 12 　　　　　　需求小于求职缺口最大的前 20 个职业（职业小类）

项目	代码	需求小于求职缺口最大的前 20 个职业			
		需求人数（人）	求职人数（人）	缺口数（人）	求人倍率（人）
行政办事员	1	2 883	5 820	2 937	0.50
秘书	2	2 224	4 326	2 102	0.51
保安员	3	8 145	9 916	1 771	0.82
后勤管理员	4	1 019	2 777	1 758	0.37
其他办事人员和有关人员	5	1 318	2 902	1 584	0.45
商品营业员	6	2 957	4 215	1 258	0.70
物业管理员	7	1 922	3 101	1 179	0.62
收银员	8	1 095	2 233	1 138	0.49
其他批发与零售服务人员	9	1 028	2 000	972	0.51
餐厅服务员	10	1 727	2 648	921	0.65
质检员	11	620	1 512	892	0.41
仓储管理员	12	795	1 672	877	0.48
光源与照明工程技术人员	13	389	1 233	844	0.32
会计专业人员	14	1 666	2 508	842	0.66
保卫管理员	15	790	1 592	802	0.50
通信工程技术人员	16	885	1 676	791	0.53
市场营销专业人员	17	531	1 313	782	0.40
其他专业技术人员	18	1 339	2 102	763	0.64
装卸搬运工	19	935	1 676	741	0.56
家政服务员	20	556	1 211	655	0.46

资料来源：福建省人力资源市场 2021 年第三季度职业供求状况分析 ［EB/OL］. 福建省人力资源和社会保障厅网站，2021 – 10 – 12，http：//rst. fujian. gov. cn/zw/tjxx/tjfx/202110/t20211012_5703458. htm.

在年龄结构方面，16 ~ 34 岁的年轻人占需求总量的 68. 94%[①]；在文化程度方面，以初、高中文化程度为主，占需求总量的 71. 34%，初、高中文化程度的劳动者仍然是用人单位用工的主力军。35 岁以下的求职者人数占劳动力供给总量

---

① 　资料来源：福建省人力资源市场 2021 年第三季度职业供求状况分析 ［EB/OL］. 福建省人力资源和社会保障厅网站，2021 – 10 – 12，http：//rst. fujian. gov. cn/zw/tjxx/tjfx/202110/t20211012_5703458. htm.

的 73.16%，劳动力供给市场持续呈现年轻化的态势。高中和初中以下学历的求职人员占求职总数的 78.76%，整个人力资源供给市场学历水平仍相对较低，人力资源供给的素质结构需要进一步提升（见表 8-13）。从相关数据来看，具备专业技术的技能人才缺口较大，初级、中级、高级的求人倍率都在 2 以上，特别是高级技师求人倍率高达 2.81。这些数据表明，人才竞争将日趋激烈，供求结构性矛盾突出，有些专业的竞争形势十分严峻。福建急需加强专业人才引进和培养（见表 8-13、表 8-14）。

表 8-13　　　　　　　　　　按文化程度分组的供求人数

文化程度	序列	劳动力供求人数比较				
		需求人数（人）	需求比重（%）	求职人数（人）	求职比重（%）	求人倍率
初中及以下	1	143 908	35.38	140 533	42.06	1.15
高中	2	146 250	35.96	122 624	36.70	1.32
其中：职高、技校、中专	3	108 503	74.19	87 770	71.58	1.59
大专	4	45 487	11.18	43 834	13.12	1.17
大学	5	23 357	5.74	22 562	6.75	1.16
硕士以上	6	4 809	1.18	4 555	1.36	1.18
无要求	7	42 931	10.55	—	—	—
合计	8	406 742	100.00	334 108	100.00	1.22

资料来源：福建省人力资源市场 2021 年第三季度职业供求状况分析 [EB/OL]. 福建省人力资源和社会保障厅网站，2021-10-12，http：//rst. fujian. gov. cn/zw/tjxx/tjfx/202110/t20211012_5703458. htm.

表 8-14　　　　　　　　　　专业技术人才的供求情况

技术等级	劳动力供求人数比较				
	需求人数（人）	所占比重（%）	求职人数（人）	所占比重（%）	求人倍率
职业资格五级（初级技能）	19 825	4.87	15 644	4.68	2.31
职业资格四级（中级技能）	10 390	2.55	9 317	2.79	2.16
职业资格三级（高级技能）	5 776	1.42	4 387	1.31	2.36
职业资格二级（技师）	2 369	0.58	1 435	0.43	2.69
职业资格一级（高级技师）	1 217	0.30	687	0.21	2.81

续表

技术等级	劳动力供求人数比较				
	需求人数（人）	所占比重（%）	求职人数（人）	所占比重（%）	求人倍率
初级专业技术职务	14 991	3.69	11 994	3.59	2.29
中级专业技术职务	3 573	0.88	3 332	1.00	2.11
高级专业技术职务	1 153	0.28	1 740	0.52	1.70
无技术等级或职称	—	0.00	285 572	85.47	1.04
无要求	347 448	85.42	—	—	—
合计	406 742	100	334 108	100	—

资料来源：福建省人力资源市场2021年第三季度职业供求状况分析［EB/OL］. 福建省人力资源和社会保障厅网站，2021 – 10 – 12，http：//rst. fujian. gov. cn/zw/tjxx/tjfx/202110/t20211012_5703458. htm.

2. 人才培养模式与实际需求脱节

随着产业升级，制造业对高级技能人才的需求越发迫切。最新数据显示：到2025年中国制造业10大重点领域人才总量将接近6 200万人，人才需求缺口将近3 000万人，缺口率高达48%。[①] 福建省县域经济的发展需要不同类型的人才，包括实用性人才、复合型人才和高端人才。但实际情况却不尽如人意。

首先，高校培养的方向有待优化调整。虽然高校是人才培养的主要阵地，但受限于教学场地、资金、师资水平、教学水平等各影响因素，人才培养在目标、方法、模式上出现了与企业需求不相匹配的情况，导致人才数量和质量跟不上产业发展。而县域经济发展迫切需要人才支撑，但三四线的城市缺乏吸引力，人才引不进留不住，大多数高校毕业生宁可待在大城市也不愿意回家乡发展。

其次，行业领军的高端人才不多。2022年前后我国全行业人才需求将达74.45万人左右，缺口巨大；仅6.53%从业者学历为硕士及以上[②]，有经验的行业专家和应用技术研发人才严重不足。领军和高端人才紧缺，县域的企业有些还处在产业链低端，劳动密集型产业居多，对人才吸引力不足，高端人才引进表现不佳；中小企业引才手段不多、渠道信息不畅，比较局限于传统人才招聘、网络

---

① 2021年第三季度全国招聘大于求职"最缺工"的100个职业排行［EB/OL］. 人力资源和社会保障部网站，2021 – 10 – 27，http：//www. mohrss. gov. cn/SYrlzyhshbzb/dongtaixinwen/buneiyaowen/rsxw/202110/t20211027_426145. html.

② 2022离职与薪酬调研报告［EB/OL］. 人力资源服务商前程无忧人力资源调研中心平台，2021 – 12 – 17，http：//news. cnfol. com/shangyeyaowen/20211217/29329939. shtml.

招聘等形式，依托猎头公司等专业化人才中介机构引进高层次人才的情况较少。另外，随着传统产业的转型升级、工业自动化水平的提高，以及智能制造的推进，低端作业工人的岗位数量需求不断减少，而与机器相配套的高级技术型人才成为紧缺型人才，但由于大学人才培养模式滞后，师资和实训条件支撑不足，产教融合不强，企业寻找既懂专业又了解市场的复合型人才，无疑难上加难。

3. 新一代劳动力求职观念的转变

2021 年制造业的离职率为 20.3%，"80 后""90 后"甚至"00 后"已成为劳动力的主力军，他们的择业就业观念发生了很大转变，平均每年有超 150 万人离开制造业。[①] 随着网络时代的到来，第三产业快速增长，经济发达地区的就业者更倾向于选择电商等行业，不再倾向于选择蓝领工作，因此制造业的基础技能人才大量流失，出现用工荒。据不完全统计，离开工厂的产业工人大部分流向了外卖和快递行业，蜂鸟配送三成骑手的上一份职业是产业工人[②]，美团外卖中约有 25 万的员工来自制造业[③]，新生代的劳动力与以前的劳动力在就业观念上有很大改变。福建省不少制造业企业处于产业链中低端，利润水平普遍不高，工作环境差，内容枯燥，工资水平普遍较低，职业上升的空间小，收入差距让年轻人离开了制造业，而一些新兴行业回报周期短、回报率高，更受年轻人青睐。

---

① 2022 离职与薪酬调研报告 ［EB/OL］. 人力资源服务商前程无忧人力资源调研中心平台，2021 - 12 - 17，http：//news. cnfol. com/shangyeyaowen/20211217/29329939. shtml.

② 2022 蓝骑士发展与保障报告，阿里研究院新服务研究中心 ［EB/OL］. 2022 - 02 - 15，http：// www. aliresearch. com/ch/presentation/presentiondetails？ articleCode = 301971005755232256&type = % E6% 8A% A5% E5% 91% 8A&organName = .

③ 2019 年及 2020 年疫情期美团骑手就业报告 ［EB/OL］. 美团研究院，2020 - 03 - 10，https：// about. meituan. com/research/report.

第九章

创新驱动福建省县域特色产业
高质量发展内在机理关系

第一节　特色产业高质量发展与要素创新内涵

一、特色产业高质量发展内涵

产业是区域经济发展的根基，是地方脱贫的依托，推动区域经济高质量发展落脚点是实现产业的合理化、高端化和现代化。通过做大做强实体经济，以科技创新为实体经济提供驱动力，为现代金融提供输血功能，为人力资源提供中坚力量，构建实体经济、科技创新、现代金融、人力资源协同发展的多元化、多极支撑的现代产业新体系。现代化产业体系突出了先进性、动态性、开放性、可持续性等重要特征，立足于供给侧和结构性，强调质量、效率和效益。要实现经济高质量发展一定程度上依赖于劳动、资本、技术三要素投入的质量和效率。

区域经济的发展需以区域优势条件为依托，通过区域要素条件的有效配置，立足区域特色产业，发展具有市场竞争力的产业和产品，最终形成特色经济。特色产业作为现代产业的重要组织形式，成为区域特色经济发展的主要引擎。县域经济强则省域经济强，县域经济的生命力在于县域特色产业，只有精准施策，合理规划，围绕各县域特色资源禀赋，突出产业发展定位和空间布局，明确发展方向、任务和路径，依托科技创新，培养自主品牌，营造良好环境，做优、做强、做大县域特色产业，助推特色产业创新发展、现代化发展、绿色发展、高质量发展，才能更好地提升县域经济的综合实力。

特色产业高质量发展体现在：在需求端能高度契合市场的需求，在供给端产业供给体系能够提供质量高、效率高、效益好的一种可持续的发展模式。实践中，实现特色产业高质量发展，需要处理好三个方面的关系。首先，处理好特色产业与科技创新的关系。这意味着科技创新要不断提高其在特色产业发展过程中的贡献率。虽然我国与世界先进国家之间的科研差距正在逐步缩小，但科研成果转化产业化水平还不够高。特别是科研的原创性不强、转化率不高，无法很好地服务于实体经济，两者之间的不平衡阻碍了循环经济的发展。因此，要积极构建科技创新体系，以产业科研为基础、特色产品为纽带、高新技术为特征，通过科技资源的有效整合与合理配置，实现县域特色产业高质量发展。其次，处理好特色产业与现代金融的关系。一方面，特色产业在发展过程中，急需金融服务的输血功能支撑，但由于产业在实际过程中，受限于各种因素，吸引不到足够的发展资本，因此特色产业的生机与活力不足，发展环境恶化；另一方面，金融过度发展导致大量资金在金融体系内部空转，无法进入实体经济，优质资产供给不足的问题比较突出，致使现代金融服务特色产业的能力不强。因此地方政府应积极推进金融创新，扩大有效投资，为县域特色产业发展提供更多优质资金来源。最后，处理好特色产业与人力资源的关系。人力资本是第一资源，特色产业需要的技术人才是产业的希望，是企业利润的源泉，因此，地方政府要创新人才培养模式，充分发挥人力资源对特色产业的支撑作用，努力创造有利的物质条件，探索各种引人、留人模式，提高员工的薪酬待遇，提高他们的社会地位和经济地位，让技术工人和特色产业共命运、同成长。

二、特色产业创新内涵

（一）产业要素创新的内涵

产业是介于宏观经济与微观经济之间的中观经济，其发展受到社会、政治、经济、自然及市场等多方面因素的影响。产业中的主导产业通过前向、后向以及溢出效应影响其他相关联产业的发展，主导产业的选择有政策因素及市场因素，取决于人们的消费需求、科学技术水平、资本和劳动力情况等。

县域经济的高质量发展主要体现在地方产业高效协调发展，产业要素创新是县域经济结构调整、培育地方增长极的驱动力，能有力支撑地方经济优势互补和高质量发展。一方面福建省各县域经济发展水平存在较大差距，产业基础设施建设区域间差异明显，产业集聚效应发挥不足，区域经济带动力不够强劲；另一方面各县域产业功能定位模糊、产业之间协同效率低，产业升级转型能力差。因此，创新驱动战略是县域产业发展的必由之路，通过将知识、技术、资本、人才等创新要素进行整合，融合数字、特色、共享等经济模式，提高资源配置效率，改变产业生产方式，适应市场需求，打破原有传统区域与产业的分割局面，形成现代化产业链和创新链，促进产业网络的整体创新，推动经济增长方式转变，提升区域经济质量，从而实现全面的区域创新。

（二）产业类型创新模式

根据产业发展周期情况和技术研发的差异，新结构经济学将我国的产业划分为五种类型，一是"领先型"产业，这类产业已接近甚至超越世界水平，其技术进步需要来自自主创新；二是"换道超车型"产业，这类产业研发周期较短，具有竞争的比较优势，一般以人力资本投入为主；三是"战略型"产业，这类产业需要长研发周期，关系到国防和经济安全，需要依靠自主创新来推动其发展；四是"追赶型"产业，这是以技术引进消化吸收再创新为主的产业；五是"转进型"产业，即由于某些地区失去比较优势而需要转移出去的产业。不同类型的产业对技术创新的方式要求不一，总体而言创新模式包括自主创新和模仿创新两种（见图9-1）。

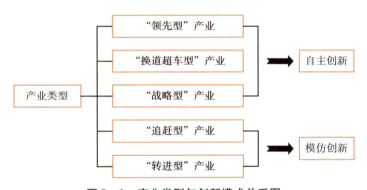

图9-1　产业类型与创新模式关系图

三、产业要素创新对产业结构转型升级的影响

一般而言，产业创新要素集聚会对区域产业优化升级产生积极影响，物质资本要素为产业发展提供物质基础，劳动力和人力资本要素则带来产业发展必要的

各阶层、各类型的人才；技术和创新要素都是产业优化转型升级的核心力量，新兴技术的融合发展、扩散运用是促进产业高效化，提高区域产业协同效率的有效途径（见图9-2）。陶长琪在《创新驱动发展与产业结构升级理论与实证》一书中也证实，在所有要素聚集中，物质资本和劳动力要素对产业优化升级的作用呈现出边际递减趋势，人力资本要素、技术和创新要素对产业优化升级的作用呈现边际递增趋势，因此，县域应重视人才，加强产学研合作，实现人才流动，从而带动技术、知识流动，提高技术创新效率，实现区域产业结构转型升级。

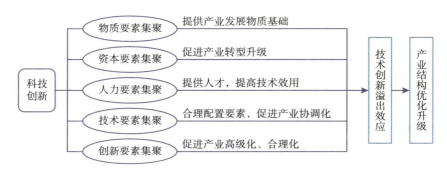

图9-2　要素集聚下科技创新对产业结构优化升级的溢出效应

第二节　创新驱动特色产业高质量发展的机理分析

一、创新驱动特色产业链发展的空间演化效应

（一）时间维度

要素创新驱动特色产业链的发展表现在时间和空间两个维度上。如图9-3所示，就时间维度而言，在产业生产过程中，随着新的技术、知识、设备及人才等创新要素的不断输入，产业链的各个端口都将受益，因此生产成本下降，生产规模扩大，企业的经济效益增加，规模经济形成。这些变化会促进企业坚定自己的发展道路，继续保持领先技术，不断进行产品或者技术创新，提供更多样化的产品，培育特色产业，帮助企业更好地生存和发展。产业的升级优化将进一步推进区域产业布局重构，实现资源禀赋更加合理的配置，促进该县域经济增长，产

业结构比例趋向合理，实现产业布局合理化发展。

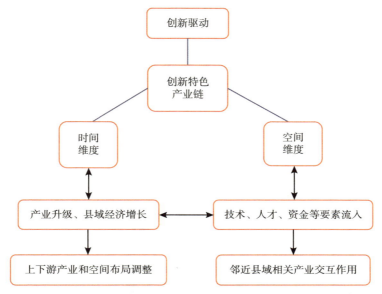

图 9-3　创新驱动的特色产业链的闭合循环模式

（二）空间维度

从空间维度上看，特色产业链的发展不是孤立的，它需要上下游企业相互依赖、相互配合，共同发展。由于生产过程和生产要素的相似性，企业通过引进创新链以促进产业链的升级，而这一过程则需要不同产业、不同企业之间的合作。在现实中，因为不同企业对人力资源、知识和技术的转换吸收能力不同，导致企业发展差异性明显，基础强、实力雄厚的企业就容易先人一步，成为龙头企业，其他弱一些的企业则出现依赖性。优秀的企业对人才、资金和投资具有很强的吸引力，资源要素容易流入，企业就会改善经营方式以保持要素流入、行业领先优势。要素的不断聚集继续加强空间的联动性，推进邻近产业和邻近区域进行产业空间布局优化升级，这些反过来进一步推进该区域及邻近区域经济增长，最终形成技术创新驱动下的特色产业链的闭合循环。

二、特色产业创新链的驱动因素分析

特色产业的发展需要创新，这是一个动态的、整体的过程，不可能单单依靠某个创新主体或创新要素来实现，只有通过内外部各种驱动要素相互影响、相互联系的合力作用才能完成。其中内部驱动力包括知识、资金、技术和人才，外部驱动力包括制度质量、市场竞争、资源供给、直接投资等因素（见图9-4）。

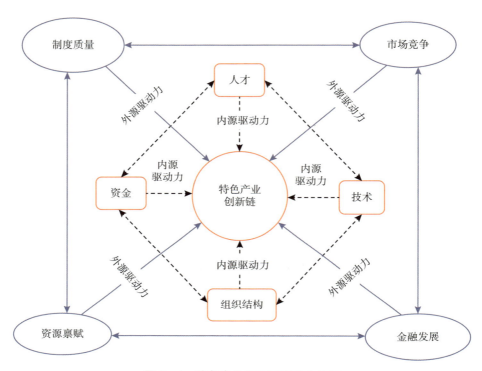

图9-4 特色产业创新链驱动力机制

（一）创新链的外源驱动力

1. 制度质量

制度质量是指地方制度的完善程度及政策的执行情况，其好坏直接影响地方经济发展的创新驱动效应。可以通过政府的支持度、市场发展度、基础设施配置度及法律法规范度等予以衡量，一般而言，其完善程度越高，越能推动地方经济发展，提高该地的创新效率，这是因为地方政府的政策制度支持是企业进行产业创新的核心力量，在进行整体宏观调控的时候，制度的质量和政策的支撑会对企业的发展起到决定性作用，加速产业创新技术的进度。

陶长琪、彭永璋等学者根据创新驱动效应和制度质量的关系提出促进地方经济增长的四种情况，它们共同构成经济增长动力转换的内在路径，进一步表明创新效率与制度质量之间的关系（见图9-5）。由此可见，随着创新能力和制度质量的发展，地方经济增长逐渐由"要素驱动型"向"制度驱动型""技术驱动型"转变，最终向"创新驱动型"转变，实现地方经济加速发展。

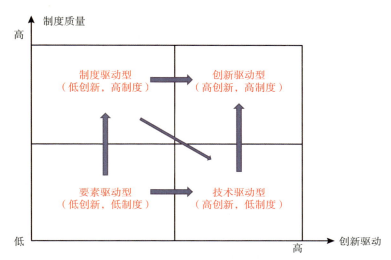

图9-5　创新效应与制度质量关系图

制度影响着人力、资源、技术、资本等要素的投资决策，由于不同区域存在制度差异，造就了制度质量的差异性。制度质量高对创新要素集聚存在正向促进作用，具体来说，制度质量越高，市场环境越好，创新效率越高，越有利于吸引大量创新型人才、资金和技术，创新要素进一步聚集，促进县域进行以自主创新为主的技术创新，实现县域产业结构优化升级。而与此相对应的一些相邻的制度环境较差的县域，由于吸引力较弱，会倾向通过模仿创新也推动产业结构优化进程。不同区域不同强度的制度质量会对创新要素驱动区域产业发展产生差异性的影响，由此可见，县域在进行经济决策的时候，须充分考虑自身制度质量水平，在合适的制度环境中进行生产要素聚集，才能最大限度地提升创新效率。

2. 资源禀赋

资源禀赋是指产业生产发展过程中各种生产要素的集合。特色产业的发展正是依赖于当地的资源禀赋，而资源禀赋对区域经济增长的影响存在差异性。

根据现有众多学者的研究，资源禀赋对区域的产业结构、失业率和技术创新能力等方面都产生影响。特别是自然资源丰富的地区，甚至出现了"资源诅咒"

现象，其在一定程度上导致了创新挤出行为，降低了创新能力。① 主要原因在于首先自然资源充裕的地区，通过资源获取收益的难度小，缺乏让人努力和创新的动力，人才积累和科研创新发展速度减缓，反而导致区域创新能力下降。其次，自然资源丰裕的地区，在地区经济发展的初期，资源产业主导作用明显，一系列相关产业应运而生，逐步形成现有的产业布局，核心地位难以撼动，但随着资源产业逐渐衰落，无法支撑地区经济发展，而其他产业发展无法接棒，这种过度依赖自然资源型产业的做法会阻碍地区技术创新。而对于非资源型地区，不同于资源丰富区的单一产业结构，自然资源对它们而言属于外生的生产要素，影响较小，其更多依赖教育、人力资本和科研水平的投入，经济增长比较快而稳定。因此，由于资源禀赋的不同，区域的创新能力存在较大的差异，区域经济增长水平也不同。但是资源禀赋又使区域经济发展走差异化的竞争之路，是该地有别于其他地区产业的核心竞争力。很多县域没有快速发展的原因就在于发展不聚焦，没有充分挖掘当地的自然资源，应利用地缘优势，制定清晰的发展战略规划，放大比较优势，激活要素资源，实现有效配置。

综上，资源禀赋是把"双刃剑"，资源丰富区与资源匮乏区在技术创新方面存在差异，行业需要通过政府政策引导。一方面，加快"资源依赖型"产业和传统产业尽快转型升级，避免掉入"资源诅咒"陷阱；另一方面，积极引入资金、技术、人才等要素，构建创新体系，加快创新步伐，实现资源产业纵深发展，真正做到"资源驱动型"向"创新驱动型"转变，真正发挥资源禀赋对特色产业的支撑作用。

3. 市场竞争

出口市场的低迷和国内成本的恶化，使县域经济发展正面临转型的阵痛期。县域经济的活力在于特色产业的发展，特色产业发展的活力在于市场竞争力，市场竞争力的核心在于创新能力。研究结果表明，市场竞争程度的强弱会影响企业的创新和生产效率。同时，市场竞争与创新的关系对于小的开放经济体效果更加明显，相较于省域层面的城市而言，县域层面的地方更容易受到外界的影响，当地的政府管制和竞争政策作用更加显著。② 如果某行业越接近技术前沿，该行业的创新欲望就越强，而行业内的技术扩散越明显，创新欲望便会越弱。因此，产

---

① 龚万达，赵咏梅. 论自然资源禀赋对经济发展的影响 [J]. 中国郑州委党校学报，2011（5）：40 – 44；杨佳妮. 创新资源禀赋差异对区域经济发展影响研究文献综述 [J]. 浙江省科技开发中心，2019（13）：158.

② 林美娜，市场竞争对企业创新的影响分析——基于中国制造业的实证研究 [M]. 北京大学，2009.

业市场竞争结构影响创新，而创新又会反作用于产业市场竞争结构，获得创新成功的产业，要么产品成本低，拥有成本领先优势；要么产品质量高，拥有差异化优势，这样都会使它们获得更高的市场份额，从而具有市场核心竞争力。激烈的市场竞争会刺激企业进行技术创新，伴随着创新研发的投入加大，科技融入企业行业生产发展中，并不断向上下游企业进行扩散，进一步带动相关联企业的创新进程，创新链驱动了产业链的发展，形成特色产业集群。

4. 金融发展

金融发展是企业或行业创新发展的一个重要因素，在降低创新活动的融资成本、减少创新研发活动风险、提升资金配置效率等方面起着不可忽视的作用。由于我国的特殊国情，政府对金融市场存在干预与管控，加剧金融抑制现象，导致企业尤其是民营企业常常面临融资约束问题，这一问题对那些具有外部融资依赖性的企业在进行创新活动时的制约作用表现尤为突出。

企业的融资渠道有直接融资和间接融资两个来源。但是现有金融体系对于民营企业而言，都存在金融抑制现象，最终难以对行业或企业创新活动产生有效的促进作用。一方面，金融机构仍以具有垄断地位的商业大银行为主体，地域性的中小银行机构发展严重不足，各类型金融机构和资本市场进入受到严格控制，各类的风险投资基金也发展缓慢，资本市场的直接融资比例份额极小，金融市场资金配置的基本功能未充分发挥作用。同时这种模式又促使银行体系过度关注贷款市场风险，攫取超过实体经济发展所能支付的高贷款利率额，削弱了银行体系通过服务实体经济发展、通过中间业务创新和业务模式创新盈利的内在动力。另一方面，以间接融资为主的信贷市场化竞争态势也直接导致了影子银行和民间高利贷体系迅速扩张，尤其近年来的房地产高回报率进一步刺激大量资金流入房地产行业，制造业企业的资本泡沫凸显，制造业企业把经营利润、收入投资于房地产，而忽视了产品创新、品牌建设等核心环节，实体经济整体的创新能力被弱化。

众多研究均表明，金融发展是通过影响行业外部融资的传导渠道来影响行业创新活动的。[①] 首先，由于当前金融发展存在区域差异，各地的金融体系与创新驱动发展战略的不匹配性，造成创新能力不强，深刻说明了对金融进行全面改革的必要性和紧迫性。其次，以垄断性质的大银行为主的金融体系固化了企业的融

---

① 申韬，曹梦真. 金融发展何以影响对外直接投资——基于行业外部融资依赖视角的机制检验［J］. 金融经济学研究，2020，35（5）：65 - 77；曹珂，朱彤. 外部融资依赖、金融发展与比较优势变迁——基于中国制造业部门的行业分析［J］. 世界经济研究，2010（4）：26 - 30.

资渠道，金融资源的规模扩张一定程度上更依赖于行业创新活动的数量，而对创新活动的质量未产生促进效应。因此，各地需要进一步增强金融体系的效率提升，通过大幅度增加地区中小银行的数量来促进银行体系的竞争性和提升金融中介机构的效率；最后，信贷资金市场化发展对行业的创新活动形成障碍，说明我国要加快全面发展各类金融市场，以支撑国家创新驱动发展战略的实施。

（二）创新链的内源驱动力

1. 技术

企业的异质性和知识的分散性决定了创新高度依赖于地域性的合作网络。技术创新包括两种类型：自主创新和模仿创新。每种创新模式都有不同的优缺点和风险。在复杂多变的市场竞争中，企业如何选择创新模式需要综合考虑，特别是在县域层面上，在创新链嵌入特色产业链的发展过程中，更要结合自身的发展水平，选择合适的创新战略，探索更为有效的创新途径，缩短创新周期，通过内部驱动产业链创新，提高产业创新转化效率。

2. 资金

企业资金的投入尤其在科研经费方面的投入与科技成果存在密切关联。企业的资金包括内部的自有资金和外部的政府补贴，无论哪一种来源都对企业创新产生影响。其中企业对自己内部的自有创新经费拥有较大的自主权，具有约束条件少、灵活性强的特点，因而企业的研发活动大部分依靠内源经费。一般而言，企业对自有的资金会更加重视和珍惜，会倾向于把自有的资金投入到产品创新上，这属于实质性创新，能为企业打造核心竞争力。但由于实质性创新风险大、周期长，使得企业不会轻易改变已有的技术投资惯性，在这一时期企业会倾向于模仿创新。市场实践证明，科技的突破发展需要雄厚的研发资金做后援，加大科研资金的投入可以吸引优秀科研人才，提高员工创新积极性，增强企业科技创新能力，加速创新链融入产业链，有利于特色产业集群的打造。

3. 人才

人才是发展的第一资源，而创新是发展的第一动力，创新驱动实质上是人才驱动。只有充分发挥人才优势，才可能有科技优势、产业优势和创新优势。区域经济发展需要人才，人才需要引入，更需要培养。如今，各县域的产业体系发展日趋成熟，强大而富有创新活力的民营企业越来越多，需要更多的优秀人才。特别是在特色产业发展的不同阶段，产业链上不同类型的企业对各岗位各类型的人才需求是不一致的，但由于区域经济发展水平的差异，人才空间分布的不平衡及受新的观念影响，专业技术人才是我国的稀缺资源。人才质量的高低会直接影响创新链的质量，进而影响特色产业链的发展进程。因此，各地方政府应积极出台各种有效措施，一方面大力引进创新型人才；另一方面大力提升县域教育水平，增强县域发展吸引力，吸引本地人才回流，壮大科技创新团队，打造高质量创新产业链，推动特色产业链发展。

4. 组织结构

外部环境的瞬息万变要求企业组织进行变革。企业发展既需要适应外部环境的变化，又需要有持续创新的能力。企业组织如何创新才能够在应对快速变化的同时保持持续创新的活力，是每个企业管理者需要深入思考的大问题。

随着发展规模的扩大，企业的组织结构随之变化，管理的层级变多，每个人的参与度随着阶层的不同而参差不齐，利益得失也因此发生变化。企业的创新与规模化扩大需要结合发展。美国科技创业家巴考尔（Safi Bahcall）认为，企业保持持续创新活力的驱动力是企业内部的组织结构。创新有两种：一种是进化过程中不断试错的渐变式创新，属于特定领域的深耕；另一种是思想碰撞产生跨界的合并式创新。特别是随着数字时代的到来，合并式创新异军突起，将成为推动创新最主要的动力。随着合并式创新的普及，企业必将打破自身的藩篱，从产业乃至更广阔的企业间协作的空间网络中汲取创意。企业所处的空间网络的开放性程度，会使创新结果天差地别。任何新的创新都需要团队的奋斗，群体协作和空间网络开放性才是企业创新的温床，越是保守的企业越难从企业群体的创新中受益。无形资产的"溢出"效应，根本不可能通过简单围堵来阻止。相反，开放性的企业借助社交网络的信息传递，创新的节奏也会因此加快。因此企业要增强创新能力，需要积极保持流动的基因，跟不同企业相互碰撞、交换信息、沟通想法。开放的社会网络空间越来越广阔，产业链集群的创新能力就越来越强。

创新驱动福建省县域特色产业高质量
发展的重点工程

第一节 特色产业集群全产业链培育工程

一、加快特色产业集群新旧动能转化

根据 2020 年公布的全国 31 个省份（港澳台除外）781 个特色产业集群名单可以看出，与其他发达省份相比，福建省的特色产业集群数量较少，只有 40 个，排名第六位（见图 10 - 1），其中传统产业仍占据主导地位，重点环节仍处于低端位置，个别地市甚至还未形成产业集群。如表 10 - 1 所示，高新技术产业集群绝大部分集中在厦门市和泉州市，福州市也有一些，其他地市非常少，三明市和龙岩市甚至还未有形成规模的产业集群，而泉州市的产业集群虽然最多，有 16 个，但传统产业比重较大。因此要加快依托数字化、智能化改革推进县域新旧动能转化，产业链上积极引进创新技术，以新模式、新业态推动县域更多的产业集群发展。围绕各县域内重点发展的主导产业，力争产业链往上延伸、向下拓展，实现两个最大化：利用效率最大化、经济效益最大化。加大产业科技含金量，推进绿色、低碳、循环发展，以提升产业的层次和水平。

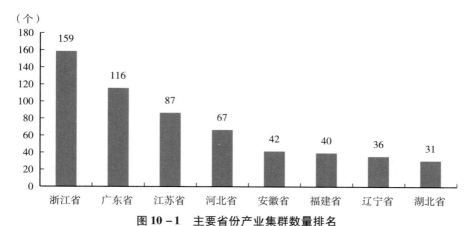

图 10 - 1　主要省份产业集群数量排名

资料来源：农业农村部 财政部关于公布 2020 年优势特色产业集群建设名单的通知 ［EB/OL］. 中华人民共和国中央人民政府网站，2020 - 05 - 15，http：// www. gov. cn/zhengce/zhengceku/2020 - 05/22/content_ 5513870. htm.

表 10 - 1　　　　　　　　　　　福建省各地市产业集群分布

地市	数量	产业集群
福州市	5	新型功能材料产业、中国显示显像产品产业、纺织产业、经编产业、花边产业
厦门市	13	火炬高新区软件和信息服务业、海洋与生命科学产业、新型功能材料产业、生物医药产业、商用电子产品、思明光电产业集群、航空工业产业、生物与新医药产业、软件产业、光电子产业、化工产业、机械产业、电子信息产业
泉州市	16	微波通信创新型产业、晋江市中国休闲运动鞋产业、石狮市中国休闲运动服装产业、蚶江西裤产业、凤里街道童装产业、丰泽童装产业、深沪内衣产业、晋江纺织产业、灵秀运动休闲服装产业、新塘运动服装产业、英林休闲服装产业、宝盖服装辅料服饰产业、龙湖镇纺织产业联盟、石狮休闲服装产业群、晋江鞋业产业群、晋江陶瓷产业群
漳州市	1	中国休闲食品产业
宁德市	2	闽东中小电机产业、福安电机电器产业
莆田市	1	新型功能材料产业
南平市	2	武夷岩茶产业、中国林业加工产业
三明市	0	
龙岩市	0	

资料来源：根据中华人民共和国农业农村部网站相关数据整理。

二、构建特色产业链"内外双循环"合作机制

特色产业链的发展兼具开放性和包容性，当前国内外形势风云变幻，新冠肺炎疫情严重影响经济发展，美国的逆全球化战略又压制了我国高新技术产业的发展，因此福建省县域经济要保持高速增长，必须主动参与到以"国内大循环为主体、国内国际双循环相互促进的新发展格局"[①] 中。一方面，福建省的纺织、石化、电机电器等特色产业要积极利用国内市场，参与内循环，加强与相关产业链的合作，通过创新链稳定产业链的供给，保证生产稳定；另一方面，依托"一带一路"倡议、海上丝绸之路、闽台合作战略，参与国际外循环，围绕特色产业链的生产发展需求，保证关键原材料、资金、技术及产品市场不受影响，尽可能减少各种不利因素的影响，降低停工停产的风险。

三、人才链与产业链创新融合工程

企业的核心竞争力在技术，技术的核心在人才，人才创新是特色产业发展的必由之路。人才链与产业链深度融合是重构福建省特色产业链条、推进福建省县域经济高质量协同发展的必然选择。

（一）发展应用技术大学培养高端应用型人才

地方政府要成为产业发展的倡导者、产学研深度融合的参与者和推动者，将产业振兴作为提振县域经济的重要举措。

大力发展应用技术大学以培养高端制造人才。应用技术大学是适应产业经济转型升级而衍生出的一种特殊的高等教育类型，其人才培养目标是服务于产业经济，具有一定技术技能的高层次制造、研发人才。应用技术大学有两个方面的特点，其一是侧重应用型高端人才培养，从课程的设置到教学的组织具有明显的应用性和职业需求的导向性。其二是侧重培养本科尤其是研究生层次高端人才，通过研究生层次技术技能人才的培养，为高端产业的制造和研发提供强有力的人才支撑，进而彰显人口技能红利，其助推西方发达国家诸如荷兰、德国、瑞士等一些人力资源数量小国升级为人口质量大国。福建省可以尝试进行高等教育改革，

---

① 加快构建新发展格局（深入学习贯彻习近平新时代中国特色社会主义思想）［EB/OL］. 人民网，2021 - 05 - 12，https：//baijiahao. baidu. com/s?id = 1699499224155450513&wfr = spider&for = pc.

合并一些高等职业技术学院，按区域成立几所应用技术大学，赋予其新的任务和职能，使其成为一种新型大学，服务当地的产业经济。

进一步优化福建省县域教育和农村教育格局。构建新型城乡教育关系，缩小城乡教育差距，探索城乡教育一体化发展路径，防止中小城镇优质教育资源流失，强化"县中"在县域基础教育中的战略地位，积极改善县域基础教育公共服务体系，实现更高水平的县域教育协同均衡发展。

（二）畅通校企人才互动机制，打造工匠型人才

创新产业人才培养模式，加强职业教育与产业需求之间的融合，加快产业结构转型升级，构建"工匠型"人才培养体系。真正打通校企通道，一端实现高校人才为企业服务，依托实训培训基地和企业实践基地，加快"双师型"教师①队伍的培养，不断提升技工院校教师整体素质。另一端要畅通企业人才进高校进修的渠道，让技术水平高超、实践经验丰富、熟悉产业发展的企业人才进入高校课堂和实验室，加强理论知识学习，针对性地培养，以带动和培养"适销对路"的实用型人才，以及与产业发展相匹配的人才。职业教育由企业和学校一起承担，课程全部由行业组织、企业和政府共同参与设计，从而保证内容与行业现状、未来发展紧密对接。推行现代学徒制和企业新型学徒制，深化"金蓝领"培训工程，建立技术工人终身职业培训制度，建立高级技工公派交换生和留学制度，给予技术工人相应的培训补贴。科学构建技术工人评价使用机制，实施职业技能等级评价，接轨世界技能大赛标准，加大资金支持力度，建立省级世界技能大赛集训基地。支持高技能领军人才参加创新成果评选、展示和创业创新等活动。

（三）打造灵活用工平台，推动全产业链人才共享模式

平台经济发展也延伸到智力层面，人才的获取、使用和占有的方式也将发生根本性的转变，让人才资源在区域范围内灵活地共享和使用，确立人才的可"共享性"是解决县域三四线城市人才紧缺问题的有效途径。当前由于产业升级或转型使企业迫切的用工需求急剧上升，出现人才缺口或人才能力不匹配的"人才结构失衡"问题。通过构建产业链人才技术社会网络共享模式，提供高效精准的平台服务，既可以解决企业用人荒的问题，也可以鼓励部分人才利用碎片化时间，为企业服务，将自己的价值最大化。这就是人才共享，一种灵活用工机制模式。目前，中国的灵活用工比例在9%左右，与日本的42%和欧美的平均30%以上仍

---

① "双师型"教师指同时具备教师资格和职业资格，从事职业教育工作的教师。

然相差甚远，具有巨大的市场发展空间。[①]

人才共享具有跨岗位、跨行业、跨地域等特点，同时人才共享模式也是人力资源的有效配置，包含了对个人专业、技能以及个人意愿、时间、信用和业绩等要素的考量，如何高效和精准对接企业需求是关键，共享平台的数字化等技术能力和平台管理水平是竞争的关键。因此福建省要着手打造一个数字化的灵活用工平台，快速响应产业客户的相关需求。畅通人才培养交流合作渠道，建立赴外招才引智联动机制，构建环海西经济圈人才走廊，打造若干区域人才小高地、产业人才大集群，把特色产业链上下游的各类型人才汇集到平台上，推出"共享员工"新用工模式，用"能力云运营"推动全产业链人才共享共用。

第二节　先进制造业的提质增效工程

一、加快制定先进制造业集群发展战略

制造业是经济振兴的重要举措，当前我国先进制造业获国家和地方层面政策加持和认可，全国主要省份相继推出利好先进制造业政策。福建省人民政府印发《福建省"十四五"制造业高质量发展专项规划》（以下简称《规划》），提出"十四五"期间，福建省将做强4个万亿级主导产业，提升4个传统优势产业，培育6个前沿新兴产业，通过实施9项重点行动和13个重点工程，推动制造业高质量发展。[②] 为推动先进制造业集群发展，2021年3月，工业和信息化部发布2020年先进制造业集群决赛优胜者名单，其中广东省和江苏省先进制造业产业集群均为6个，数量并列全国第一，其次浙江省拥有三个，位居第三位，[③] 但福建省没有先进制造业集群上榜，因此福建省要加快制定先进制造业集群的发展战略（见表10-2）。

---

① 疫情之下"共享员工"兴起"闲得慌"破解"用工荒"[EB/OL].央视财经微信公众号 中国青年网，2020-03-19，https：//finance. youth. cn/finance_cyxfrdjj/202003/t20200319_12247093. htm.

② 福建实施"强制造"计划加快建设先进制造业强省[EB/OL].人民网，2021-07-08，https：//www. cnii. com. cn/rmydb/202107/t20210715_293657. html.

③ 重磅! 2021年全国先进制造业发展政策汇总与解读分析（全）[EB/OL].东方财富网，2021-11-21，https：//baijiahao. baidu. com/s?id=1700522448084501567&wfr=spider&for=pc.

表 10 - 2 2020 年先进制造业集群决赛优胜者名单

省市	先进制造业集群
广东（6个）	广东省深圳市新一代信息通信集群
	广东省深圳市先进电池材料集群
	广东省广佛惠超高清视频和智能家电集群
	广东省东莞市智能移动终端集群
	广东省广深佛莞智能装备集群
	广东省深广高端医疗器械集群
江苏（6个）	江苏省无锡市物联网集群
	江苏省南乐市软件和信息服务集群
	江苏省南足市新型电力（智能电网）装备集群
	江苏省苏州市纳米新材料集群
	江苏省徐州市工程机械集群
	江苏省常州市新型碳材料集群
浙江（3个）	浙江省杭州市数字安防集群
	浙江省宁波市磁性材料集群
	浙江省温州市乐清电气集群
湖南（2个）	湖南省株洲市先进轨道交通装备集群
	湖南省长沙市工程机械集群
上海（2个）	上海市集成电路集群
	上海市张江生物医药集群
山东（2个）	山东省青岛市智能家电集群
	山东省青岛市轨道交通装备集群
四川（2个）	四川省成都市软件和信息服务集群
	四川省成都市、德阳市高端能源装备集群
安徽（1个）	安徽省合肥市智能语音集群
陕西（1个）	陕西省西安市航空集群

资料来源：笔者根据工业和信息化部前瞻产业研究院资料整理。

做好强链、补链、延链工作，以提高制造业质量和效益为抓手，继续实施制造业高质量发展的"强核工程""品牌工程""支柱工程""链主工程""育人工程"五大工程，推动现代纺织服装、先进装备制造、石油化工等制造业全产业链优化升级。例如，长乐、晋江、石狮等地的纺织服装产业，要加快向功能化、时尚化领域拓展，注重产品设计、消费体验等环节，开发多功能的高端纺织品。莆田市的新型功能型材料产业集群要围绕新材料的制造、应用，积极研发出前沿产品。福安的电机电器产业集群要向数字化、智能化方向发展，尽快转型升级，重点发展智能制造装备、高效节能环保与能源装备等，推进质量和标准化建设，走专、精、特、新之路，加大对知识产权的保护力度，尽快组建电机电器产业技术创新联盟，争取突破千亿产值。2021 年龙岩市的稀土新材料产业集群入选省级首批战略性新兴产业集群名单，这是龙岩市唯一一个省级战略性新兴产业集群。龙岩市稀土产量占福建全省一半以上，是重要的产地，龙岩市政府要抓住机遇，及时实施相关优惠政策，从厂房补助、财税奖励、设备补助、人才补助、融资扶持、专利及品牌建设等软硬件各方面予以支持，对重大投资项目实行"一企一策"，把龙岩稀土产业打造成千亿产业集群，实现龙岩市零的突破。

二、STEM 教育融入先进制造业

在创新驱动背景下，先进制造业的发展面临着各种挑战，归根结底在于缺乏具备创新发展所需的四个学科（科学、技术、工程和数学，STEM）方面知识和技术技能的人才。因此，STEM 教育对未来福建省劳动力数量和质量的发展至关重要，它能为学生在教育和工作之间建立强有效的联结，避免教育和工作实践脱节的问题。现有的教育模式让学生很难接触到制造业：一是职业观念的影响，学校不鼓励学生从事制造业；二是学校所教授的知识与制造业就业所需技能类型之间存在严重脱节；三是学校提供的从事制造业所需的 STEM 技能教育不足。因此，要把 STEM 教育真正引入制造业中，贯穿学生学习生涯的全过程，从技术培训、再培训到学徒培训直至获取行业资质证书全面覆盖，任重道远。

西方发达国家非常重视 STEM 教育，将 STEM 教育融入劳动力培养和培训。从幼儿阶段就开始有意识地组织学习和培养，鼓励青少年特别是女孩选择 STEM 学科领域开展学习，培养中小学生的兴趣并激发其潜能，高中职业教育的课程设置主要集中在 STEM 学科，帮助高中生为日后就业做好准备。经验表明，发达国家的 STEM 教育与工业化水平成正比。[1]

首先，我国的制造业劳动生产率不高，仅为美国的 4.38%、日本的 4.37%

---

① 中国劳动经济学会就业促进专业委员会课题组，STEM 教育与中国经济高质量发展 [EB/OL]. 中国经济报告，2020 - 08 - 13，https：//d. wanfangdata. com. cn/periodical/zgjjbg202004008.

和德国的 5.56%。而产品增加值率方面，中国仅为 26%，比美国低 23%，比日本低 22%，比德国低 11%，甚至低于很多发展中国家的水平。[①] 其次，我国缺乏核心关键技术，创新能力不强，关键部件、基础材料等严重受制于人。[②] 例如，虽然我国已是世界电子产品制造大国，具有一定影响力，但每年进口集成电路芯片近 3.5 千亿美元。[③] 中国高速动车组发展迅速，高铁零部件国产化率已经超过 97%，但高铁轴承依然全部依赖进口，成本比重高达 30%～50%。[④] 此外，我国产业结构还面临很多问题，如产能过剩、结构效益低、技术进步动力不足以及对环境损害严重等。因此，高质量发展要求提高我国制造业的竞争力，而 STEM 教育与区域经济发展和创新发展都呈现正相关。创新活动与经济增长密切相关，STEM 人才尤其是高端 STEM 人才聚集的地方，是一个国家内部创新相对活跃的地方。美国人均收入增长的 90% 源于创新，而这种创新很大程度上源于接受过 STEM 教育的劳动者。技术创新因素导致的经济增长占美国总经济增长的 75%。[⑤] STEM 教育与很多高科技产业的关系密切。STEM 技能人才流入对国内创新产生了积极的溢出效应，STEM 技术移民推动了创新，因此，世界各个国家纷纷出台加强 STEM 教育的政策，福建省要发展先进制造业，更应该把 STEM 教育纳入地方经济发展规划中，在各个学习阶段加强对学生的 STEM 教育。

第三节　打造特色农业产业集群现代化工程

所谓特色农业产业集群，是指依托当地独有的自然资源，通过特色农产品生产、加工和销售等各环节为一体的经营模式，形成的具有共性或互补性的有机整体，其包含三个层次，依次为农业特色化、特色农业产业化、特色农业产业集群化。通过这种纵向一体化，孵化催生出相配套的产业体系，实现小特产、大产业，使农民获得更多增值收益，同时解决小农户进入大市场问题。

---

① 张丽虹. 重视质量鼓励创新提高制造业国际竞争力（续）——美国"再工业化"及德国、日本发展制造业对我国的启示 [J]. 质量与标准化，2014（2）：1-4.

② 核心技术受制于人状况尚未得到根本改变 [N]. 人民日报，2018-06-04. https://finance.sina.cn/chanjing/gdxw/2018-06-04/detail-ihcmurvh1855565.d.html.

③ 中国高铁又一重大突破！这一次，咱河南研发的高铁轴承功不可没 [N]. 河南商报，2020-10-15. https://www.henan100.com/news/2020/973053.shtml.

④ 施红. 我国产业结构问题研究 [J]. 哈尔滨市委党校学报，2014（6）：4-6.

⑤ 李函颖. 美国 STEM 教育的困境与走向——《美国竞争力与创新力》报告述评 [J]. 比较教育研究，2014（5）：53-58.

　　根据福建省《特色现代农业高质量发展"3212"工程实施方案》，在"十四五"期间，将建设30个重点现代农业产业园、20个重点优势特色产业集群，打造100个农业产业强镇、2 000个"一村一品"专业村，力争"十四五"末十大乡村特色产业全产业链总产值突破3万亿元。[①] 目前全省已培育了一批百亿产业强县。但据农业农村部、财政部公布的50个优势特色产业集群建设公示名单显示，2020年与2021年福建省都只有一个特色产业集群入选，即2020年的福建武夷岩茶产业集群和2021年的福建食用菌产业集群，说明福建省农业产业集群的发展步伐偏慢，还需进一步加快现代化进程。[②]

一、技术创新实现农业的优质和高价值

　　积极通过技术创新，把新发明和现代科技运用于农业，促进农产品的量变和质变，从而提供优质产品和高价值产业链，与高校合作，培育智慧农民，提高农业生产效率，实现农业可持续发展，让农民的收入和社会地位双提高。加快补齐农产品的加工短板，实现240个农产品产地初加工中心的建设，鼓励农产品精细加工，将农产品深加工转化率提高到75%以上，提高农产品上市品质。[③] 支持农产品冷链建设，发挥农产品产销联盟作用，扩大农产品销售范围，实现农产品"出村进城"目标。

二、挖掘特色文化内涵，盘活传统农业产品

　　地方政府加大对专项农产品的扶持力度，各部门在各个层面提供支持，如工商局提供技术培训和质量监测，商务局参与产品和包装设计，以及一些农产品展销等方面的帮助，充分挖掘富有文化内涵的传统产业，以推广世代相传的传统手

---

　　① 福建实施特色现代农业高质量发展"3213"工程［EB/OL］．福州新闻网，2021 – 03 – 28，https：//baijiahao. baidu. com/s?id = 1695463214787082977&wfr = spider&for = pc.
　　② 农业农村部 财政部关于公布2020年优势特色产业集群建设名单的通知［EB/OL］．中华人民共和国中央人民政府网站，2020 – 05 – 15，http：//www. gov. cn/zhengce/zhengceku/2020 – 05/22/content _ 5513870. htm；农业农村部 财政部关于公布2021年农业产业融合发展项目创建名单的通知［EB/OL］．中国农业信息网，2021 – 04 – 28，http：//www. agri. cn/V20/ZX/tzgg _ 1/tz/202104/t20210429 _ 7659578. htm.
　　③ 福建持续推进现代农业产业集群发展［N］．农民日报，2022 – 01 – 22，https：//mbd. baidu. com/newspage/data/landingsuper? isBdboxFrom = 1&pageType = 1&urlext = % 7B% 22cuid% 22% 3A% 22 _ iHQal8A28 _ tuSiMg8Sd8likS8gBuH85YaS0ig8Ov8Ku0qqSB% 22% 7D&context = % 7B% 22nid% 22% 3A% 22news _ 9889548608582328433% 22% 7D.

工业和具有乡土特色农业产品，力争"一村一品"产品全域涵盖，做精、做强、做大乡土特色产业，做好地方小品种种质资源的开发和保护，做到每一"品"都有着独特风味和地方风格。实现传承当地历史、文化艺术、习俗的同时提高农民生活水平，促进地方经济繁荣发展的目标。

三、经营模式创新激发农业活力

完善利益联结机制，加快农业合作化进程，构建省、市、县、村四级农业合作社，在基础村级合作社的基础上组建县级合作社，各县同类型的合作社又联合起来，组成省市级合作社联盟，充分做好小农户与现代农业的有机衔接。通过建立利益联结机制，把产业链和价值链有效融合，带动农户共建共享。既可以在供产销等方面为农民提供各项服务，帮助农民拓宽销售渠道；又可以为客户提供产品追溯系统，充分保障食品安全。

加快发展休闲农业、创意农业等新产业新业态，可借鉴日本的"稻田艺术"：根据设计好的布局利用不同品种的产品种植形成。通过稻田画的创意农业，在实现增加了农民收入目标的同时，也让农业真正与旅游业相结合，盘活了当地农业。休闲农业能够引导游客深入体验乡村氛围和田园生活，逆城市化的趋势让更多的消费者前往城市周边的农村地区观光，福建省各县域可以根据旅游消费的新特点，开发出更加个性化、体验感更强、附加值更高的乡村旅游产品。

四、机制创新推进农业品牌建设

创响乡土特色品牌。各县域根据自身实际情况制定不同区域不同产品的技术规程和产品标准，实施农产品地理标志保护工程，加强农产品质量安全监管，扎实推进"一品一码"，要加强"生态福建·绿色农业"宣传，打造更多的农产品区域公用品牌和福建名牌农产品，形成名片效应，不断扩大和提高"福"字号福建绿色优质农产品的知名度和竞争力。保证乡土特色产业能承载历史记忆、传承民族文化、创造产业价值，打造"独""特""优""土"的特色品牌产品，通过提供个性化服务满足市场多元化需求。

福建省要实现农业现代化必须积极推进农业特色产区的差异化、多元化、个性化发展，城乡之间多维度深层融合，优化特色产业体系，构建出有层次、有差异的发展格局，实现特色农业产业体系成群、成线、成片的发展态势。

第十一章

创新驱动福建省县域特色产业
高质量发展的对策举措

第一节　制度创新精准施策，建立特色产业战略区位梯度

一、提高县域制度质量，强化创新驱动效应

（一）强化知识产权保障体系，加速"知产"变"资产"

知识产权一头系着创新，一头系着市场，是科技创新成果向实际生产能力转化的重要枢纽。尽管宽松的知识产权制度在一定程度上能促进地区吸收外来技术溢出，实现县域技术知识储量提升，促进产业结构高端化。但是宽松的知识产权制度会降低效仿和复制企业创新果实的成本。同时，创新型企业能否有效、及时地将科技创新成果转变为产成品，往往决定着创新型企业，尤其是中小型企业的生存与发展，没有严格的知识产权保护制度无疑会掣肘企业。当前，福建经济已由高速增长转为高质量发展，更要求政府要营造良好市场氛围，鼓励自主创新，推动创新成果落地。因此，政府要施行严格知识产权保护制度，强化知识产权创造、保护、运用。

在新时代的背景下，福建省首先要充分利用福州、宁德、泉州知识产权保护中心，厦门（厨卫）、晋江（鞋服和食品）快速维权中心这五家国家级知识产权保护中心、快速维权中心，缩短专利授权周期，推动全省专利授权周期步入"快车道"。并以这五家知识产权中心为基础，逐步打造覆盖八闽大地的知识产权保护网络，营造良好市场氛围，充分激发出企业创新活力，促进福建经济高质量发展。其次，福建省政府一方面要统筹协调全省各县域知识产权保护工作，构建省市县三级联合执法体系，建立各县域人员常态化交流机制，推动各县域协同执法和协同司法，实现执法资源有效地组织与调配，促进跨区域法律纠纷及时解决。另一方面，福建省要推进知识产权局与法院的数据共享，加大对侵权行为的惩治力度、监管力度，增加违法成本，遏制侵权行为发生，营造良好市场秩序。最后，福建省政府要扩大在"知创福建"平台的专家智库队伍，向全社会提供优质的知识产权咨询服务。拓宽知识产权融资渠道，提高知识产权综合运营效益，强化知识产权竞争力导向，让科技创新为产品赋能，增加产品市场竞争力的同时带动配套产业协同发展，形成地区性特色产业集群，实现"知产"变"资产"，推动县域特色产业高质量发展。

（二）完善财税支持政策，夯实企业创新基础

在党的十九大报告中，明确提出要深化科技体制改革，建立以企业为主体、市场为导向、产学研深度融合的技术创新体系，加强对中小企业创新的支持，促进科技成果转化。一般情况下，企业会优先将政府支持的资金投入到产品研发中，提高企业产品在市场中的竞争力，可以说政策性资金资助是福建省创新型企业发展不可替代的一个条件，关系着创新型企业的生存基础。

新时代下，福建省各级政府首先要构建前端资助同后端补助相联结体系。一方面，前端资助有助于解决早期企业融资困难、研发资金紧缺等棘手问题，减轻企业在前期的负担，帮助企业度过难关。但是前端资助也面临着信息不对称等一系列问题，致使财政拨款资金不能得到充分利用，造成效用的损失。因此，政府需要制定明确的评估标准，帮助政府精准认定具备创新潜力的企业，同时也要设置专门监管机制，定期评估企业使用资金的成效，明确资金的去向。还需要加大政策宣传力度，拓展企业了解政策的途径，提高企业参与度，有针对性地进行前期资助。另一方面，后端补助是对企业已有创新成果的肯定，也能在一定程度上对企业进一步开展技术创新提供资金支持，防止企业创新成果搁浅，帮助创新成果落地，推动县域特色产业高质量发展。其次，福建省各级政府要突出税收优惠的作用。一方面，丰富税收优惠的方式，可以尝试在增值税、流转税上下功夫，不局限于所得税减免，减轻企业税收负担。同时可以适当减少企业科技研发人员的个人所得税，在减轻企业负担的同时改善科研人员生活条件。另一方面可以组织专家对企业进行产业分类，明确企业产业类型，建立某一产业专项税收政策，

有目的性地扶持地方特色产业、优势产业，夯实企业创新基础，推动经济高质量增长。最后，福建省各级政府要推进财税支持政策协同作用，优化财税支持政策结构，满足不同发展阶段的企业对政策的不同需求，让企业切实享受到财税政策的支持，助力企业在关键技术领域有所突破。

（三）精准定位，立足特色打造县域自主品牌

福建省的地形以山地丘陵为主，山川河流将福建省分隔成许多不同的自然区域，各地区由此形成了具有浓厚地区特色的民俗文化与汉语方言，这要求各县域政府要立足地域特色，因地制宜，精准施策，构建战略区位梯度，推动县域经济高质量发展。一方面各县域要因地制宜、精准施策，推动创新产品有序规模开发。近年来，随着"90后""95后""00后"群体的消费规模不断扩大，我国新型消费正快速发展，消费结构也在不断变化。各县域政府要坚持以市场需求为导向，立足于县域自主品牌与自主产品，开设特色产业园区，打造特色产业集群，推进一县一业、一村一品，不断强化产品差异，突出产品特色。同时，各县域政府要出台政策引导企业创新生产工艺，提高产品品质；拓展精深加工，增加产品价值；挖掘县域文化，突出产品特色；探索营销模式，走好品牌战略。推进技术创新、特色文化、营销服务有机结合，不断提升产品的质量以满足人民日益增长的美好生活需要。另一方面，尊重群众首创精神，集中人民群众智慧。人民群众作为特色产业建设者，对特色产业发展中存在的问题更有体会，可以更有针对性地提出改进建议。同时，制度改革推进、特色产业发展也离不开人民群众的支持。各县域政府可以定期组织人员调研特色产业发展现状，听取一线从业者的意见建议，从人民群众具体实践中发现、总结、推广先进经验。各县域政府还可以成立专门工作小组，收集人民群众的意见建议，广泛集中民智，切实增加人民群众参与感，助力县域特色产业高质量发展。对于重大改革计划，各县域政府要做到先试点，取得一定经验后再全面推行，保障制度的质量与实施效果。

（四）深化政府管理理念创新，构建新型服务型政府

在"十四五"时期，福建省具有国家级新区、自由贸易实验区、海洋经济示范区、生态文明先行示范区、21世纪海上丝绸之路经济带核心区、国家自主创新示范区等"多区叠加"的独特区位优势，福建省各级要充分利用独特区位优势，建设高质量服务型政府，满足社会发展中出现的新需求。首先，搭建信息交流平台，加强基础设施建设。作为企业、高校、科研院所之间的桥梁与纽带，可

以由政府主导搭建技术难题招标中心，企业通过此平台及时发布技术难题，实现企业科创难题同高校、科研院所闲置人才资源、知识储备相结合，促进资源有效配置，满足企业对技术创新的需求。其次，建立产学研一体化交流平台，实现省内各个创新型企业、高校、科研院所之间的信息互通，以双向选择的方式进行合作，让企业能更有效利用高校、科研院所的研究成果，这不仅无形中增加了企业对研发的投入，满足了企业对创新人才、创新技术的需求，也促进高校及科研院所创新成果转化，最终实现创新成果应用于产业生产，推动县域特色产业高质量发展。最后，福建省各级政府要注重政策时间性，深化管理理念创新。不同阶段的创新型企业对政策有着不同的需求，在成立阶段，政府政策应更偏重于支持与奖励，激励企业进一步发展壮大。在发展阶段，政府政策应更偏重引导，实现企业可持续发展。在成熟阶段，政府政策要更偏重保护，维持行业整体相对稳定，保护企业合法权益不受侵害。面对差异化的制度需求，要求各级政府管理理念与时俱进，不断适应社会发展、强化服务职能，更好满足管理对象日益变化的社会需求。

二、因地制宜，优化县域特色产业布局

（一）整合县域资源，推动特色产业转型升级

巩固和提升县域特色产业优势，做大做强县域特色产业，优化县域特色产业布局，实现特色产业转型升级，是全方位推进县域经济高质量发展的重要支撑。要充分发挥出特色产业区位优势，提升特色产业的价值链、流通链水平，推动各县域经济高质量发展。然而当前，闽北、闽西的部分县域面临着人口老龄化，年轻劳动力大量流失的困境，又受到地形地貌、产业特点等因素的限制，难以大规模普及机械化，造成当地企业招工难、工效低、资金紧缺，特色产业发展动力不足，产业转型升级难以推进。

首先，龙头企业代表着县域特色产业发展的最高水平，是县域特色产业最具竞争力的组成部分。各县域政府要重点扶持当地特色产业的龙头企业，为龙头企业提供优质的信贷支持，扩大生产经营规模，不断提高龙头企业竞争力与知名度。并以龙头企业为抓手，改良生产工艺流程，优化产品品质，打造品牌形象，探索出适合本地区实施的生产经营模式。其次，各县域政府要充分运用龙头企业的带头和示范作用，通过县域龙头企业整合县域内资源，集中生产要素投入。打造一条产品加工、运输、销售为一体的产业链条，实现县域特色产业标准化、专

业化、集约化生产，提高产品的产量与质量，推进县域特色产业集群基地建设，促进县域经济高质量发展。再次，各县域政府要因地制宜，充分运用区域内的优质自然资源、文化资源，积极引进高水平人才，打造良好的区域性产品形象，着力推进"一村一品""一县一品"建设，促进特色产业转型升级。例如，晋江市金井镇围头村与南江村利用其海岸线长、海水水质好的自然优势，将工厂化水产鲍鱼养殖作为主导产业，引进专业人才，创新养殖技术，深耕鲍鱼养殖，推动全村经济发展，2021 年两个村同时入选全国乡村特色产业亿元村。最后，持续深化产业融合，推动特色产业现代化建设，巩固小康社会建设成果。各县域政府要积极引导互补产业间的融合发展，实现各产业资源的互补与利用，创造新的市场需求，扩大市场规模，提升特色产业核心竞争力，最终实现产业现代化。同时，福建省自然条件优渥，农产品生产加工成了许多县域的特色产业，各县域政府更要注重农村一二三产业融合发展，打造农业的全产业链，推动产业向后端延伸，向下游拓展，推动产品增值、产业增效，丰富农村产业的类型，提升乡村经济价值，促进农村地区经济繁荣，增加农民实际收入，让更多群众享受到特色产业发展成果。

（二）构建监管体系，推动特色产业健康发展

任何产品想要赢得市场充分的信任，都必须有过硬的产品质量。同时，特色产业的产品形象也关乎着县域对外的整体形象。首先，各县域政府可构建产品质量安全可追溯体系，由县域龙头企业带动，逐步实现县域企业全覆盖，做到生产有记录、信息可查询、流向可追踪、产品可退回、责任可追究、质量有保证，树立良好产品形象。其次，福建省县域的特色产业多与茶叶、水果、食用菌等农产品生产与加工有关。各县域政府可搭建实时监控信息化平台，依托农药经营单位，对农药销售与使用施行动态管理，通过物理防控、生物防治、工艺改良等一系列措施，实现农药少使用或不使用，减少农作物的农药残留。同时还可以联合龙头企业，搭建特色农产品种植基地，推进规模化种植，提高农产品的质量安全。最后，福建省素有"八山一水一分田"之称，因此对于一些小生产者，难以进行有效监管。各县域政府在积极推进基础设施建设的同时可以充分发挥龙头企业的示范、带动作用，构建龙头企业、合作社、小农户的合作体系，形成利益共同体，并以此为基础持续推进规模化种植、合作化防控、标准化生产，在保障产品生产质量的同时，有效减轻农民的农资负担，带动特色产业链增值，优化特色产业布局，推动县域特色产业健康发展。

（三）强化创新驱动，推动特色产业提质增效

产品创新最关键的是要能迎合市场需求，解决市场"痛点"。首先，传承创新发展"科技特派员制度"与"晋江经验"，福建省政府要积极壮大各省级科技特派员、团队科技特派员、法人科技特派员队伍，实现科技特派员全县域覆盖。各县域政府要聚焦"三农"科技需求，深化科技特派员精准对接机制，依照市场需求与农民实际需要，实现科技创新成果转化、推进特色产业提质增效，真正把创新的动能扩散到田间地头与工厂车间，打造具有县域特色的科特派运行模式。其次，挖掘福建省优秀传统文化的历史文脉，增加特色产品的文化内涵。三坊七巷文化、闽台五缘文化、脱胎漆器文化、寿山石文化、客家文化、船政文化、妈祖文化、海上丝绸之路文化等都是福建省具有浓厚地区特色的优秀传统文化，深耕于优秀传统文化，推进福建省优秀传统文化传承与文化的创造性转化并行，贴合消费群体新需求。企业在产品研发中可以融入更多福建元素，开发出更多具有福建特色的产品，提高产品的竞争力、差异化、附加值，将文化自信体现在产品上。最后，构建现代化人才支撑体系，强化科技创新。各县域政府应加大对特色产业的科研投入与人才培养，提高高等院校、职业技术学校学员的实践能力，夯实特色产业发展人才建设基础，推动特色产业技术攻关，以科技创新赋能特色产业高质量发展。

第二节　协同创新，提升县域特色产业创新能力

一、加强企业梯队建设，提升核心企业话语权

（一）推进政府简政放权，创新新型企业管理体系

企业的活力是与政府管理机制、政策推进息息相关的。机制的严格与否，政策推进等因素在很大程度上会影响一个地区的经济发展环境。政府应大力推进简政放权的进程，通过厘清政府与企业的关系，完成相对应的权力下放，释放地方企业的活力。近年来，泉州市在政府管理制度改革上获得了许多认可，被国务院确定为全国第三个"金改区"[①] 以及被省政府确定为开展民营经济综合配套改革

[①] 全称为泉州金融服务实体经济综合改革试验区。

试验区。此外，泉州市政府积极出台利于企业活力提升的优惠政策，政策立足于当地经济社会现况以及多方因素，顺从民意和企业实际需求，大力放宽了市场准入条件，推进泉州市政府行政审批制度改革创新，极大程度上提升了政府的服务效能，多层次、宽领域地为泉州市民营企业发展助力。

（二）强化企业立县，创新特色产业助县理念

坚持企业强县、创新助县的建设理念，可以在源头上推进县域企业高质量发展。县域企业的多样化发展是进行县域企业梯队建设的关键因素。近年来，受新冠肺炎疫情的影响，福建省内经济发展受阻，经济下行压力不断增大，想让社会稳定，经济稳定是首要目标，而想要县域企业稳中求进、高质量发展，则离不开政府的宏观调控政策。加大对县域中小型企业，以及核心企业的财政支持力度，立足当地社会现状，推动地方经济提升优化升级，打造高质量发展的现代产业体系是必不可少的举措。此外，坚持创新理念是推动县域企业多层次、宽领域发展的重要举措。一方面，政府应重视地方特色产业建设状况，提供利于创新的广阔天地，坚定不移地推进地方高校与企业合作，激发县域创新活力。另一方面，应坚持科技特派员下乡助力县域高科技推广、科学知识宣传的方法，不断增加对科技特派员制度的财政投入力度，提升对有重大贡献的科技特派员的奖励资金，增强县域对科技特派员的吸引力，设立专项经费，激发科技特派员工作热情，让科技特派员用心干、大胆干，助力提升新兴高科技技术水平、高层次县域企业项目建设，为县域企业进行高质量创新保驾护航。泉州市是福建省内民营经济大市，经济发展的前提便是贯彻落实"强产业、兴城市"的企业建设理念，发挥思想理念上的先进性，强产业、促创新，稳发展，为县域企业高质量发展注入"活水源头"。

（三）立足特色资源优势，推进县域企业梯队建设

在全面深化改革的大背景下，政府应在思想上牢牢树立现代市场经济转型升级的先进思想理念，立足于现有的特色资源优势，推动特色产业从传统模式中优化，适应现代市场经济的结构，转型升级，为经济高质量发展提供内生动力。而在此背景下，企业对于县域持续性发展的重要性不言而喻。因此，县域为了达成高质量发展的目标，便需要从企业的梯队建设工作中入手，不断发力，加强管理，完善县域特色企业分配的合理结构，保障县域达至更高水平的发展层次。县域对企业资源进行分配与管控，是为了创建更加合理有序的企业布局，促进经济更好发展。在县域加强企业梯队建设的过程中，应首先全面了解和掌握当地特色

县域企业信息，在全面把握的基础上推动县域企业梯度建设的有序进行，为实现经济高质量发展夯实基础。

了解县域企业特色产业信息，其一在于对县域特色产业数量进行盘点。在经济发展需求不断增大的情况下，对多元企业的需求势必增加，为此，在盘点过程中，需要着重掌握地方企业在各个领域的发展数量、经济体量等信息，为县域企业梯队建设明确方向。其二在于对县域企业发展状况的盘点。经济的高质量发展与企业发展息息相关，在盘点过程中，除了科学地做好数量、规模盘点以外，更重要的是建立合理、有效的模型，将定性分析与定量分析合理结合，对县域企业未来的发展状况进行充分评估。地方政府也应提升评估的全面性和时效性，以科学规范的模型，助力县域企业梯队建设。以泉州市安溪县为例，安溪县的主导产业为茶产业与黑色金属冶炼与压延加工业。据安溪县人民政府官网数据显示，茶产业 2021 年产值为 247.88 亿元，黑色金属冶炼和压延加工业则为 125.78 亿元，两者的产业产值占安溪县规模以上工业总产值超过 30%。[①] 在拥有如此大的特色产业数量和经济体量的背景下，安溪县坚决贯彻宏观调控产业资源的管理方法，运用政府职能，进行梯度建设，形成以安溪铁观音集团、天福茗茶、八马茶叶、华祥苑等核心产业为首，虎西龙、冠儒号等优秀潜力产业为其他梯队的茶产业模式，推动县域企业梯队建设合理化，为实现经济高质量发展夯实了牢靠的基础。

（四）精准制定政策支持，提升核心企业话语权

激发县域内核心企业的力量，必须要以精准的政策支持和营造良好环境为保障。第一，政府应不断推进"一企一策"政策的贯彻落实，加强对核心企业的针对性助力，而并非"大水漫灌"。在减税降费政策、简化办事流程持续推进的基础上，应根据当地社会发展现状和企业需求，立足实际，进行"点对点"的支持与助力，切实解决核心企业面临的发展困境，推进核心企业发展新进程。第二，应加快构建以县域龙头企业为核心，特色产业为基础的产业体系。政府应主动对县域企业相关特色产业的品牌、产品进行整合，合理配置资源，发展壮大县域特色产业中的核心企业，以整合过后的企业资源为依托，扩大核心企业规模，进行企业内部管理体系、生产体系提质创新，提升核心企业话语权，使其成为县域特色产业发展的引领者、推动者。以晋江市为例，据晋江省政府官网数据显示，2019 年晋江市体育制造业实现规模以上工业产值高达 2 152.75 亿元，产值相较

于 2018 年提升了 9.1%，且体育制造业占晋江市规模以上工业总产值的比重达 39.2%，对促进晋江市产业产值发展的贡献率高达 38%，体育制造业对晋江经济发展起着不容忽视的作用。而在体育制造业中，制鞋板块与服装板块又是整个体育制造板块的重中之重，制鞋板块实现规模以上工业产值 1 209.76 亿元，产业产值相较于去年提升了 11.3%；服装板块产业产值也高达 927.13 亿元，增长量相较于去年增长了 6.6%[1]，据新华网报道在广阔的全国市场仍有超过 20% 的占有率，在全球市场中的占有率更是超过 8%。[2] 而造就如此大的市场占比以及保有稳中带进的增速，必不可少的因素便在于晋江核心企业引领、带动作用的日益凸显。其中的典型代表——安踏体育用品有限公司、特步（中国）有限公司等企业做出了不可忽视的贡献。安踏体育用品有限公司自 2013 年起，全年公司收入保持两位数的高歌猛进，增速喜人的背景下产值更是迎来了突破，2019 年收入突破 300 亿元，成为国内首个全年收入突破 300 亿元的国际体育用品企业，在运动领域更是稳固全球第三大市值运动品牌公司的地位。安踏、特步企业的成功，也为晋江市其他体育用品企业做出了示范性，对当地产业高质量发展起到了关键性的作用。

二、提升相关产业链的服务支撑能力

（一）加强新型基础设施建设，推动数字经济发展

近年来，数字经济的发展已经不仅局限于消费互联网，它的发展重点也由消费互联网逐步向产业互联网转变，数字经济对于县域产业高质量发展的重要性显著提升。因此，政府应借鉴其他县域关于利用新型基础设施建设的先进经验，研究其他县域关于推动产业互联网发展的政策支持，利用好政府职能，加快基础设施覆盖，建立优质的数字经济发展平台，助力数字经济发展。此外，企业也应加快自身数字化转型步伐，推动自身发展平台创新，创建智能化、网络化、数字化的生产模式。地方政府也应在此过程中提供助力，树立优秀数字化转型企业典范，打造新型县域核心企业。在 2022 年的泉州市数字经济发展会上，泉州市政

---

[1] 2019 年我市体育制造业规上产值突破 2 千亿元 ［EB/OL］. 晋江市人民政府网站，2020 – 03 – 19，http：//www. jinjiang. gov. cn/xxgk/tjxx/sjjd/202003/t20200319_2165870. htm.

[2] 以赛兴城，"鞋都"晋江开启新篇章 ［EB/OL］. 新华网，2020 – 05 – 19，https：//baijiahao. baidu. com/s?id = 1667106470492786702&wfr = spider&for = pc.

府强调将围绕产业兴旺和城市发展两个主题进行驱动，推动数字产业化作为泉州高质量发展的着力点和增长点，结合泉州市各个县域的特色产业发展状况，完善产业链条，释放数字经济活力，壮大数字经济规模，推动数字经济高质量发展。

（二）做大补强特色产业链条，推动其一体化进程

延长产业链，是提升产业链服务支撑能力的关键因素。政府应聚焦县域特色产业和核心企业，找准并打通延长产业链的突破口，做好延长产业链的工作，解决问题，推动流程创新。此外，政府还应围绕县域内特色发展产业，推动其产业链向上游产业不断延伸，向下游产业链加快扩展，着眼于供给端和需求端的对接以及生产端和销售端的高效衔接，实现资源高效整合。各县市要根据现有的支柱产业发展现状进行合理地规划，与此同时，聚焦全局，将事业同时聚集在泉州传统产业与近年来高速发展的新型产业，力求做大做优经济增量，建设起中国先进乃至全球先进的产业制造基地，当好中国高质量发展的现代产业体系先行者。

在当今竞争激烈的社会中，唯创新者进、创新者强、创新者胜，创新已成为世界主要国家的发展重心，创新的重要性不言而喻。创新成为推动社会生产力发展的第一动力，不断适应和引领我国经济发展新常态。基于此，产业链的创新发展刻不容缓。以福建省核心产业中的服装业为例，因创新动力不足而存在许多问题，如企业产业链割裂，在服装产业的原料、设计、加工、销售、服务的完整链条上，往往只具备单点或多点，不能形成完整的生产链条，大大降低了企业的风险应对管理能力，在面对突发情况时，企业持续能力较弱。因产业链不全而导致自身具有的弱势要求服装企业在产业链上要积极创新，不仅要补全生产链条，增强对服装市场的调查研究，做好销售后续产品跟踪，重视销售终端的建设与管理，还要不断向高精度、高效率、自动化迈进，推动产业规模化、集约化跨越式发展。在销售终端的建设上，企业也要积极发挥创新的作用，国内服装企业应以创立国产高端品牌为目标，以创新发展为指导，在高生产力的基础下，不断提升服装设计与品牌营销能力，逐步掌握核心技术和竞争的主动权，让服装产业链可以摆脱"中国制造"走向"中国创造"。

（三）高效规划，加速产业集群化发展进程

当地政府应结合县域特色产业的实际情况，树立先进思想，强化全局观念，聚集相关产业链，将多条产业链与一个工业园区相匹配，推动扩大特色产业的产业园区范围。围绕县域特色产业的产业链培育提升，引进在生产和销售等环节具有高度相关性的企业入驻，推动项目建设，增强企业间的信息交流，促进企业间

资源共享，提升交流的时效性与便捷性。推动特色产业园区企业间的合作，降低合作成本。提高企业间的集约程度，牢牢把握产业特色，建立与市场竞争相适应的现代化布局，推动构建以社会创新创造力为引领，以企业为主体，"有形的手"与"无形的手"共同推动，产业链上下联动、相互补充的发展新局面。以泉州市为例，2022年2月9日，泉州市委办公室与泉州市人民政府办公室联合印发了《泉州市加快工业（产业）园区标准化建设专项行动方案》，不断推进产业链条做优做强，促进用地集约集聚、融资渠道多元化发展进程。此外，泉州市大力推进园区的机制创新，推动园区内产业进行数字化转型升级，力争于2022年底，基本建成首批14个工业（产业）园区标准化试点园区项目，提升全市规模以上工业企业入驻工业园区的占比至35%。打造"规模化、集约化、产业化、品牌化、绿色化、数字化、融合化"的新型工业园区。[1]

第三节　培育创新机制，提升县域特色产业内生增长动力

一、增强技术创新资源要素的投入

（一）开拓多元化的科技创新投入机制，加速新旧动能转化

资源要素保障是县域特色产业发展的基础。只有提高要素的利用水平，优化各要素配置，才能不断激发企业创新能力和特色产业发展驱动力。以政府作为先锋，带领各个企业，公布并宣传政府所做的有关创新方面的业务和投入，使得政府成为整个社会中对科技创新投入的典范，努力做到以财政支出方面的投入为引导，整个社会各方集体积极参与其中，尽可能完善"政府投入为引导，企业投入为主体，社会投入为补充，外资投入为关键"[2]的多元化的科技创新投入机制。为做好各个企业的引领人，政府有关科技创新的经费，要侧重用于社会上比较有热度并且十分有社会关注度的重大科技项目上，帮助其攻破关卡，让其他企业看

①　泉州市加快工业（产业）园区标准化建设专项行动方案［EB/OL］. 金台资讯，2022 - 02 - 18，https：//baijiahao. baidu. com/s?id = 1725060099584157465&wfr = spider&for = pc.
②　帮扶稳增长 精准促发展［N］. 达州广播电视报，2017 - 10 - 20，http：//dzxb. dzxw. net/content/2017 - 10/20/012887. html.

到科技创新的盈利点。当然，政府还需要关注技术创新服务平台的搭建和一些较有发展前景的高新技术的产业化进程，时机适宜时可以投入资金进行帮扶。通过一些行政手段和政策激励机制的实施，激励并指引企业关注科技投入，并让企业身体力行，加大对与自身业务相关科技的创新费用投入。对一些科技企业，尤其是中小科技企业，要加大对其的政策扶持力度，为创新培养新力量。近年来，科技特派员、专家大院、农业科技"110"① 等新机制、新做法在试点（市）中得到推广应用。

加大技术创新产业园区建设的步伐，筹集建立技术创新产业园区的启动资金，联合政府的相关资金管理部门共同讨论符合福建省内实际发展情况的运行方案，形成一条科技和金融的绿色通道，支持各大高等院校和研究所来福建省转移转化其科研成果。重点引进大数据、智能制造、人工智能等先进产业成果，着力打造技术创新产业园。坚持以科技投入为重要动力，推动传统动能转化和新动能培育。产业园区的建立有许多优势。首先可以促进形成产业集群，促进同类产业的集聚，使得技术创新的消息在各个企业之间流通，降低由于信息闭塞而造成的成本。此外，创新产业的集聚还能够增强各个企业招商引资的力度。并且，各个企业之间，或相互交流创新信息，或相互竞争，都可以加快技术创新的进程，激发技术创新市场的活力。其次会加强各个企业之间相关业务的联系，近距离的业务交流可以降低交易成本，由此可以增加用于攻坚科技创新技术方面难题的投入资金，加快技术进步的速度。最后，高新技术的权威人员聚集于产业园区，会吸引更多创新型人才前来学习，不仅可以助力尽快找寻技术创新人才，还可以减少人才引进的成本。

（二）合作创新，打造电子商务与技术创新相结合的新模式

以福建省内经济为基础，通过引进创新和合作创新，充分发挥特色产业优势，重点发展以海洋渔业产品、农产品和乡村物流为重点的电子商务产业集群。同时，大力扶持培养一批以现代生活服务行业电子商务为发展核心业务的新型电子商务公司，逐渐发展形成一个以生活电子商务应用为发展核心、实体商业经营业务和生活配套消费业务发展并存发展的现代化新兴的电子商务综合应用试点示

---

① 农业科技"110"是为满足现代农业生产对科技的新需求，借鉴"公安110"快速反应机制，利用现代科技手段，通过整合农业科技资源和服务方式成立的服务体系，由指挥中心、专家团、服务站三部分组成。它以科技服务农民为宗旨，以信息资源为核心，以服务热线为纽带，以数据网络为基础，致力推动信息在广大农村的低成本、高效率传播，实现科技与农民的零距离衔接。

范园区。重点是建立县级农业电子商务公众网络平台，建立区级网络科技服务平台，为农民电子商务创业致富提供电子商务专业技术服务，逐步形成新型农业电子商务模式，促进区级电子商务绿色化发展，在良好政治环境氛围的积极驱动作用下，促进当地的传统产业特别是传统农业生产和特色农产品加工业的农业电子商务营销，各个产业相互影响，形成县域经济发展的新路径。

伴随着现在科技的发展，电子商务这个新兴产业已经崛起，发展趋势势如破竹，服装便是现今电子商务领域中销售量最大的商品之一，而鞋子也算是服装的一类。晋江市的鞋制造产业带提供了良好并且源源不断的货源，使得莆田市在省内的各项电子商务评比中名列前茅。晋江有着十分雄厚的鞋制造产业基础，虽然有着这些优势，但是该市有关电子商务的人才，相对于其他电子商务产业火热的地区，仍然显示出较为匮乏的劣势，尤其是缺乏复合型、高素质的电子商务创新人才。在这种情况下，迫切需要形成一个电子商务与技术创新相结合的模式。通过不断的技术创新，会培养并吸引众多高新科技人员参与到电子商务产业当中，不断地完善电子商务产业链。反过来，电子商务产业发展起来后，也会推动技术创新，可以将电子商务产业带来的经济利润再次投资到科技创新当中，增加技术创新的资金要素投入，创造出一系列更加适合电子商务产业发展的科技产品，电子商务的进一步发展，使得各个产业的销售范围进一步扩大，产品的需求大幅度增加，进而带动各地的特色产业发展。

（三）适应新时代经济发展现状，构建多维产业发展模式

经济发展新常态下，我国经济由高速发展逐步走向中高速发展，要求稳中求进，由将速度放在首位转向兼顾质量与速度；推动经济高质量发展则要求促进产业结构进行转型升级，转变原有的经济发展方式，向更高水平发展模式迈进。与此同时，经济环境也变得更加复杂。也正是这一个经济发展由求"速"向求"质"转变的大环境，对我国经济发展方式提出了更加严格的要求：由简单粗放型发展转变为结构合理的精细化发展，推动产业结构转型升级，多产业融合发展，真正释放经济潜力。想要真正释放经济潜力，就要从县域入手，从下至上刺激经济活力。福建省的发展核心主要在第二产业，以纺织鞋服业为代表。近年来，纺织鞋服业存在同质化宣传等问题，应积极向数字化、网络化方向迈进，与第三产业融合发展。积极创建"互联网＋"模式，通过线上线下互动平台，提升运营效率、降低运营成本。并且由传统的线下销售转为线上线下结合销售，由厂商、经销商、消费者的销售模式转变为厂商直售，不仅帮助消费者获得更低的价格，提高消费热情，也帮助厂商扩大了利润空间。同时，该产业更应该利用好网

络这个大平台，通过电商直播带货等，充分发挥地域特色的优势，让企业本身走在品牌的第一线，增加产品知名度，树立良好的品牌形象，增强品牌效应，以低成本拉动高收益，推动产业可持续化发展。

二、营造富有活力的创新创业环境

（一）加大社会宣传力度，营造浓厚的创新氛围

政府和个人都要将自身作用发挥到最大化，大力、积极地对外宣传家乡有关科技自主创新方面的各种优惠政策，使全社会、企业大众都认识到福建省政府关于鼓励科技自主创新方面的各项优惠政策，以此形式来进一步激发全社会大众和广大企业大众对科技自主创新工作的激情。宣传表彰和总结奖励一些在科技创新方面具有示范作用的企业，提高其他科技企业员工的科技创新意识，营造出各行各业注重创新、保护创新、激励创新的浓厚氛围。培育区域创新创业的社会文化氛围，把认识和行动凝聚到创新发展上，形成抓创新就是抓发展、谋创新就是谋未来的共识。

（二）完善创新的激励及管束机制，确保产业政策落地

近年来，国家十分注重创新方面的发展，不断地推出一系列相关优惠政策来调动企业及个人创新创业和科技研发的积极性。为了高效率地推进创新，政府要确保相关政策的落地，政府不能仅着眼于管理层规划政策的制定，更需要关注政策的实施执行。实施具体项目管理，成立专门的检查和监督团队，定期或不定期走访，对没有按照要求及时落实的依法进行问责，情节严重的可以配以合法的惩戒手段。建立持续实施创新创业优惠政策的落实机制，实行长期治理并完善实施过程。利用各个渠道接触并密切联系相关的企业员工和创业人员，可以充分利用网络平台的便捷性，收集政策实施的反馈信息，实时了解政策执行的实际情况。

企业创新项目中最根本也是最首要的一项工作便是开展针对最先创新者的知识产权保护工作，推进企业的创新成果得到有效保护，一定要切实维护好最先创新者的合法权益，规范市场上的良好秩序，严厉打击生产、销售假冒伪劣产品的机会主义者，及时处理知识产权侵权纠纷案件，杜绝剽窃他人创新技术成果的不良行为，维护市场上健康的创新环境。要把创新项目的专利申报工作列为科技创新工作的重中之重，不能松懈、抓紧抓实，让创新者们无后顾之忧地开展创新工作。此外，加大对创新企业的信用担保力度，着重关注中小企业的发展，加强对

中小企业的信用担保力度，提高农业发展银行及其他金融机构对县域企业的信贷额度，鼓励自然人或企业法人建立小额信贷机构，并对这些机构进行严格地监管，建立民间金融、商业金融和政策金融三位一体的县域特色产业创新的金融支持体系。

（三）加强基础设施建设，为产业发展提供有效支撑

通过前文的研究可以看出，现今福建省内的基础设施并不能较为全面地满足创新创业人群的需求，所以要加强基础设施的建设工作。基础设施具有公用性和经济外部性的主要特征，再加上政府掌握着社会上主要的经济资源，这使得基础设施建设工程必须得到政府方面的支持和投入，应将政府公开投资作为基础设施投资的主要来源。

要充分利用闲置资源，尽力实现产业资源配置的最优化。可以通过成立专项调研小组，走访各个企业的技术创新人员和独立的创新创业人士，询问他们的意愿及对现今基础设施的需求来确定对基础设施的改进方向。一是加强对省内通信、网络、交通等基础设施的投入，广泛吸纳社会资金参与基础设施建设，高标准进行绿化、美化、亮化，凸显福建省新形象，为发展高新技术产业提供有利的外部硬件环境。二是要从技术基础设施、居住环境、环境保护设施等多方面进行合理的布局、科学的规划、高标准的建设，以达到国际一流标准，争取早日建成与福建省技术创新现状相匹配的基础设施体系。在规划中，全力向生产工作环境的多元化和生活化方向靠近，发展高技术工业的同时，将高新技术和与之相协调的第三产业相连接，促进第三产业的发展，有助于为福建省创新创业环境的营造注入活力。

第四节　服务平台创新，实现特色产业创新功能融合

一、优化营商环境，增强特色产业发展活力

（一）优化"营智环境"，为特色产业发展赋能

随着追求区域经济特色和谐发展、创新驱动发展、高效集约发展新时代的到来，优质的营商环境成为促进县域高水平的对外开放、为人民提供高品质生活、

落实创新发展理念的关键环节，对县域特色产业和创新型企业的发展起着愈发关键和重要的作用。如果说营商环境是特色产业发展的土壤，那么人才就是土壤中最不可缺少的水分。一个地区的产业要达到高质量发展就必须有充足的科技和人才作支撑。无论是产业的设想、建设还是未来的发展，都离不开人才这个最基础的因素。有了人才，才有可能对特色产业进行高质量、高要求、高效率的建设。所以，要继续优化县域的"营智环境"，营造良好的政务环境、经济环境、服务环境来汇聚各方各类型的人才。打破传统的用人思想，开启新的用人模式，坚持求贤若渴和不拘一格的用人方式，通过区别职位类型、岗位性质，让合适的人才切实发挥应有的作用，人尽其才、才尽其用。

搭建产业人才创新创业平台，根据特色产业人才的需求，加大产业人才激励力度，重视人才引进与科技攻关、特色产业发展匹配的衔接。进一步探索专业人才协议工资制和项目工资制等薪酬分配办法，确定企业创新主体地位，有效发挥政府和市场作用，促进"产学研用金"深度融合，加强知识产权保护和产权激励，努力建设周到、便捷、高效的尊重知识和人才的服务保障机制，既要建立鼓励和保护机制，又要建立科学合理的约束机制，最大限度地为人才创造一个更大的创新创业空间、更广的成长发展空间、更优的收益回报空间，助力产业人才实现价值最大化。解决产业科技人才"安顿下来"问题，确保他们住得舒适，留得舒心和放心。特色产业发展急需人才队伍建设，为特色产业高质量发展提供强有力的智力支持。

（二）打造清朗的"营法环境"，维护市场秩序

营商环境复杂多样，总有一些灰色地带存在，给一些黑心企业提供发展的土壤，长此以往不但污染了营商环境，扰乱社会秩序，也阻碍了县域经济高质量发展。健康、廉明、清正的营商环境是特色产业茁壮成长的沃土，也是维护市场秩序的有效保障和措施。动态更新和完善政策制度体系，确保整个市场经济健康和可持续发展。

地方政府管理职能部门应坚决落实依法执政，并且做好监督管理。制定科学的市场秩序管理规定，引导经营主体规范化、合法化地参与市场竞争，建立健全行政监管环境的长效动态管理协调机制，提高政府的公信力和执行力。加强各区域各部门间在政策制定协商和执行方面的交流沟通，防止出现地方政策冲突、空白、缺位，导致各区域政策之间相互掣肘。应该看到，特色产业全产业链的发展是一个系统工程，需要多个部门密切配合实现做大做强的目标。各地出台的很多特色产业政策已经基本落地执行，但由于与其他区域存在产业政策差异性，取得

的效果还不平衡、不充分，急需系统梳理关键政策，做好跟踪和评估，进一步细化落实。规范化、法治化地行使地方政府权力，企业才能知法且诚信守法，公正、有序、合理参与竞争，进而才能形成公平有序、公正清明规范的生产经营管理环境体系和良性市场的竞争环境，为特色产业的发展提供一个健康广阔的平台。

二、强化金融发展，构建特色产业的产业生态圈

金融发展是地方政府永恒的话题，要想产业发展、经济增长，应强化金融发展。通过强化金融建设意识、促进数字金融普惠建设、创新金融服务模式等路径强化金融发展，提高县域经济的发展水平、促进金融普惠发展，有利于构建特色产业的产业生态圈。产业生态圈是指某些产业在某些地域范围内已形成（或按规划将要形成）的以某些主导产业为核心的具有较强市场竞争力和产业可持续发展特征的地域产业多维网络体系，体现了一种新的产业发展模式和一种新的产业布局形式。特色产业的产业生态圈给特色产业的发展提供了一个良好的平台和环境。

（一）强化金融建设意识，提升特色产业引领创新能力

为保证金融建设可以满足构建特色产业生态圈的要求，必须结合县域经济的发展趋势水平及特色产业的发展特点制定金融发展的模式，逐步提高地方金融机构工作人员的基础建设意识，要求机构相关人员遵循各项政策要求，有针对性、目的性地加强地方金融的建设。在以促进特色产业发展为目的进行金融建设时，必须保证强化金融发展的相关部门能了解地区经济的发展态势，了解特色产业在发展过程中遇到的困难，使其在强化金融建设的过程中，为推进建设特色产业的产业生态圈提供强有力的支持。这也要求相关人员能严格遵守强化金融建设的条例法规，促进地区金融行业朝着合理健康的方向发展，同时相关人员应具备数字化的意识，加强认识到数字化在强化金融建设过程中的现实意义和重要作用，为建设地区的数字金融打下坚实的基础。

企业通过所在地区所提供金融服务支出可以缓解融资问题，进而加大基础研究投入，提高科技含金量。投入来源的多元化使基础研究更加强有力发挥对关键核心技术攻关的支撑作用，有效地促进科技革命和产业转型升级。在此作用下，企业更有效地整合资源、聚集生产要素，进一步促进资源和信息共享，充分发挥特色产业引领创新能力，推动特色产业从传统的单一发展模式向新时代的产

业集群模式转变，从而建立一个系统化、多维度、高效益的产业链，进而实现特色产业的高质量、可持续发展。

（二）促进数字金融普惠建设，凸显产业集群品牌效应

金融服务失衡是很多地区发展过程中的通病，会导致特色产业在发展过程中需要考虑的金融需求得不到有效满足，导致地区经济发展水平下降，特色产业的综合建设、特色产业的产业生态圈的建设也会受到极大的限制。数字普惠金融作为技术驱动的金融创新，可以为特色产业的发展提供便捷高效的数字金融服务，也有助于促进特色产业的产业生态圈的建设。并且，数字科技与普惠金融的结合也是当前我国面临的新的机遇，需要牢牢把握，因此，推进数字金融普惠建设具有极强的必要性。

与传统的金融模式相比，数字金融普惠建设使金融模式具有数字化和普惠化特征，并使两者完美结合，降低了金融服务的成本负担，金融服务的成本降低便可以提高金融机构的盈利水平，进而加强金融业务的可持续性，特色产业的金融需求才能得到平稳、长久的满足。县域经济中的特色产业链上有许多的上下游中小型企业，它们由于综合实力有限，难以在激烈的市场竞争中站稳脚跟。数字金融普惠建设降低了金融服务对中小企业发展的门槛，使金融服务向下沉市场扩展，有利于金融服务惠及广大中小企业，为它们提供优质高效的服务。中小企业解决了资金问题，就可以塑造自己的品牌，站稳脚跟，借助特色产业集群品牌促进企业自身形象及产品形象的推广宣传，从而充分发挥出集群品牌的品牌效应，达成互利共赢，促进特色产业的综合建设，构建高质量的特色产业生态圈。

（三）创新金融服务模式，发挥特色产业生态圈的带动效应

要促进特色产业的产业生态圈建设，强化金融发展，离不开对金融行业现有的服务模式的优化创新。过去福建省县域经济以传统经济体系为主，生产力水平不够高，对资金的需求量不大，经济形态相对固定。多数产业的生产力水平较低，抵御市场风险的能力不够，因此金融服务的提供较为有限，且成本负担较大。而今福建省各地特色产业拔地而起，众彩纷呈，相关企业对于贷款的需求更加强烈，而从目前的情况来看，除去一些有限的扶持性贷款外，各地商业性的贷款产品和数量都相对有限，特色产业获取贷款、进行融资的方式和渠道都相对不足，无法满足不同情况、不同地区、不同行业的现实需求。这将导致部分产业采用不合理的手段获取发展资金，在很大程度上增加了特色产业发展的风险，也对县域经济发展产生了较为明显的阻碍。因此通过对地方金融服务进行创新探索，

释放特色产业的活力，为县域经济的发展提供高质量支撑，是一项十分重要的工作。政府部门和广大金融机构必须进一步创新思维，不断提升工作的积极性和主动性，持续为特色产业发展注入新的活力。

金融模式创新可以促进产业结构优化，发挥各产业的带动效应。特色产业的带动效应使各类资源流入产业生态圈内，从而吸引相关企业的服务供应商、中介机构、科研机构等集聚，进而提高特色产业的专业化水平和协作效率，并且增强特色产业的发展活力和市场竞争力，最终实现特色产业的高质量协同发展，从而形成特色产业生态圈。

参 考 文 献

［1］帮扶稳增长 精准促发展［N］. 达州广播电视报，2017 - 10 - 20，http：//dzxb. dzxw. net/content/2017 - 10/20/012887. html.

［2］曹珂，朱彤. 外部融资依赖、金融发展与比较优势变迁——基于中国制造业部门的行业分析［J］. 世界经济研究，2010（4）：26 - 30.

［3］曹文芳. 投资、消费与进出口贸易对我国经济增长的影响探讨［J］. 商业经济研究，2017（9）：140 - 142.

［4］陈海艳. 基于产业集聚视角的福建省产业转移问题研究［D］. 中国海洋大学，2013.

［5］程春生. 许云，增长极视角下福建纺织业竞争力的培育［J］. 金融经济，2012（3）：20 - 22.

［6］创新发展机制，扎实推进福建省区域协调发展［N］. 福建日报，2022 - 01 - 15，http：//www. fujian. gov. cn/zwgk/ztzl/tjzfznzb/ggdt/202201/t20220117_5819457. htm.

［7］创新驱动，活力迸发［EB/OL］. 福建省人民政府网站，2021 - 11 - 05，http：//www. fuzhou. gov. cn/zwgk/gzdt/tpxw/202111/t20211125_4252864. htm.

［8］董浩然. 一般公共预算支出对全要素生产率影响的研究——基于我国省际面板数据的分析［D］. 西北师范大学，2018.

［9］董艳会，苏时鹏. 福建省县域经济空间溢出效应分析［J］. 福建农林大学学报（哲学社会科学版），2017，20（1）：49 - 54.

［10］段进军，许铭雪. 加入 WTO 以来江苏省经济增长驱动因素及增长协调性的时空结构分析［J］. 信阳师范学院学报（自然科学版），2018（2）：216 - 221.

［11］【奋进新征程 建功新时代·非凡十年】福建以创新引领产业转型再上台阶［EB/OL］. 光明网，2022 - 07 - 23，https：//m. gmw. cn/baijia/2022 - 07/23/35904188. html.

［12］奋勇向前绘宏图——福建龙岩市推动革命老区高质量发展示范区建设

综述 ［EB/OL］. 闽南网龙岩官方账号，2022 － 04 － 19，https：//baijiahao. baidu. com/s?id = 1730521618593407849&wfr = spider&for = pc.

［13］福安电机电器产业：走出"高质提升"之路 ［EB/OL］. 海峡网，2019 － 06 － 12，http：//www. hxnews. com/news/fj/nd/201906/12/1762885. shtml.

［14］福建长汀：走绿色发展之路 推动县域经济发展 ［EB/OL］. 龙岩市长汀县人民政府网站，2021 － 07 － 28，http：//www. changting. gov. cn/xwzx/ctxw/202107/t20210728_1808303. htm.

［15］福建持续推进现代农业产业集群发展 ［N］. 农民日报，2022 － 01 － 22，https：//mbd. baidu. com/newspage/data/landingsuper?isBdboxFrom = 1&pageType = 1&urlext = %7B%22cuid%22%3A%22_iHQal8A28_tuSiMg8Sd8likS8gBuH85YaS0ig8Ov8Ku0qqSB%22%7D&context = %7B%22nid%22%3A%22news_9889548608582328433%22%7D.

［16］福建打造特色支柱全产业链振兴乡村 ［EB/OL］. 新华网，2021 － 10 － 22，http：//www. news. cn/mrdx/2021 － 10/22/c_1310261721. htm.

［17］福建举行第七次全国人口普查主要数据结果新闻发布会 ［EB/OL］. 福建省人民政府新闻办公室，2021 － 05 － 20，http：//www. scio. gov. cn/xwFbh/gssxwfbh/xwfbh/fujian/Document/1704735/1704735. htm.

［18］福建宁德：加快建设全国乡村振兴样板区 ［EB/OL］. 中国新闻网，2022 － 03 － 17，https：//baijiahao. baidu. com/s?id = 1727511965113242035&wfr = spider&for = pc.

［19］福建平潭建设"一岛两窗三区" ［EB/OL］. 中国经济网，2022 － 06 － 27，http：//city. ce. cn/news/202206/27/t20220627_7344409. shtml.

［20］福建沙县：深化林改，只此青绿万重山 ［EB/OL］. 人民网，2022 － 03 － 19，http：//fj. people. com. cn/n2/2022/0319/c181466 － 35181678. html.

［21］福建生态文明指数位居全国前列 森林覆盖率43年全国第一 ［EB/OL］. 中国新闻网，2022 － 08 － 30，https：//baijiahao. baidu. com/s?id = 174259744418145 1954&wfr = spider&for = pc.

［22］福建省创新开发林业碳汇 助力绿色发展低碳转型 ［EB/OL］. 福建生态环境，2021 － 09 － 18，https：//mp. weixin. qq. com/s?__biz = MzI3MDA1NTg4Ng = = &chksm = f12d5b52c65ad2446a85ad77851721f71bb824583f67fd7f78a1cb3b8ef3a9314b73629957ec&idx = 1&mid = 2651790323&sn = 6faca5701eb1555c4d16341dbcf9a4a2.

［23］福建省第三次国土调查主要数据公报 ［EB/OL］. 福建省自然资源厅网站，2021 － 12 － 31，http：//zrzyt. fujian. gov. cn/zwgk/zfxxgkzl/zfxxgkml/tdgl_19753/

202112/t20211231_5805488. htm.

［24］福建省纺织产业的昨天、今天和明天［EB/OL］. 中国纺织经济信息网，2019 － 06 － 05，http：//news. ctei. cn/domestic/gnzx/201906/t20190605 _ 3884916. htm.

［25］福建省工商联 2021 四季度调研报告：民营企业发展步稳疾蹄丨闽商观察［EB/OL］. 中新网福建，2022 － 02 － 08，http：//www. fj. chinanews. com. cn/news/fj_rmjz/2022/2022 － 02 － 08/497317. html.

［26］福建省国家重点保护陆生野生动物名录［EB/OL］. 福建省林业局网站，2021 － 07 － 19，http：//lyj. fujian. gov. cn/bmsjk/201912/t20191216_5153315. htm.

［27］2021 福建省民营企业 100 强榜单揭晓［EB/OL］. 福建省工业和信息化厅网站，2021 － 10 － 15，http：//gxt. fujian. gov. cn/zwgk/xw/tpxw/202110/t20211015_5732623. htm.

［28］福建省 2021 年政府工作报告［EB/OL］. 2022 － 01 － 29，http：//www. fujian. gov. cn/szf/gzbg/zfgzbg/202201/t20220129_5828598. htm.

［29］福建省宁德市发挥地标作用助力乡村产业振兴工作纪实［EB/OL］. 中国质量新闻网，2020 － 06 － 16，https：//www. cqn. com. cn/zgzlb/content/2020 － 06/16/content_8610843. htm.

［30］福建省人力资源市场 2021 年第三季度职业供求状况分析［EB/OL］. 福建省人力资源和社会保障厅官网，2021 － 10 － 12，http：//rst. fujian. gov. cn/zw/tjxx/tjfx/202110/t20211012_5703458. htm.

［31］福建实施"强制造"计划加快建设先进制造业强省［EB/OL］. 人民网，2021 － 07 － 08，https：//www. cnii. com. cn/rmydb/202107/t20210715 _293657. html.

［32］福建实施特色现代农业高质量发展"3213"工程［EB/OL］. 福州新闻网，2021 － 03 － 28，https：//baijiahao. baidu. com/s? id ＝ 1695463214787082977&wfr ＝ spider&for ＝ pc.

［33］福建实现所有县区和 95% 以上乡镇镇域 5G 覆盖［EB/OL］. 通信世界网，2022 － 03 － 04，http：//www. cww. net. cn/article?id ＝ 558673.

［34］福建 9 市 2021 年经济成绩单：福州 GDP 全省第一，宁德增速亮眼，人均 GDP 均超 1 万美元［EB/OL］. 人民融媒体，2022 － 04 － 18，https：//baijia-hao. baidu. com/s?id ＝ 1730444738325929233&wfr ＝ spider&for ＝ pc.

［35］福建数字化如何提升政府服务能力［EB/OL］. 中国商务新闻网，2022 －

03 - 17，https：//baijiahao. baidu. com/s?id = 1727513073111295596&wfr = spider&
for = pc.

［36］福建统计年鉴（2021）［EB/OL］. 福建省统计局，2021 - 09 - 23，
https：//tjj. fujian. gov. cn/tongjinianjian/dz2021/index. htm.

［37］福建统计年鉴（2022）［EB/OL］. 福建省统计局，2022 - 09 - 28，
https：//tjj. fujian. gov. cn/tongjinianjian/dz2022/index. htm.

［38］福建团省委"银团合作"为农村青年创业提速［EB/OL］. 中国青年
报 中国青年网，2016 - 10 - 14，http：//qnzz. youth. cn/qckc/201610/t20161014_
8746489. htm.

［39］福建位列海洋经济产业整体热度 TOP3 省份 释放"蓝色"潜力［EB/
OL］. 东南网，2021 - 06 - 08，https：//baijiahao. baidu. com/s?id = 170201121
8247985031&wfr = spider&for = pc.

［40］福建县域人口大数据：鞋都晋江超 200 万，2 县不足 10 万［EB/OL］.
第一财经，2021 - 08 - 19，https：//baijiahao. baidu. com/s? id = 17085230680
66672990&wfr = spider&for = pc.

［41］福建县域人口大数据 产业集群吸引了大量就业人员［EB/OL］. 环球
周刊网，2021 - 08 - 20，http：//zhoukan. cc/guanzhu/2021/0820/40335. html.

［42］福建自贸试验区六周年 对台服务特色鲜明［EB/OL］. 中国新闻网，
2021 - 08 - 21，https：//baijiahao. baidu. com/s?id = 1708694484863492035&wfr =
spider&for = pc.

［43］福清：发力创新 争当冠军［EB/OL］. 东南网，2022 - 01 - 11，ht-
tps：//view. inews. qq. com/a/20220111A01P1R00? startextras = 0 _ fdc10fcc5d0b7&
from = ampzkqw.

［44］福州都市圈向我们走来［EB/OL］. 福州市人民政府网站，2021 - 11 -
29，http：//www. fuzhou. gov. cn/gzdt/rcyw/202111/t20211129_4255560. htm.

［45］福州市工业和信息化局 2021 年工作总结及 2022 年工作安排［EB/OL］.
福州市人民政府网站，2022 - 02 - 07，http：//www. fuzhou. gov. cn/zgfzzt/sjxw/
zzbz/ghjh/ndjh/202202/t20220207_4304803. htm.

［46］福州市政府工作报告（2022 年）［EB/OL］. 福州市人民政府网站，
2022 - 01 - 12，http：//www. fuzhou. gov. cn/zwgk/zfgzbg/202201/t20220118 _
4293030. htm.

［47］甘申. 县域发展消费主导型经济的探索［J］. 中国集体经济，2017
（01）：31 - 32.

［48］3 个民营经济比重最高的城市！福建占了 2 个，北上广无一上榜
［EB/OL］. 金投网，2021 – 12 – 02，https：//baijiahao. baidu. com/s?id = 17180256
74959217596&wfr = spider&for = pc.

［49］37 个普通地市人均 GDP 超 10 万，主要分布在这些省份［EB/OL］. 第
一财经，2022 – 08 – 08，https：//news. cctv. com/2022/08/08/ARTI3AbiSyn7Hz
VOEJlsa783220808. shtml.

［50］各省的省直管县发展现状［EB/OL］. 中泰证券研究所，2021 – 10 –
12，https：//zhuanlan. zhihu. com/p/420536034.

［51］龚万达，赵咏梅. 论自然资源禀赋对经济发展的影响［J］. 中国郑州
委党校学报，2011（5）：40 – 44.

［52］关于福建省 2021 年国民经济和社会发展计划执行情况及 2022 年国民
经济和社会发展计划草案的报告［EB/OL］. 福建省人民政府网站，2022 – 02 – 09，
http：//www. fujian. gov. cn/szf/gzbg/gmjjhshfzjhbg/202203/t20220302_5849236. htm.

［53］规模连续两年保持两位数增长 数字经济赋能"泉州智造"［N］. 泉州晚
报，2021 – 09 – 28，http：//www. quanzhou. gov. cn/zfb/xxgk/zfxxgkzl/qzdt/qzyw/
202109/t20210928_2626313. htm.

［54］海创会：创新成果，在发展主战场"出圈"［EB/OL］. 东南网，2022 –
06 – 18，http：//fjnews. fjsen. com/2022 – 06/18/content_31064308. htm.

［55］韩燕，张苑，邓美玲. 甘肃省县域经济差异的时空跃迁与影响因素
［J］. 地域研究与开发，2020，39（1）：39 – 45.

［56］核心技术受制于人状况尚未得到根本改变［N］. 人民日报，2018 – 06 –
04，https：//finance. sina. cn/chanjing/gdxw/2018 – 06 – 04/detail – ihcmurvh
1855565. d. html.

［57］弘扬"晋江经验"促进民营经济高质量发展［N］. 人民日报，2022 – 08 –
19，https：//baijiahao. baidu. com/s?id = 1741554693384083720&wfr = spider&for = pc.

［58］加快构建新发展格局（深入学习贯彻习近平新时代中国特色社会主义
思想）［EB/OL］，人民网，2021 – 05 – 12，https：//baijiahao. baidu. com/s?id =
1699499224155450513&wfr = spider&for = pc.

［59］建设"海上福建"推动海洋经济高质量发展［EB/OL］. 福建人民政府
网站，2021 – 08 – 11，http：//www. fj. gov. cn/zwgk/ztzl/sczl/zhxx/202108/t20210811_
5667246. htm.

［60］《建设现代产业体系培育千亿产业集群推进计划（2018 – 2020 年）》
的通知［EB/OL］. 福建省发展和改革委员会网站，2018 – 09 – 30，https：//fgw.

fujian. gov. cn/zfxxgkzl/zfxxgkml/bwgfxwj/201809/t20180930_4523096. htm.

［61］蕉城区GDP增速实现全闽"四连冠"成为宁德市首个千亿县域经济体［EB/OL］. 人民资讯, 2022 – 02 – 09, https：//baijiahao. baidu. com/s？id = 1724267018628827031&wfr = spider&for = pc.

［62］紧盯"双碳"目标 福建制造开启"绿色引擎"［N］. 福建日报, 2022 – 01 – 02, https：//fjrb. fjdaily. com/pc/con/202201/02/content_147519. html.

［63］晋江市2021年政府工作报告［EB/OL］. 晋江市人民政府网站, 2022 – 01 – 17, http：//www. jinjiang. gov. cn/xxgk/ghjh/zfgzbg/202201/t20220117_2685239. htm.

［64］晋江市县域经济基本竞争力全国第四［EB/OL］. 晋江新闻网, 2021 – 12 – 08, http：//news. ijjnews. com/system/2021/12/08/030080258. shtml.

［65］经济［EB/OL］. 安溪县人民政府网站, 2021 – 01 – 28, http：//fjax. gov. cn/zjax/axgl/201707/t20170717_789801. htm.

［66］经济运行总体平稳 新动能加快集聚——2021年莆田市经济运行情况分析［EB/OL］. 莆田市人民政府门户网站, 2021 – 01 – 21, https：//www. putian. gov. cn/zwgk/tjxx/tjfx/202201/t20220126_1702115. htm.

［67］2022蓝骑士发展与保障报告, 阿里研究院新服务研究中心［EB/OL］. 2022 – 02 – 15, http：//www. aliresearch. com/ch/presentation/presentiondetails？articleCode = 301971005755232256&type = % E6%8A% A5% E5%91%8A&organName = .

［68］"牢记使命 奋斗为民"系列主题新闻发布会平潭专场——全力以赴增进民生福祉［EB/OL］. 福建省人民政府网站, 2022 – 06 – 28, https：//www. fujian. gov. cn/xwdt/mszx/202206/t20220628_5940309. htm.

［69］2022离职与薪酬调研报告［EB/OL］. 人力资源服务商前程无忧人力资源调研中心平台, 2021 – 12 – 17, http：//news. cnfol. com/shangyeyaowen/20211217/29329939. shtml.

［70］李函颖, 美国STEM教育的困境与走向——《美国竞争力与创新力》报告述评［J］. 比较教育研究, 2014 (5)：53 – 58.

［71］李卫华. 我国消费、投资和出口的变动对经济增长的贡献［J］. 经济地理, 2019 (9)：31 – 38.

［72］林美娜, 市场竞争对企业创新的影响分析——基于中国制造业的实证研究［D］. 北京大学, 2009.

［73］林业概况［EB/OL］. 福建省林业局网站, 2021 – 02 – 05, http：//lyj. fujian. gov. cn/gkxx/201802/t20180227_546214. htm.

［74］刘琛.高等教育与区域产业经济升级互动研究——以福建省为例［J］.国际商务财会，2021（18）：87－89.

［75］刘国斌，胡玮桐."一带一路"倡议与民族地区县域经济联动发展战略研究［J］.西南大学民族大学学报（人文社会科学版），2018（4）：101－107.

［76］刘华军，贾文星.中国区域经济增长的空间网络关联及收敛性检验［J］.地理科学，2019，39（5）：726－733.

［77］刘耀彬，胡凯川，喻群.金融深化对绿色发展的门槛效应分析［J］.中国人口·资源与环境，2017，27（9）：205－211.

［78］刘哲，冯一帆.对福建省83个县市区综合创新发展能力的测评报告［J］.国家治理，2021（17）：12.

［79］龙岩市机械装备产业持续发力，首季产值增速超30%——打造"智"造高点［EB/OL］.福建省工业和信息化厅网站，2021－05－21，https：//gxt. fujian. gov. cn/zwgk/ztjj/jscx/cxysts/202105/t20210521_5599418. htm.

［80］吕凤勇，邹琳华.中国县域经济发展报告（2020）［M］.中国社会科学出版社，2021.

［81］绿色屏南全域旅游的崛起 中共福建屏南县委书记吴允明［EB/OL］.中国经济网，2017－04－10，http：//district. ce. cn/newarea/roll/201704/10/t20170410_21852232. shtml.

［82］绿色信贷激活发展新引擎［EB/OL］.福建省人民政府网站，2022－03－21，http：//www. fj. gov. cn/xwdt/fjyw/202203/t20220321_5863461. htm.

［83］满堂红！我省九市一区全部晋级国家森林城市［EB/OL］.福建省人民政府网站，2019－11－18，http：//www. fj. gov. cn/xwdt/fjyw/201911/t20191118_5109853. htm.

［84］南安统计信息（第十九期）［EB/OL］.南安市人民政府网站，2021－08－19，http：//www. nanan. gov. cn/zwgk/zfxxgkzl/bmzfxxgk/tjj/zfxxgkml/202108/t20210819_2606280. htm.

［85］南平工业，走出了别具特色的发展新路［EB/OL］.中国工业新闻网，2020－08－03，http：//www. cinn. cn/dfgy/202008/t20200803_231700. html.

［86］2021年第三季度全国招聘大于求职"最缺工"的100个职业排行［EB/OL］.人力资源和社会保障部网站，2021－10－27，http：//www. mohrss. gov. cn/SYrlzyhshbzb/dongtaixinwen/buneiyaowen/rsxw/202110/t20211027_426145. html.

［87］2020年度福建省县域经济"十强、十佳"出炉［EB/OL］.中国新闻

网，2020 - 12 - 31，https：//baijiahao. baidu. com/s?id = 1687603068908710872.

［88］2020 年福建省国民经济和社会发展统计公报［EB/OL］. 福建省人民政府网站，2021 - 03 - 01，http：//www. fujian. gov. cn/zwgk/sjfb/tjgb/202103/t20210301_5542668. htm.

［89］2021 年福建省国民经济和社会发展统计公报［EB/OL］. 福建省人民政府网站，2022 - 03 - 14，http：//fj. gov. cn/zwgk/sjfb/tjgb/202203/t20220314_5858690. htm.

［90］2020 年福建省货物贸易增长 5. 5% 进出口规模创历史新高［EB/OL］. 东南网，2021 - 01 - 19，https：//baijiahao. baidu. com/s?id = 1689328202914744312.

［91］2022 年福建省民企 100 强发布 三家企业营业收入超千亿元［EB/OL］. 东南网，https：//baijiahao. baidu. com/s?id = 1745077594751282817&wfr = spider&for = pc.

［92］2020 年福建省数字经济规模突破 2 万亿元 福州、厦门持续领跑［EB/OL］. 人民网，2021 - 04 - 23，http：//fj. people. com. cn/n2/2021/0423/c181466 - 34691250. html.

［93］2020 年福建省县域经济"十强"、"十佳"榜单揭晓 | 闽商关注［EB/OL］. 中新网福建，2021 - 01 - 01，http：//www. fj. chinanews. com. cn/news/fj_rmjz/2021/2021 - 01 - 01/478679. html.

［94］2020 年福建省自然资源年报［EB/OL］. 福建省自然资源厅网站，2021 - 12，http：//zrzyt. fujian. gov. cn/zwgk/tjxx/zhtj/202111/P020211117374424265559. pdf.

［95］2020 年福州市国民经济和社会发展统计公报［EB/OL］. 福州市统计局门户网站，2021 - 04 - 21，http：//tjj. fuzhou. gov. cn/zz/zwgk/tjzl/ndbg/202104/t20210421_4081424. htm.

［96］2021 年规模以上工业平稳运行［EB/OL］. 龙岩市统计局网站，2022 - 01 - 24，http：//lytjj. longyan. gov. cn/xxgk/tjfx/202201/t20220124_1867652. htm.

［97］2019 年及 2020 年疫情期美团骑手就业报告［EB/OL］. 美团研究院，2020 - 03 - 10，https：//about. meituan. com/research/report.

［98］2021 年晋江市人民政府工作报告［EB/OL］. 晋江市人民政府网，2022 - 01 - 29，http：//www. jinjiang. gov. cn/xxgk/zfxxgkzl/nb/202201/t20220129_2693577. htm.

［99］2020 年龙岩市国民经济和社会发展统计公报［EB/OL］. 龙岩市统计局网站，2021 - 03 - 15，http：//lytjj. longyan. gov. cn/xxgk/tjgb/202103/t20210315_1770309. htm.

［100］2020 年南平市国民经济和社会发展统计公报［EB/OL］．南平市人民政府门户网站，2021－03－31，https：//www. np. gov. cn/cms/html/npsszf/2021－03－31/1193522253. html.

［101］2021 年宁德市国民经济和社会发展统计公报［EB/OL］．宁德市统计局网站，2022－03－24，http：//www. ningde. gov. cn/zwgk/tjxx/tjgb/202203/t20220324_1606931. htm.

［102］2021 年宁德市主要统计数据情况［EB/OL］．宁德市统计局网站，2022－01－25，https：//tjj. ningde. gov. cn/xxgk/gzdt/gzdt＿11690/tjyw/202201/t20220125_1586923. htm.

［103］2020 年莆田市规模以上工业运行分析［EB/OL］．莆田市人民政府网站，https：//www. putian. gov. cn/zwgk/tjxx/tjfx/202101/t20210125_1569858. htm.

［104］2021 年莆田市国民经济和社会发展统计公报［EB/OL］．http：//szb. ptxw. com/pc/content/202204/15/content_92372. html.

［105］2020 年莆田市生产总值（GDP）及人口情况分析［EB/OL］．中国产业信息网，https：//www. chyxx. com/shuju/202108/969060. html.

［106］2021 年泉州市国民经济和社会发展统计公报［EB/OL］．泉州市统计局网站，2022－04－19，http：//tjj. quanzhou. gov. cn/zwgk/zfxxgk/fdzdgknr/tjxx/tjgb/202204/t20220419_2718482. htm.

［107］2020 年泉州市国民经济和社会发展统计公报［EB/OL］．泉州市统计局网站，2022－04－19，http：//tjj. quanzhou. gov. cn/tjzl/tjgb/202204/t20220419_2718483. htm.

［108］2020 年泉州市国民经济和社会发展统计公报［EB/OL］．泉州市统计局网站，2021－03－26，http：//tjj. quanzhou. gov. cn/zwgk/zfxxgk/fdzdgknr/tjxx/tjgb/202103/t20210326_2532215. htm.

［109］2021 年三明市经济运行情况分析［EB/OL］．三明市发展和改革委员会网站，http：//fgw. sm. gov. cn/xxgk/jjyx/202205/t20220509_1784501. htm.

［110］2019 年我市体育制造业规上产值突破 2 千亿元［EB/OL］．晋江市人民政府网站，2020－03－19，http：//www. jinjiang. gov. cn/xxgk/tjxx/sjjd/202003/t20200319_2165870. htm.

［111］2020 年厦门市经济运行情况分析：GDP 同比增长 5.7%（图）［EB/OL］．中商情报网，2021－02－07，https：//www. askci. com/news/data/hongguan/20210207/1127461355089. shtml.

［112］2021 年重点企业引领福州服务业高速增长［EB/OL］．福州市人民政

府 网 站，2022 – 03 – 14，http：//fuzhou. gov. cn/zgfzzt/qyrz/xxcy/202203/t20220314_4325342. htm.

［113］宁德经济总量跃升全省第五位 人均 GDP 突破 10 万元［EB/OL］. 人民资讯，2022 – 01 – 26，https：//baijiahao. baidu. com/s? id = 1723015474162915964&wfr = spider&for = pc.

［114］宁德时代加码扩产龙头地位稳固 两大区域产业集群效应凸显［EB/OL］. 投资者网，2021 – 09 – 23，https：//baijiahao. baidu. com/s? id = 1711646792517785061&wfr = spider&for = pc.

［115］农业农村部 财政部关于公布 2021 年农业产业融合发展项目创建名单的通知［EB/OL］. 计划财务司，2021 – 04 – 28，http：//www. agri. cn/V20/ZX/tzgg_1/tz/202104/t20210429_7659578. htm.

［116］农业农村部 财政部关于公布 2020 年优势特色产业集群建设名单的通知［EB/OL］. 中华人民共和国中央人民政府网站，2020 – 05 – 15，http：//www. gov. cn/zhengce/zhengceku/2020 – 05/22/content_5513870. htm.

［117］GDP100 强城市：江苏 13 市全入围，这些城市为何崛起丨数读中国［EB/OL］. 第一财经，2022 – 03 – 14，http：//www. fuzhou. gov. cn/zgfzzt/sjxw/zzbz/ghjh/ndjh/202202/t20220207_4304803. htm.

［118］泉州市各区县国民经济主要指标［EB/OL］. 泉州市各区县人民政府网站，2022 – 04 – 09，http：//tjj. quanzhou. gov. cn/zwgk/zfxxgk/fdzdgknr/tjxx/tjgb/202204/t20220419_2718482. htm.

［119］泉州市加快工业（产业）园区标准化建设专项行动方案［EB/OL］. 金台资讯，2022 – 02 – 18，https：//baijiahao. baidu. com/s? id = 1725060099584157465&wfr = spider&for = pc.

［120］泉州市开展高企群体"增量扩面"专项行动［EB/OL］. 福建省科学技术厅网站，2020 – 06 – 29，http：//kjt. fujian. cn/xxgk/gzdt/sxdt/202006/t20200629_5311926. htm.

［121］任英，谷国锋. 东北地区县域经济差异时空特征及影响因素［J］. 地域研究与开发，2018，8（37）：25 – 32.

［122］以赛兴城，"鞋都"晋江开启新篇章［EB/OL］. 新华网，2020 – 05 – 19，https：//baijiahao. baidu. com/s?id =1667106470492786702&wfr = spider&for = pc.

［123］山海入画奏响田园牧歌"乡"约福建助力乡村振兴［EB/OL］. 福建省人民政府网站，2021 – 12 – 16，https：//www. fujian. gov. cn/zwgk/ztzl/gjcjgxgg/dt/202112/t20211216_5794349. htm.

[124] 上半年海洋生产总值同比增长 12.5% 2021 海洋经济行业发展态势向好［EB/OL］. 中研网，2021 - 07 - 30，https：//www.chinairn.com/hyzx/20210730/101225316.shtml.

[125] 上半年我市规上工业产值超 3 千亿元［EB/OL］. 晋江市人民政府网站，2021 - 07 - 09，http：//www.jinjiang.gov.cn/xxgk/tjxx/sjjd/202107/t20210709_2585531.htm.

[126] 申韬，曹梦真. 金融发展何以影响对外直接投资——基于行业外部融资依赖视角的机制检验［J］. 金融经济学研究，2020，35（5）：65 - 77.

[127] 深化改革 科特派有了新模式［EB/OL］. 福建省科学技术厅网站，2021 - 10 - 29，https：//kjt.fujian.gov.cn/xxgk/gzdt/mtjj/202110/t20211029_5753020.htm.

[128] 施红，我国产业结构问题研究［J］. 哈尔滨市委党校学报，2014（6）：4 - 6.

[129] "十三五"以来 泉州全社会研发投入增加近一倍［EB/OL］. 泉州网，2020 - 12 - 27，https：//www.qzwb.com/gb/content/2020 - 12/27/content_7071026.htm.

[130]《市场准入效能评估报告（福建版）》发布 晋江总体指数居全省试点地区首位［EB/OL］. 晋江新闻网，2021 - 04 - 28，http：//news.ijjnews.com/system/2021/04/28/030059251.shtml.

[131]【数说巨变：泉州 1921—2021】百年砥砺前行 工业谱写新篇［EB/OL］. 泉州新闻门户网站，2021 - 07 - 05，https：//www.qzwb.com/gb/content/2021 - 07/05/content_7095630.htm.

[132]【脱贫攻坚的福建答卷】跨越山海携手行［EB/OL］. 东南网，2021 - 02 - 26，http：//fjnews.fjsen.com/2021 - 02/26/content_30653099.htm.

[133] 万亿新泉州：民营经济与制造业成就城市奇迹［EB/OL］. 证券时报，2021 - 04 - 20，http：//www.stcn.com/article/detail/355081.html.

[134] 王维，杜子芳. 消费、投资和出口对我国经济增长影响的状态空间分析——兼与马学俊等商榷［J］. 安徽师范大学学报（人文社会科学版），2018（1）：101 - 107.

[135] 为什么说绿水青山就是金山银山［EB/OL］. 环球网，2022 - 04 - 20，https：//baijiahao.baidu.com/s?id=1730630731742833096&wfr=spider&for=pc.

[136] 我省复制推广首批 5 项绿色金融改革创新成果［EB/OL］. 中国（福建）自由贸易试验区，2021 - 07 - 12，https：//ftz.fujian.gov.cn/article/index/

aid/17018. html.

[137] 习近平在中国共产党第十九届全国代表大会上的报告 [EB/OL]. 人民网，2017 - 10 - 28，http：//jhsjk. people. cn/article/29613660.

[138] 厦门市 2021 年国民经济和社会发展统计公报 [N]. 厦门日报，2022 - 03 - 22，https：//www. investxiamen. org. cn/detail/5411. html.

[139] 厦门 GDP 增速蝉联副省级城市第一 [N]. 厦门晚报，2021 - 01 - 29，http：//xm. fjsen. com/2021 - 01/29/content_30629399. htm.

[140] 县（市）国民经济主要指标，21 - 1 地区生产总值（2020 年）[EB/OL]. 福建省统计局网站，https：//tjj. fujian. gov. cn/tongjinianjian/dz2021/index. htm.

[141] 谢雅璐. 经济增长目标转换与全要素生产率提升——基于福建省 GDP 考核的实证 [J]. 统计与决策，2022，38（13）：113 - 116.

[142] 延平以大抓项目、大抓基层为导向，打造南平市域经济中心 [N]. 闽北日报，2021 - 11 - 10，https：//weibo. com/ttarticle/p/show？id = 2309404701928113438946.

[143] 研究报告：山东、福建、江苏释放"蓝色"区位优势 [EB/OL]. 光明网，2021 - 06 - 07，https：//baijiahao. baidu. com/s？id = 1701897860226916620&wfr = spider&for = pc.

[144] 杨佳妮. 创新资源禀赋差异对区域经济发展影响研究文献综述 [J]. 浙江省科技开发中心，2019（13）：158.

[145] 疫情之下"共享员工"兴起"闲得慌"破解"用工荒" [EB/OL]. 央视财经微信公众号 中国青年网，2020 - 03 - 19，https：//finance. youth. cn/finance_cyxfrdjj/202003/t20200319_12247093. htm.

[146] 殷李松，贾敬全. 长江经济带科技创新对经济增长的空间溢出效应检验 [J]. 统计与决策，2019，35（16）：138 - 142.

[147] 尤溪：突破瓶颈，老产业有新作为 [EB/OL]. 东南网，2021 - 09 - 14，http：//fjnews. fjsen. com/2021 - 09/14/content_30836396. htm.

[148] 张丽虹，重视质量鼓励创新提高制造业国际竞争力（续）——美国"再工业化"及德国、日本发展制造业对我国的启示 [J]. 2014（2）：1 - 4.

[149] 张伟霖. 福建省财政科技支出对经济增长的影响研究 [D]. 福州大学，2016.

[150] 2020 漳州各区县人均 GDP 排名，南北差距较大 [EB/OL]. 谈成论经，2022 - 01 - 03，https：//baijiahao. baidu. com/s？id = 1720927857231212139&

wfr = spider&for = pc.

［151］这次，漳州 16 个地区集体亮相！［N］. 闽南日报，2022 - 01 - 10，https：//www. sohu. com/a/515405968_121123747.

［152］直接送房，这座城市推最强抢人大招！其他城市惊呆了［N］. 人民日报，2018 - 04 - 27，https：//baijiahao. baidu. com/s？id = 1598898044258434635&wfr = spider&for = pc.

［153］中国高铁又一重大突破！这一次，咱河南研发的高铁轴承功不可没［N］. 河南商报，2020 - 10 - 15. https：//www. henan100. com/news/2020/973053. shtml.

［154］中国劳动经济学会就业促进专业委员会课题组，STEM 教育与中国经济高质量发展［EB/OL］. 中国经济报告，2020 - 08 - 13，https：//d. wanfangdata. com. cn/periodical/zgjjbg202004008.

［155］《中国 21 世纪议程——中国 21 世纪人口、环境与发展白皮书》［EB/OL］. 2021 - 11 - 15，https：//max. book118. com/html/2021/1114/6044241204004050. shtm.

［156］重磅！2021 年全国先进制造业发展政策汇总与解读分析（全）［EB/OL］. 东方财富网，2021 - 11 - 21，https：//baijiahao. baidu. com/s？id = 1700522448084501567&wfr = spider&for = pc.

［157］周天勇. 新发展经济学（第三版）［M］. 中国人民大学出版社，2020.

［158］周腰华等. 中国县域经济增长的影响因素及其空间溢出效应分析［J］. 云南财经大学学报，2017（1）：35 - 47.

［159］自然资源部通报农村乱占耕地建房有关问题和典型案例［EB/OL］. 中华人民共和国自然资源部网站，2022 - 06 - 06，https：//www. mnr. gov. cn/dt/ywbb/202206/t20220606_2738417. html.

［160］走进福建［EB/OL］. 福建省人民政府网站，2021 - 03，https：//fujian. gov. cn/zjfj/.